职业教育"十四五"规划教材
财会专业课证岗一体化教材·校企合作系列

Excel在会计中的应用（第二版）

陈　添　马靖杰○主　编
李　燕　苏　梅　羌秋璐　陈素萍○副主编

立信会计出版社
LIXIN ACCOUNTING PUBLISHING HOUSE

图书在版编目(CIP)数据

Excel 在会计中的应用 / 陈添,马靖杰主编. —2 版. —上海:立信会计出版社,2024.2(2024.11 重印)
ISBN 978-7-5429-7517-1

Ⅰ.①E… Ⅱ.①陈… ②马… Ⅲ.①表处理软件—应用—会计 Ⅳ.①F232

中国国家版本馆 CIP 数据核字(2024)第 012217 号

策划编辑　　余　榕
责任编辑　　孙　勇
美术编辑　　吴博闻

Excel 在 会 计 中 的 应 用(第二版)
Excel ZAI KUAIJI ZHONGDE YINGYONG

出版发行	立信会计出版社			
地　　址	上海市中山西路 2230 号	邮政编码	200235	
电　　话	(021)64411389	传　真	(021)64411325	
网　　址	www.lixinaph.com	电子邮箱	lixinaph2019@126.com	
网上书店	http://lixin.jd.com		http://lxkjcbs.tmall.com	
经　　销	各地新华书店			
印　　刷	浙江天地海印刷有限公司			
开　　本	787 毫米×1092 毫米	1/16		
印　　张	13.5			
字　　数	346 千字			
版　　次	2024 年 2 月第 2 版			
印　　次	2024 年 11 月第 2 次			
书　　号	ISBN 978-7-5429-7517-1/F			
定　　价	39.00 元			

如有印订差错,请与本社联系调换

职业教育"十四五"规划教材
财会专业课证岗一体化教材·校企合作系列
编委会名单

主　　　任　　张红梅　广西金融职业技术学院（广西银行学校）教授
副　主　任　　徐建宁　北京东大正保科技有限公司
　　　　　　　　　　　　（中华会计网校）高级会计师
参编行业专家　（排名不分先后）
　　　　　　　　农初勤　广西南宁海翔会计师事务所所长
　　　　　　　　　　　　高级会计师
　　　　　　　　蒋海娟　广西安驰财务管理有限责任公司　董事长
　　　　　　　　黄河景　新道科技股份有限公司　工程师
　　　　　　　　李　昕　中联集团教育有限公司　工程师
　　　　　　　　李高齐　浙江衡信教育有限责任公司　工程师
主要编写人员　（排名不分先后）
　　　　　　　　张　祺　陈　园　吴　瑶　苏　梅　李思静
　　　　　　　　李　燕　陈苗苗　周平欢　蒙环宁　玉秋兰
　　　　　　　　马靖杰　刘　喆　陈　添　陈素萍　蒙丽容

GENERAL PREFACE 总　序

随着"互联网+"的快速发展,教育信息化"十三五"规划提出了职业教育信息化建设的目标任务和重点措施,在线教育、数字化教学已经成为传统教育行业转型的重要方向。开发适应"互联网+"教育的教材,以教育信息化全面推动教育现代化,促进教育公平,提升教育质量,为培养现代化建设所需要的高素质人才提供保障,已成为当前教材建设和改革的重中之重。

广西金融职业技术学院(广西银行学校)作为广西唯一的专门培养财经人才的全日制高等职业教育学校,享有"广西金融人才培养的摇篮"之美誉,其会计专业实力雄厚,有一支业务水平高、教学能力强、专兼结合、双师型的优秀教学团队。近年来,学校在大力推进教育教学改革的基础上,在专业建设方面取得明显成效,毕业生就业率达到95%以上,毕业生双证(毕业证+相关资格证书)率达到99%以上,地域品牌效应显著,已经成为广西职业院校中会计专业学生规模最大的学校。近年来,学校专任教师依据教学改革成果,结合职业教育人才培养目标和大数据与会计专业特点,与用友、新道、中联、百望、浙江衡信、厦门网中网等龙头企业合作,带动兄弟学校,在校会计专业委员会的指导下,联合行业、企业专家,推出一套基于"互联网+"教育教学改革理念的课证岗融合的高质量的职业教育"十四五"规划教材。

本套教材由校企共同研发,着重体现课证岗融合和产学合作的特点：

（1）从职业岗位能力培养出发，注重学生职业能力的养成。职业能力培养是职业院校的人才培养目标，会计职业能力培养围绕学生的职业道德素养养成和职业技能训练来开展。本套教材从会计职业能力入手，每个模块把"基础知识""岗位技能""职业素养"等教学内容有机结合，按任务和活动设置职业能力目标，引导学生有效学习。

（2）关注学生职业资格证书考试的需求，立体化特色鲜明。当前，会计从业资格证书已经被取消，学生在校能够考取的会计职业资格证书为初级会计师资格证书。本套教材注重对初级会计师资格证书考试相关知识的规划和整合，文字通俗易懂，配备知识点归纳、比较、总结的图表，以及大量形象化的案例和典型考点等内容，让学生边思边学，边做边学。对于重要事项和考点列有"温馨提示"和"特别提醒"等内容，并配备二维码链接，将教材学习和实训、测试、互动等辅助教学资源紧密结合，实现资源立体化，为教师和学生提供全面的教学支持。

（3）注重学生可持续发展和继续教育的需求。本套教材在突出培养学生动手能力的同时，充分考虑职业院校学生的职业发展需求和综合能力培养；在融入会计专业理论知识的同时兼顾学生继续教育和终身学习的要求，丰富教学资源的内容及其呈现途径，引导学生持续学习。

（4）校企合作。为了更好地融合课证岗的知识内容，本套教材由我校与中华会计网校共同组织专业老师编写，融合了学校专职任课教师丰富的教学经验以及中华会计网校老师所提供的大量的题库资源和资深的证书考试指导经验。校企专家共同确定教材大纲和编写内容，既满足了教师对学生职业能力培养的需要，又满足了学生证书考试的需求。

本套教材根据我国现行的企业会计准则体系和最新的税收政策法规编写，不论是课程标准开发，还是项目载体的设计、教学方法的改革和创新，都凝结了编写队伍在会计示范特色专业及实训基地建设中的心血和多年的教学经验。本套教材的出版，将会为财会专业职业教育教材建设的不断发展提供新的助力。

张红梅

FOREWORD 第二版前言

《Excel 在会计中的应用》出版以后,得到了多所中高职院校会计专业老师和学生的认可,大家的支持就是对编者最大的鼓励,在此向所有使用本教材的老师和同学表示感谢!为了顺应大数据理念和技术与会计深度融合的趋势,结合读者对第一版教材的反馈,以强化课程思政为导向,编者对第一版教材进行了修订。

相较于第一版教材,《Excel 在会计中的应用》(第二版)的主要变化体现在如下方面:

(1) 编者在本教材的每个模块增加了契合模块内容的思政目标,思政元素更加鲜明。

(2) 在模块 1 中,编者删除了原来关于学生成绩单的制作等简单业务处理,增加了更贴合会计实际工作的销售数据、考情数据的处理及协同办公的应用。

(3) 在模块 2 中,编者在原来基础上细化了操作步骤,有助于学生更快速地掌握这些应用。

(4) 在模块 3 中,编者删除了一些老旧的知识点。

(5) 新增了模块 4"工资薪酬管理(下)——数据透视表的应用"。编者基于企业顶岗实践,发现企业会计对数据透视表的使用频率较高,因而新增本模块,希望通过本模块的学习,同学们能够充分掌握该项功能的应用。

(6) 模块 5 和模块 6 是在教材第一版的模块 4 和模块 5 的基础上优化图标及操作步骤而成的,内容更为饱满。同时,编者删除了第一版的模块6。

《Excel在会计中的应用》(第二版)由众多高职一线授课教师合作编写完成：陈添和马靖杰担任主编，李燕、苏梅、陈素萍和羌秋璐担任副主编，肖三亮和龙思齐参编。本教材的具体编写分工如下：陈添和龙思齐编写模块1；马靖杰编写模块2；陈添和陈素萍编写模块3；李燕编写模块4；肖三亮和陈添编写模块5；羌秋璐编写模块6；苏梅编写模拟试题及其参考答案。陈添负责整本教材的总纂工作。

尽管编者已尽最大的努力，但限于编者能力有限，第二版如果存在错误和不足，敬请读者指正。我们会高度重视，及时修改。

编　者

2024年2月

模拟试题一

模拟试题二

模拟试题一
参考答案

模拟试题二
参考答案

在线课程

FOREWORD 前 言

Excel 是 Microsoft 公司为使用 Windows 和 Apple Macintosh 操作系统的电脑用户编写的一款电子表格软件。直观的界面、出色的计算功能和图表工具，使 Excel 成为最流行的个人计算机数据处理软件之一。Excel 强大的数据处理能力，给财务人员带来了巨大的帮助。首先，对于一些小微企业来说，Excel 基本上可以替代一套简单的财务软件。购买一套财务软件的费用对于小微企业来说太高，企业会增加许多财务成本。财务人员只需要掌握 Excel 的基础功能，即可完成日常的会计核算(如凭证的录入、工资的核算、报表的编制等)，而且所涉及的函数一般也仅限于常用的 10 个左右。其次，对于一般企业来说，它们虽然购买了财务软件，但由于财务软件的专业性和局限性，使其财务数据的直观性、可视化不强。这时就离不开 Excel 的中高端功能，如数据透视表及图表的高级运用、高级筛选、单变量求解、规划求解和假设分析(模拟运算表)等，有时财务人员还需要编写简单一点的宏代码或自定义函数以及运用数组公式。此时，Excel 就可以让数字自己开口说话，为企业决策层提供强有力的数据支持，解决管理层看不懂专业数据的问题。总而言之，Excel 是财务人员工作中离不开的好帮手。

本教材具有如下特点：

第一，入门简单，贴近大学生的实际生活。例如，本教材在"模块 1 Excel 基础知识"中引入了学生"成绩单的制作""奖学金的评比"等内容，旨在让学生通过熟悉的事物了解 Excel 的基础知识，掌握其基本操作，顺利完成 Excel 的入门。

第二，公式介绍和操作步骤详细。本教材每个模块下的任务都对应了详细的操作步骤，每个操作步骤都图文并茂，针对步骤里出现的公式，后面都配有详细的文字说明，力求让使用者更容易掌握这些操作。

第三，本教材模拟了在无财务软件的情况下如何完全依靠 Excel 进行日常账务处理。在"模块 2 会计核算应用"中，本教材从日常的记账凭证的编制到各种账簿的建立和登记再到报表的生成，完全利用 Excel 的各项功能进行设置。

本教材由高职一线授课教师合作编写完成，陈添和马靖杰担任主编，黄萍和林蕊担任副主编。本教材的具体编写分工如下：林蕊和杜睿云编写模块 1；马靖杰编写模块 2；陈添编写模块 3 和模块 6；黄萍编写模块 4；羌秋璐、刘喆和龙思齐编写模块 5；苏梅和陈素萍编写模拟试题及其参考答案。陈添负责整本教材的总纂工作。

尽管编者已尽最大的努力，但由于编写时间仓促和水平所限，本教材难免有不当之处，期待各位老师、同学和广大读者提出建议，并及时反馈给我们，我们会高度重视，及时修改。谢谢！

编　者

2020 年 12 月

CONTENTS 目　录

模块 1　Excel 基础知识 ·· 1
　　任务 1.1　Excel 在会计中应用的意义 ·· 1
　　任务 1.2　Excel 的基本操作 ·· 2
　　任务 1.3　销售数据的处理 ·· 13
　　任务 1.4　考勤数据的处理 ·· 24
　　任务 1.5　协同办公的应用 ·· 32
　　模块测试 ·· 36

模块 2　会计核算应用 ·· 38
　　任务 2.1　凭证编制 ·· 39
　　任务 2.2　账表编制 ·· 56
　　模块测试 ·· 84

模块 3　工资薪酬管理（上） ·· 86
　　任务 3.1　各项工资薪酬表格的编制 ·· 86
　　任务 3.2　职工薪酬结算单的编制 ·· 105
　　任务 3.3　工资薪酬汇总图表的编制 ··· 115
　　模块测试 ··· 121

模块 4　工资薪酬管理（下）——数据透视表的应用 ································· 128
　　任务 4.1　工资薪酬数据透视表的编制 ·· 128
　　任务 4.2　工资薪酬数据透视图的制作 ·· 135
　　任务 4.3　切片器的创建 ··· 137
　　模块测试 ··· 140

模块 5　固定资产管理 ……………………………………………………………… 141
　　任务 5.1　固定资产登记簿的编制 ……………………………………………… 142
　　任务 5.2　固定资产折旧方法 …………………………………………………… 147
　　任务 5.3　固定资产增减变动管理 ……………………………………………… 155
　　任务 5.4　固定资产卡片管理 …………………………………………………… 160
　　模块测试 ………………………………………………………………………… 171

模块 6　往来账款管理 ……………………………………………………………… 172
　　任务 6.1　应收款项的管理 ……………………………………………………… 173
　　任务 6.2　应付款项的管理 ……………………………………………………… 186
　　模块测试 ………………………………………………………………………… 198

参考文献 …………………………………………………………………………… 199

模块 1

Excel 基础知识

[考核目标]
1. 认知 Excel 在会计中应用的意义。
2. 认知 Excel 的基本操作。
3. 初识销售数据的处理。
4. 初识考勤数据的处理。
5. 初识协同办公的应用。

[实践目标]
1. 掌握 Excel 的基本操作。
2. 掌握案例中的相关操作。
3. 了解 Excel 在会计中的应用。

[思政目标]
1. 培养学生勇于探索的创新精神。
2. 提升学生解决问题的实践能力。
3. 培育学生经世济民、诚信服务、德法兼修的职业素养。

[知识点思维导图]

Excel 基础知识
- Excel 在会计中应用的意义
- Excel 的基本操作
- 销售数据的处理
- 考勤数据的处理
- 协同办公的应用

任务 1.1 Excel 在会计中应用的意义

Microsoft Excel 是一个电子表格处理软件,是 Office 办公软件的核心应用程序之一。它功能强大、操作简单、使用范围广,不仅能够制作人们日常工作中的各种表格,而且还可以普遍应用于报表处理、数学运算、工程计算、财务处理、统计分析、图表制作等各个方面。同时,它提供了丰富的财务函数、数据库管理函数以及数据分析工具。

通过运用这些功能,会计人员可以进行会计处理、财务分析、统计分析、线性预测,并制作各种数据分析表、设计各种分析模型。在会计信息化过程中,Excel 有其独特的不可取代作用。

数据分析是会计未来发展的方向,它不仅推动了会计工作的现代化进程,而且使会计工作在社会经济发展中的地位和作用得到极大的提高。同时,会计处理手段及技术的现代化,极大地提高了会计信息的及时性、准确性、科学性。Excel 作为专业的数据处理软件,其功能是无可比拟的,它在实现基本的会计数据处理的基础上,进一步对会计信息进行分析,从而为经营管理者提供更为有效、准确的决策支持。

任务 1.2 Excel 的基本操作

一、知识要点

Excel 在人们日常学习工作中应用非常广泛,特别是在会计工作中,我们更需要熟练掌握各项操作,成绩单作为学生成绩记录的载体,是学生日常接触最多的表格。

二、岗位任务

建立一张学生成绩单,如表 1-1 所示,并打印。

表 1-1　　　　　　　　　　学生成绩单

学号	姓名	数学	语文	英语	体育
1	岳 飞	70	71	85	67
2	项 羽	80	84	82	90
3	韩 信	77	79	82	85
4	吴 起	77	79	86	86
5	姜子牙	72	84	89	87
6	卫 青	80	79	92	86

三、操作步骤

操作步骤如下:

(1) 创建一个 Excel 文档,并保存文档。双击 Excel 快捷方式,或点击"开始"→选择"Excel"→左上方的"空白工作簿"按钮 ,它将自动创建一个新的电子表格文档。Excel 界面如图 1-1 所示。

> **知识链接**
>
> 1. 双击任意一个选项卡,可以隐藏功能区,在隐藏状态下,可通过单击某选项卡来查看功能区并选择其中的命令,再次双击选项卡,功能区恢复显示状态。

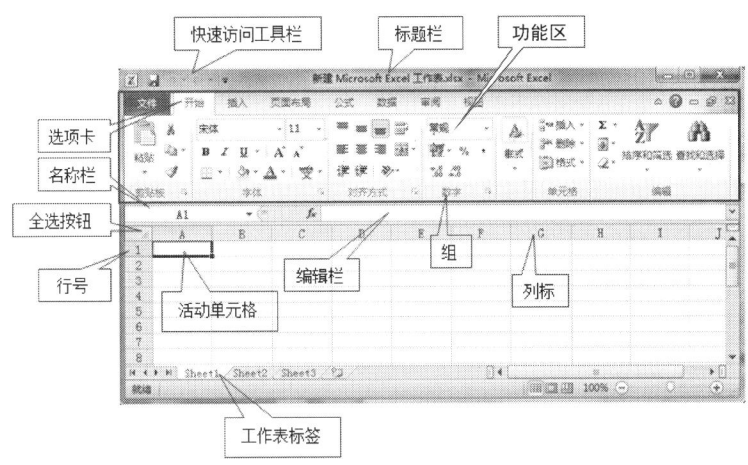

图1-1 Excel工作界面

2. Excel界面中部分对象的说明如表1-2所示。

表1-2　　　　　　　　　　Excel界面中部分对象的说明

序号	对象名称	对象说明
1	快速访问工具栏	位于工作界面的左上角,包含一组用户使用频率较高的工具,如"保存""撤销"和"恢复"。用户可单击"快速访问工具栏"右侧的倒三角按钮,在展开的列表中选择要在其中显示或隐藏的工具按钮
2	功能区	位于标题栏的下方,是一个由8个选项卡组成的区域。Excel将用于处理数据的所有命令组织在不同的选项卡中。单击不同的选项卡标签,可切换功能区中显示的工具命令。在每个选项卡中,命令又被分类放置在不同的组中。组的右下角通常都会有一个对话框启动器按钮,用于打开与该组命令相关的对话框,以便用户对要进行的操作做更进一步的设置
3	编辑栏	主要用于输入和修改活动单元格中的数据。当在工作表的某个单元格中输入数据时,编辑栏会同步显示输入的内容
4	全选按钮	单击可选中所有单元格
5	列标	列的编号,依次用字母A,B,…,IV表示,共有256列,单击列标可以选择该列
6	行号	行的编号,单击行号可以选择该行
7	活动单元格	当前被选中的单元格
8	工作表标签	位于工作簿窗口的左下角,默认名称为Sheet1、Sheet2、Sheet3…单击不同的工作表标签,可在工作表间进行切换

(2)单击快速访问工具栏上的"保存"按钮("![]"图标),也可按(快捷键"Ctrl"+"S"),在弹出的"另存为"对话框中选择好文件保存的位置,并保存文件名为"学生成绩表.xlsx",如图1-2所示。

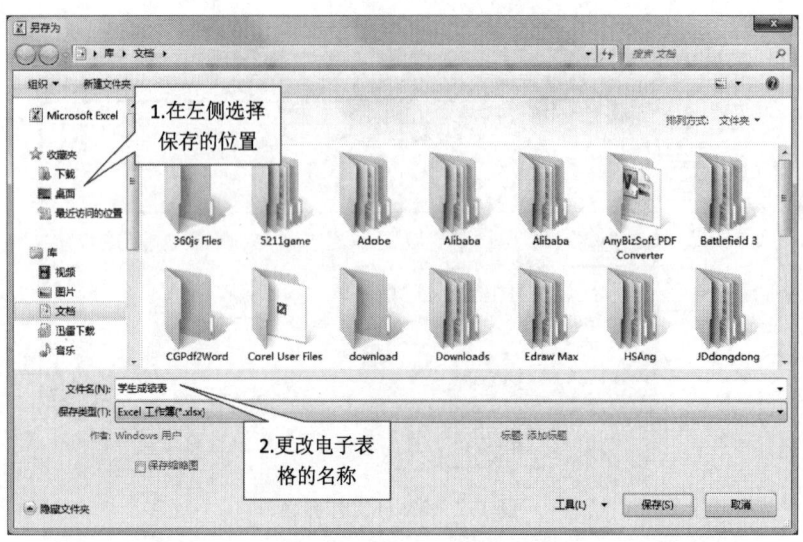

图1-2 保存电子表格

(3) 参照图1-3输入表格标题及相关文本。

图1-3 输入表格标题及相关文本

知识链接

1. 选取单元格。如需在单元格内输入数据,用户先要选择单元格,选择的方法如表1-3所示。

表1-3　　　　　　　　　　选择单元格的方法

序号	选择对象	操作方法
1	某个单元格	鼠标左击该单元格
2	连续的单元格	鼠标左击拖动
3	不连续的单元格	选取第一个区域后,按住"Ctrl"键,再拖曳选择其他单元格
4	一整行或一整列	单击行号或列标
5	选择连续的行或列	单击行号或列标然后拖动
6	全部单元格	单击全选按钮,或按"Ctrl"+"A"键

2. 录入字符。录入的字符将出现在用户选择的活动单元格里,若用户选择了多个单元

格,则所选择的第一个单元格为活动单元格,如图1-4所示。录入完某个单元格的字符后,用户可利用键盘的"上""下""左""右"键或"Tab"键选择下一个单元格,以提高录入速度。

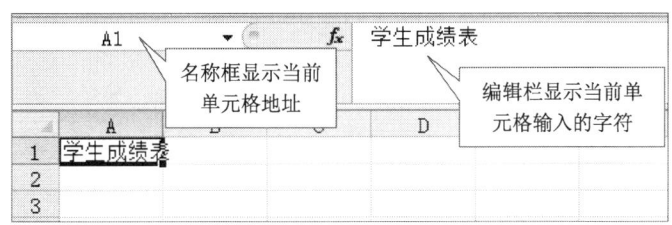

图1-4 录入字符

3. 输入学生成绩时,可以利用键盘右侧的小键盘提高数字录入速度。

4. 录入学号时,由于学号是一组等差数列,因此可以使用"填充柄"批量完成。先在单元格A3录入数字"1",然后选择填充序列拖动至单元格A8。相关内容如图1-5和图1-6所示。

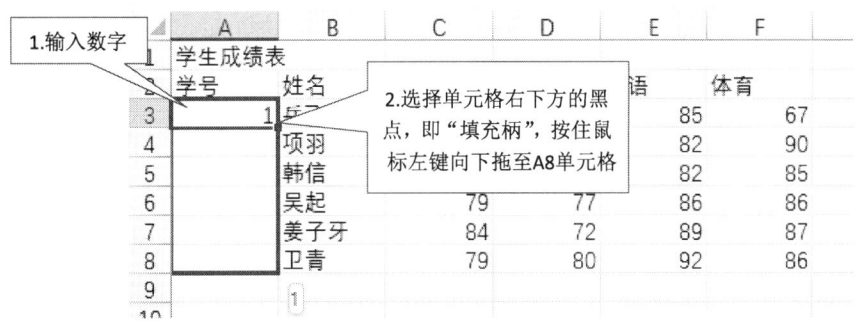

图1-5 使用填充柄录入有序数字第一步

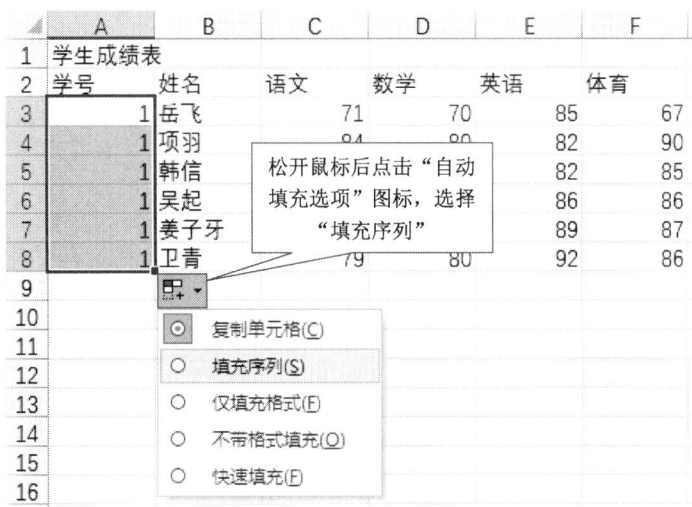

图1-6 使用填充柄录入有序数字第二步

(4) 设置字体格式和对齐方式。将标题合并后居中，选择单元格区域 A1:F1，点击"开始"选项卡→"对齐方式"组→"合并后居中"按钮（" 合并后居中 "图标），如图 1-7 所示。

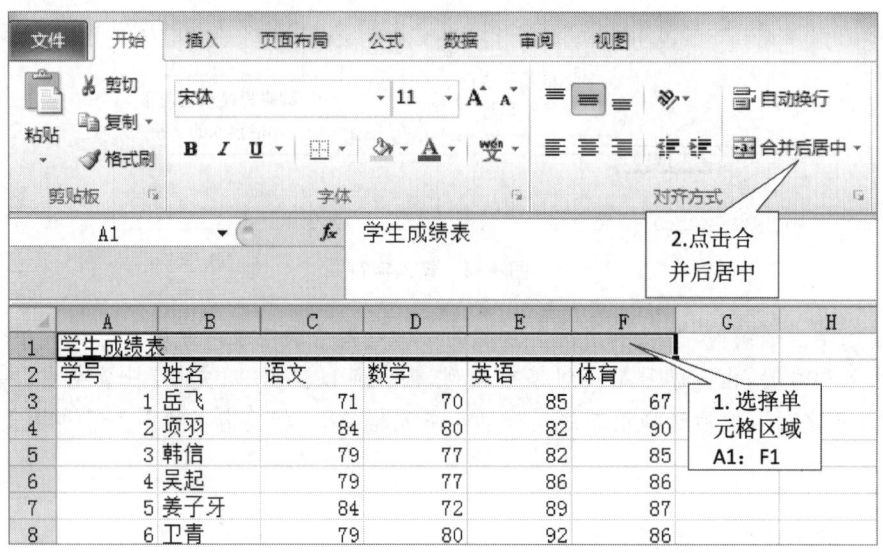

图 1-7　合并后居中单元格

> **知识链接**

1. 若要合并的多个单元格里都有文本，点击"合并"按钮后，系统会跳出警告，如图 1-8 所示，合并后只能保留最左上角单元格的内容。

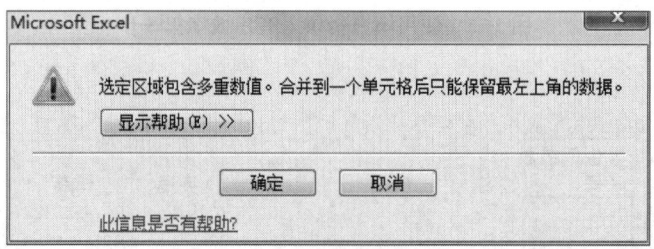

图 1-8　合并多重数值警告

2. 若要取消单元格合并，选择合并的单元格，再次点击"合并后居中"按钮可取消合并居中。

(5) 设置字体格式。点击"开始"选项卡→"字体"组，为标题设置字体格式为 18 号宋体、加粗。"字体"组按钮功能如图 1-9 所示。设置标题下一行单元格区域 A2:F2 字体格式为 14 号黑体。设置区域单元格 A3:F8 区域字体格式为 12 号仿宋。

(6) 设置对齐方式。选择 A2:F8 单元格区域，点击"开始"选项卡→"对齐方式"组上的"垂直居中"按钮和"水平居中"按钮，使单元格内容处于单元格的正中间。"对齐方式"组按钮功能如图 1-10 所示。

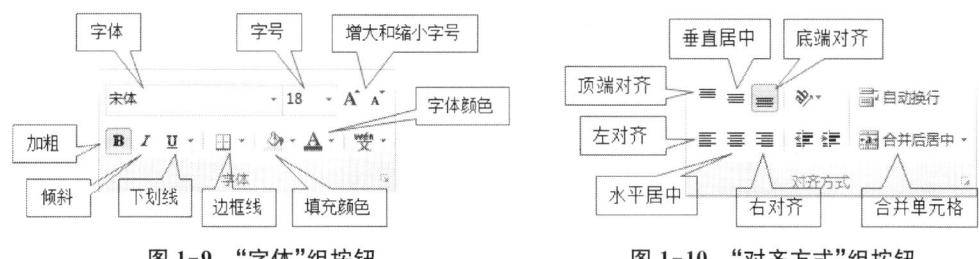

图 1-9 "字体"组按钮　　　　　图 1-10 "对齐方式"组按钮

（7）设置表格边框。选中单元格区域 A2:F8，右击，选择"设置单元格格式"命令，在弹出的"设置单元格格式"对话框中，单击"边框"选项卡，如图 1-11 所示。

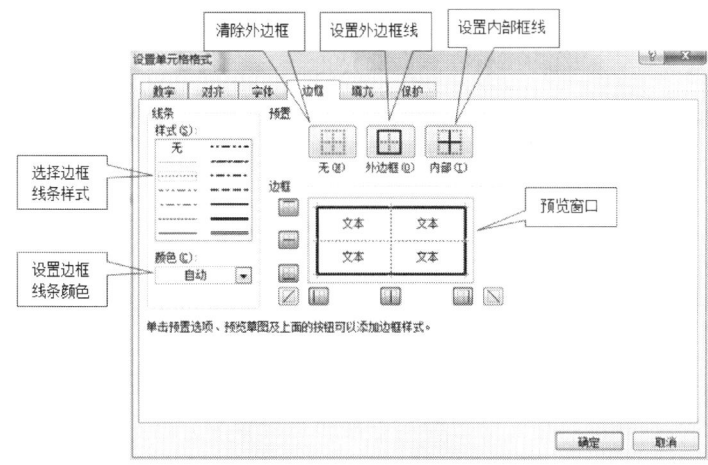

图 1-11 设置边框

在"样式"列表框中选择粗实线，单击"预置"栏中的"外边框"按钮，可为所选的单元格区域设置粗实线外框，如图 1-12 所示。

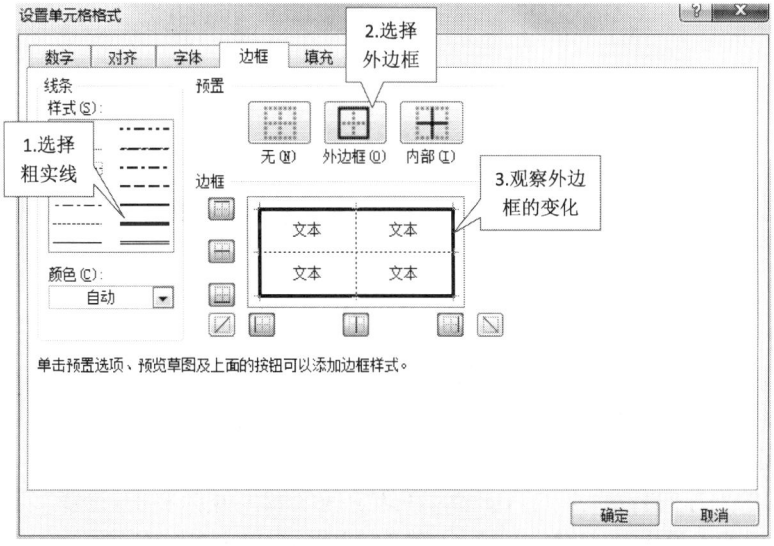

图 1-12 设置表格边框

用同样的方法，在"样式"列表框中选择虚线，单击"预置"栏中的"内部"按钮，可为所选的单元格区域设置虚线内边线。设置完毕后，单击"确定"按钮。

选中 A2:F2 单元格区域，右击，选择"设置单元格格式"命令，单击"边框"选项卡，在"样式"列表中选择粗实线，单击"边框"栏中的"下边框"按钮，可为所选的单元格区域设置粗实线下框线，如图 1-13 所示。

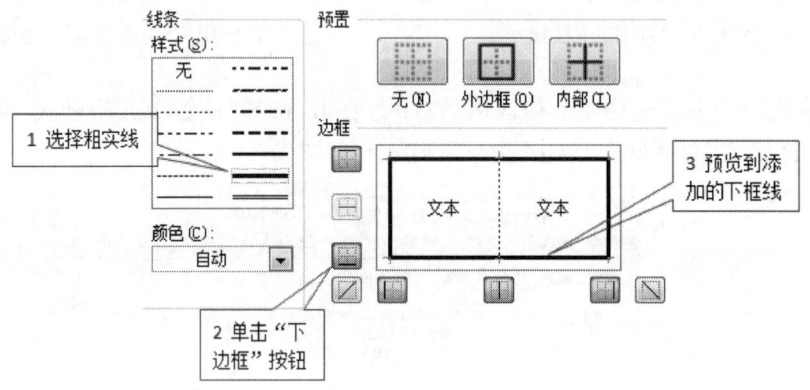

图 1-13　为所选单元格区域设置下框线

知识链接

在"边框"栏中有 8 个按钮可对选定的单元格或单元格区域做具体某条边或某几条边的设置，选中单元格区域后，直接单击相对应的边框按钮进行设置。除此以外，我们还可以利用"开始"选项卡下"字体"组中的"边框"按钮进行边框设置。

（8）设置表格底纹。选中单元格区域 A2:F2，点击"开始"选项卡→"字体"组→"填充颜色"按钮→"选择任一喜欢的背景颜色"，如图 1-14 所示。

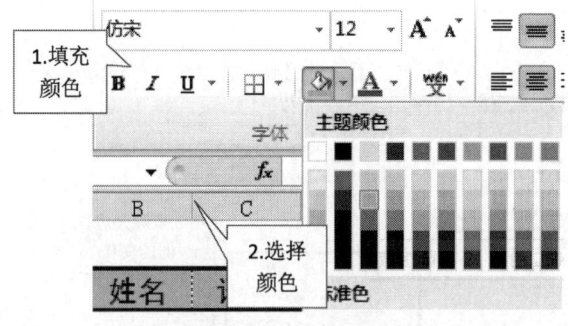

图 1-14　为单元格填充颜色

（9）调整表格的行高和列宽。点击第 1 行的行号向下拖，选中第 1—2 行，在选中的区域里右击，选择"行高"命令，在弹出的"行高"对话框中设定行高值为"35"，如图 1-15 所示，单击"确定"按钮，完成设置。

点击 A 列的列标向右拖，选中 A:F 列，在选中的区域里鼠标右击，选择"列宽"命令，在弹出的"列宽"对话框中设定列宽值为"11"，如图 1-16 所示，单击"确定"按钮，完成设置。

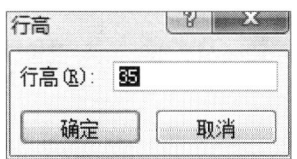
图 1-15 设置行高

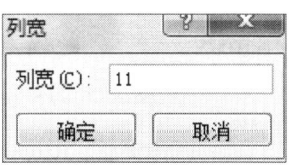
图 1-16 设置列宽

（10）重命名工作表标签。鼠标右击工作表标签"Sheet1"，在弹出的菜单中选择"重命名"命令，将"Sheet1"工作表标签重命名为"一班成绩表"，输入汉字后，点击表格任意单元格完成命名，如图 1-17 所示。

（11）新增工作表。点击工作表最右边的"插入工作表"标签，可快速插入一张新的空白表。

（12）删除工作表。选择除了"一班成绩表"之外的其他所有的工作表，在工作表标签上右击，在弹出的菜单中选择"删除"命令。

（13）复制列。点击列标 C，选择"语文"列，按"Ctrl" ＋"C"键进行复制，在 E 列列标上鼠标右击，选择"插入复制的单元格"，如图 1-18 所示。此时 E 列的左侧会插入一个新的"语文"列。选择 C 列，右击选择"删除"。

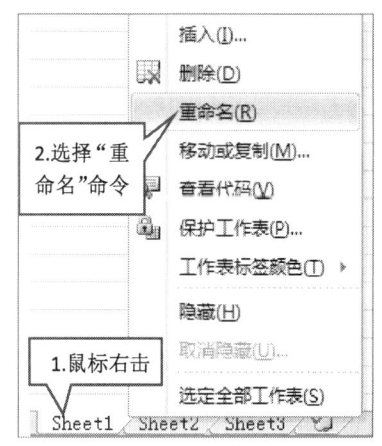
图 1-17 重命名工作表标签

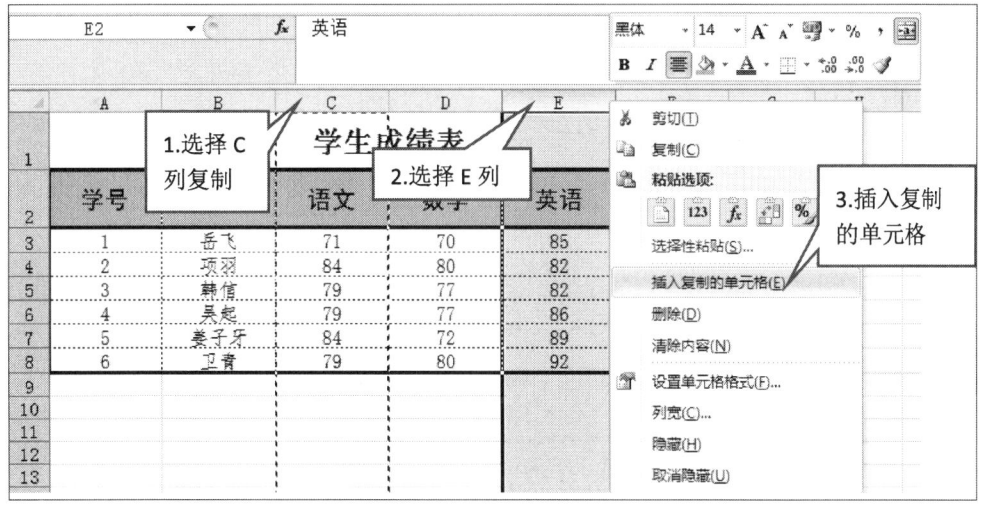
图 1-18 插入复制的单元格

（14）页面设置。点击"页面布局"选项卡→"页面设置"组右下方的" "图标，系统弹出"页面设置"对话框。

在"页面"选项卡中，设置纸张大小为"A4"，纸张方向为"横向"，如图 1-19 所示。

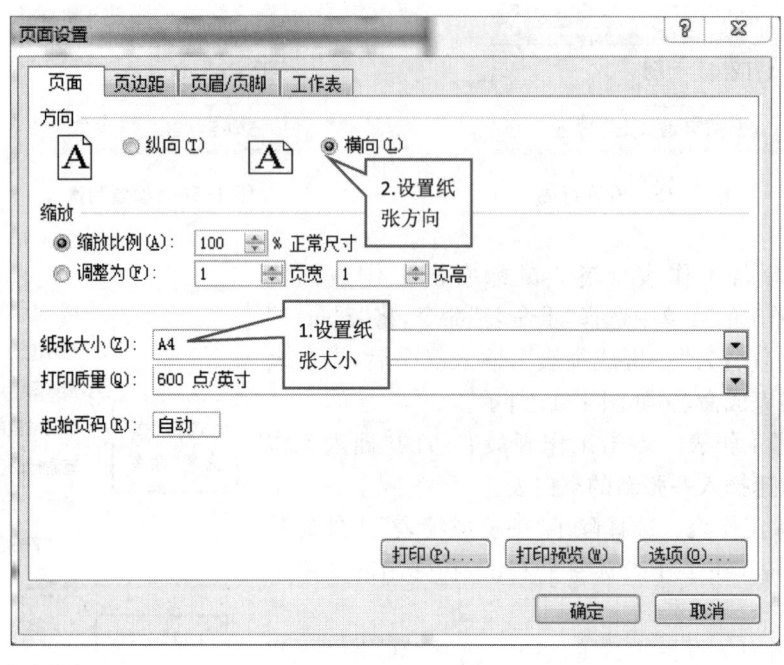

图 1-19　页面设置

（15）设置页边距及表格的居中方式。单击"页边距"选项卡，设置页边距上、下、左、右都为"3"，居中方式栏勾选"水平"和"垂直"，如图 1-20 所示。

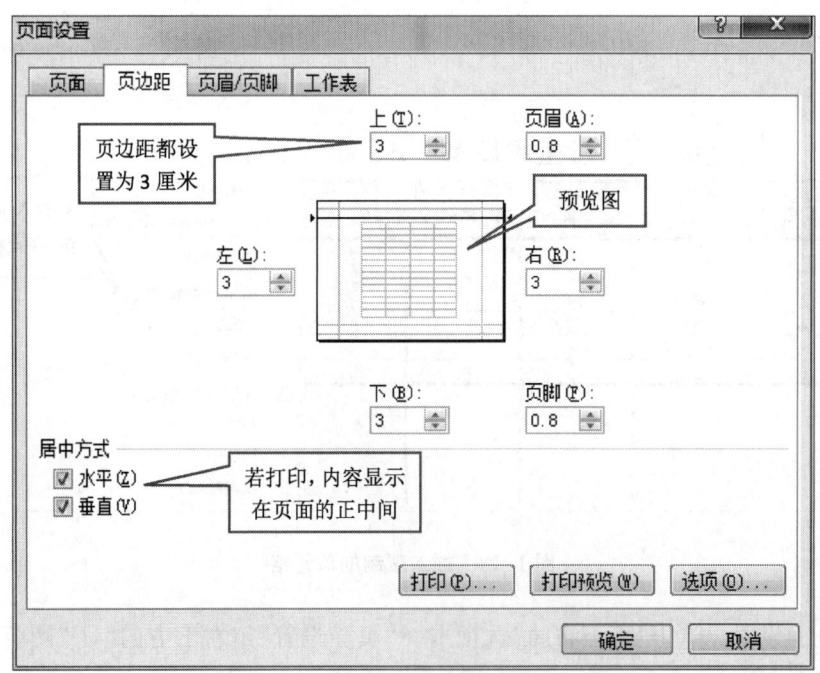

图 1-20　设置页边距及表格的居中方式

（16）设置页眉。单击"页眉/页脚"选项卡，选择"自定义页眉"按钮，弹出"页眉"对话框，输入内容，如图 1-21 所示，点击"确定"按钮。

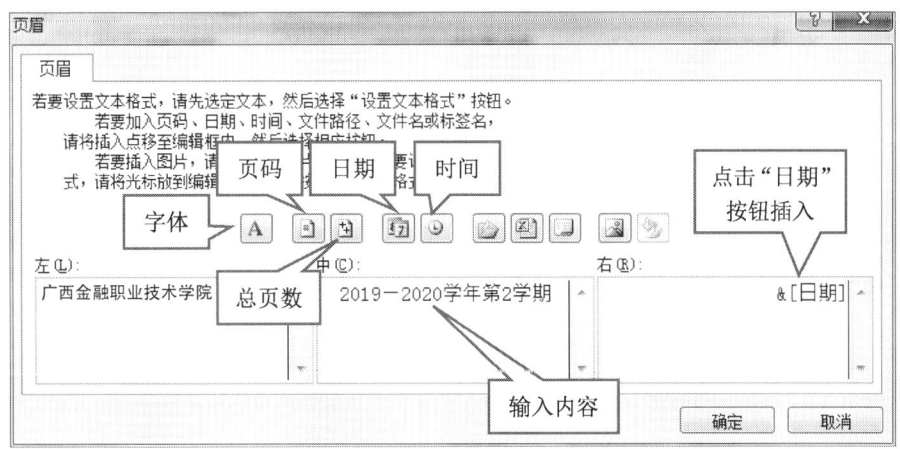

图 1-21　设置页眉

（17）设置页脚。点击"自定义页脚"按钮，弹出"页脚"对话框，在中间的框内输入"第　页　共　页"，在如图 1-22 所示位置点击按钮插入"页码"和"总页数"，点击"确定"按钮。

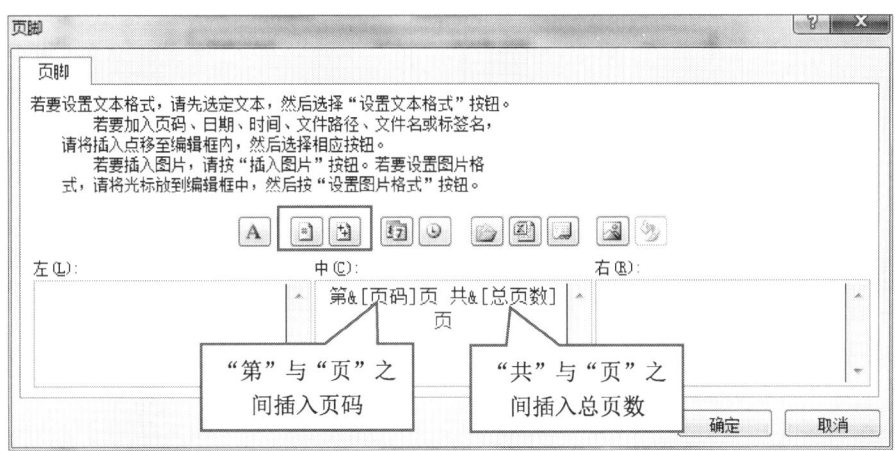

图 1-22　设置页脚

（18）设置打印标题。单击"工作表"选项卡，点击"顶端标题行"右边的按钮，选择表格第二行标题行，可将标题行设置为打印标题，如图 1-23 所示，打印时该标题将会出现在每页前面。单击"确定"按钮，完成设置。

（19）打印预览和打印工作表。单击"文件"选项卡→"打印"命令，即可查看打印效果，若电脑已经连上了打印机，单击"打印"按钮，如图 1-24 所示，即可将表格打印出来。

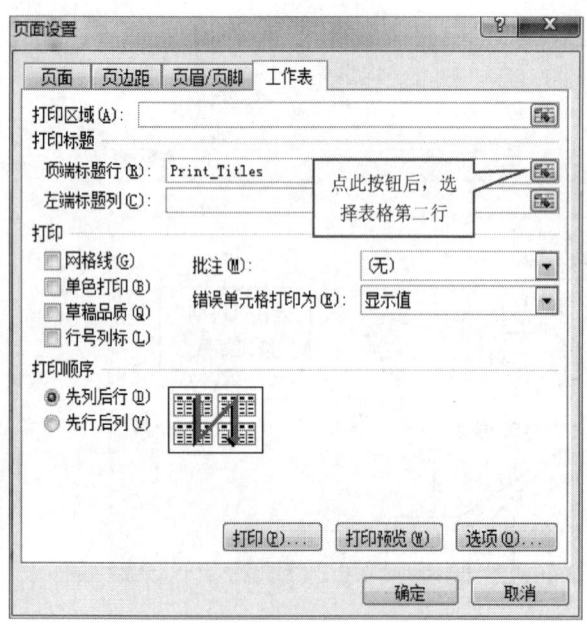

图 1-23　设置打印标题

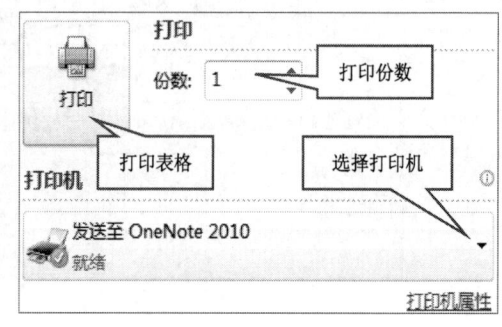

图 1-24　打印文档

知识链接

1. 工作簿

Excel 文档就是工作簿，它是 Excel 工作区中 1 个或多个工作表的集合，其扩展名为".xlsx"。每 1 个工作簿可以拥有许多不同的工作表，工作簿中最多可建立 255 个工作表。

2. 工作表

工作表是显示在工作簿窗口中的表格。1 个工作表可以由 1048576 行和 256 列构成，行的编号从 1 到 1048576，列的编号依次用字母 A，B，…，IV 表示。Excel 默认 1 个工作簿有 3 个工作表，用户可以根据需要添加工作表。

3. 单元格

单元格是表格中行与列的交叉部分。它是组成表格的最小单位，可拆分或者合并。单个数据的输入和修改都是在单元格中进行的。

4. 单元格地址

单元格地址由单元格所在列标和行号组成。例如，单元格 B3 表示 B 列第 3 行的单元格。单元格地址这种表示方式也称为单元格的相对地址。

5. 绝对地址

单元格地址的行号、列标前加上"$"，即为绝对地址。例如，$D$5 表示 D 列第 5 行单元格的绝对地址。在复制包含有绝对地址的公式时，Excel 不会调整公式中的地址，而如果包含的是相对地址，Excel 将自动调整公式中的地址。

6. 单元格区域地址

单元格区域地址由"左上角单元格地址：右下角单元格地址"来表示。例如，单元格区域 A1:C4 表示从单元格 A1 到单元格 C4 的单元格区域。

7. 活动单元格

单击某个单元格,这个单元格就成为活动单元格。每张工作表虽然有很多个单元格,但在某一时刻只有一个活动单元格。

8. 手动调整列宽、行高

① 调整列宽

把鼠标指针移到需要调整的列标右边线上,当鼠标变成"✛"形状时,按住鼠标左键向左或右拖动交界线,此时会出现一条黑色的虚线跟随拖动的指针移动,移到所需位置放开鼠标左键即可。如果需要同时调整多列的列宽,可以选择多列,此时手动调整选中的任何一列的列宽,所有被选中的列的列宽将会被同步调整。

② 调整行高

把鼠标指针移到需要调整的行号下面线上,按住鼠标左键向上或下拖动,其余操作与调整列宽同理。

(20) 自动调整行高、列宽。选中需要调整的行。

单击"开始"选项卡→"单元格"组→"格式"→"自动调整行高"命令。

自动调整列宽与行高操作同理。

任务1.3 销售数据的处理

一、知识要点

图书销售表可以直接反映各类图书在不同月份的销售情况。数据以图表形式显示,将会使数据直观和生动,利于理解,更具有可读性。

二、岗位任务

(一) 建立一张"图书销售表"

新华书店上半年图书销售表如表1-4所示。

表1-4　　　　　　　　　　　新华书店上半年图书销售表

单位:本

月份\类别	文艺小说	教学参考	自然科学	社会科学	其它	平均	比例	是否畅销
一月	377	288	469	549	108	358.2	17.2%	畅销
二月	435	225	348	330	300	327.6	15.7%	不畅销
三月	484	186	456	429	219	354.8	17.0%	畅销
四月	645	100	389	499	156	357.8	17.1%	畅销
五月	388	273	419	373	167	324	15.5%	不畅销
六月	577	350	322	490	86	365	17.5%	畅销
合计	2 906	1 422	2 403	2 670	1 036	2 087.4		

（二）建立一张"图书销售图"

新华书店上半年图书销售图如图 1-25 所示。

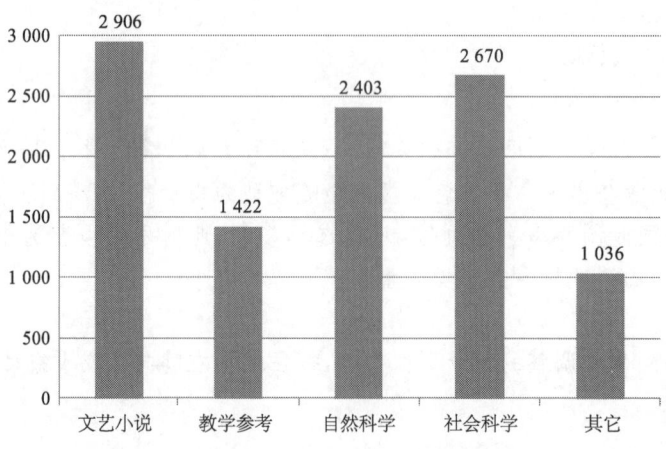

图 1-25　新华书店上半年图书销售图

三、操作步骤

（一）"图书销售表"操作步骤

（1）表格格式设置。打开"任务 1.3 素材.xlsx"文档或参考表 1-4 录入相应数据。选择单元格 A2：I9，点击鼠标右键，选择"设置单元格格式"，如图 1-26 所示（设置单元格格式的快捷键是"ctrl＋1"）。

图 1-26　设置单元格格式

跳出"设置单元格格式"窗口后,选择"边框"选项卡,设置外边框为双实线,内边框为单实线,如图 1-27 所示。

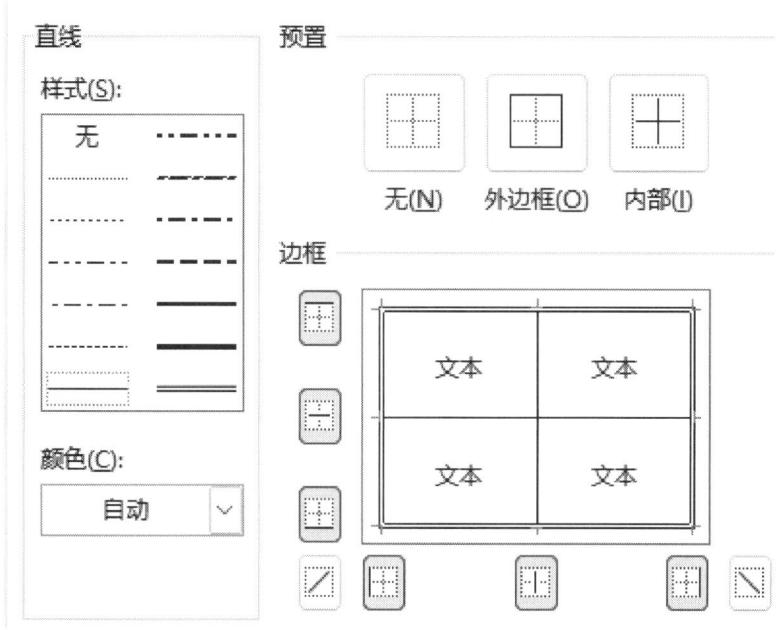

图 1-27　设置外边框和内边框

(2) 选择单元格 A2,将鼠标插入点定位在"类别"和"月份"之间,按"Alt＋回车"键两次,将"月份"调整到"类别"下方,设置单元格内容左对齐,将鼠标插入点放在"类别"和"月份"前面,输入空格若干,如图 1-28 所示。

	A	B	C	D	E	F	G	H	I
1				新华书店上半年图书销售表					单位:本
2	类别 月份	文艺小说	教学参考	自然科学	社会科学	其它	平均	比例	是否畅销
3	一月	377	288	469	549	108			
4	二月	435	225	348	330	300			
5	三月	484	186	456	429	219			
6	四月	645	100	389	499	156			
7	五月	388	273	419	373	167			
8	六月	577	350	322	490	86			
9	合计								

图 1-28　设置斜线表头第一步

（3）选择单元格 A2，按快捷键"ctrl+1"，进入设置边框窗口，选择单实线，设置斜线表头，如图 1-29 所示。

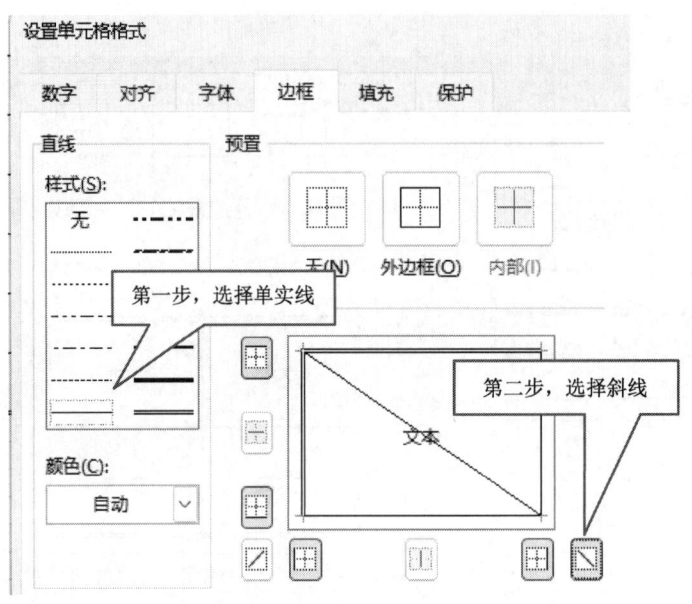

图 1-29　设置斜线表头第二步

（4）求月平均数。选择单元格区域 B3:G8，点击"公式"选项卡→"函数库"组→"自动求和"按钮下的三角形，在弹出的菜单中选择"平均值"，即可求出一月到六月的销售平均值，如图 1-30 所示。

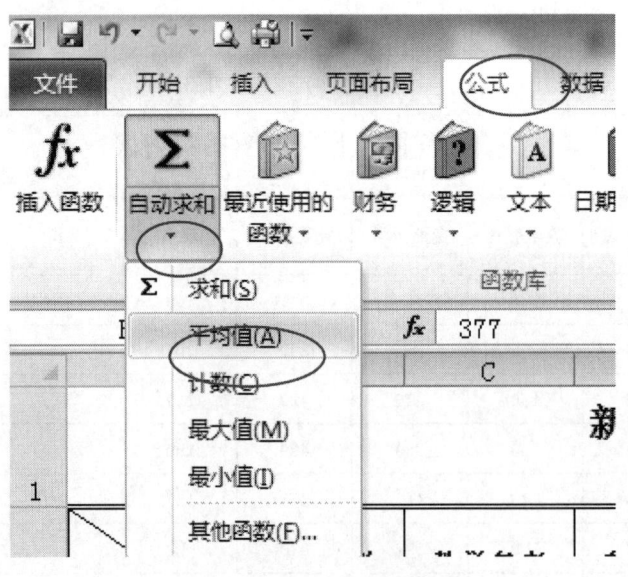

图 1-30　利用函数求平均值

（5）求合计。选择单元格区域 B3:G9，点击"公式"选项卡→"函数库"组→"自动求和"按钮，即可求出不同类别书本上半年销售数据的合计。

（6）求每月销售书本所占比例,这里需要编辑一个公式:选择单元格 H3,在编辑框输入"=G3/$G$9",如图 1-31 所示,敲"回车"确定。鼠标双击单元格 H3 的填充柄,公式自动填充,完成所有月份的比例计算。

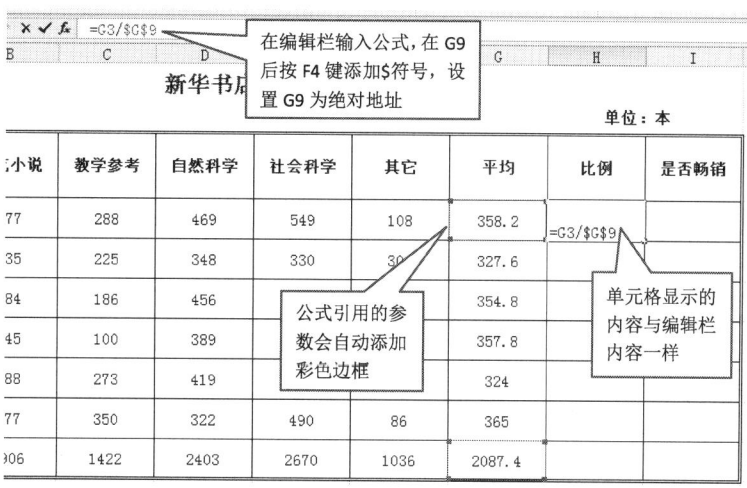

图 1-31　输入公式

知识链接

1. 在编辑栏可以选择单元格代替手动输入单元格地址,如:要输入 G3,只要选择单元格 G3 即可。

2. 将鼠标插入点定位在编辑栏 G9 后面,按 F4 键可以快速将其设为绝对地址。

3. 选择已输入的公式或函数,点击编辑栏,公式或函数所引用的参数将自动被彩色的方框框起来,以提示用户。

（7）选择单元格区域 H3:H8,按快捷键"ctrl+1",选择"数字"→"百分比"→"小数位数"设置为 1,如图 1-32 所示。

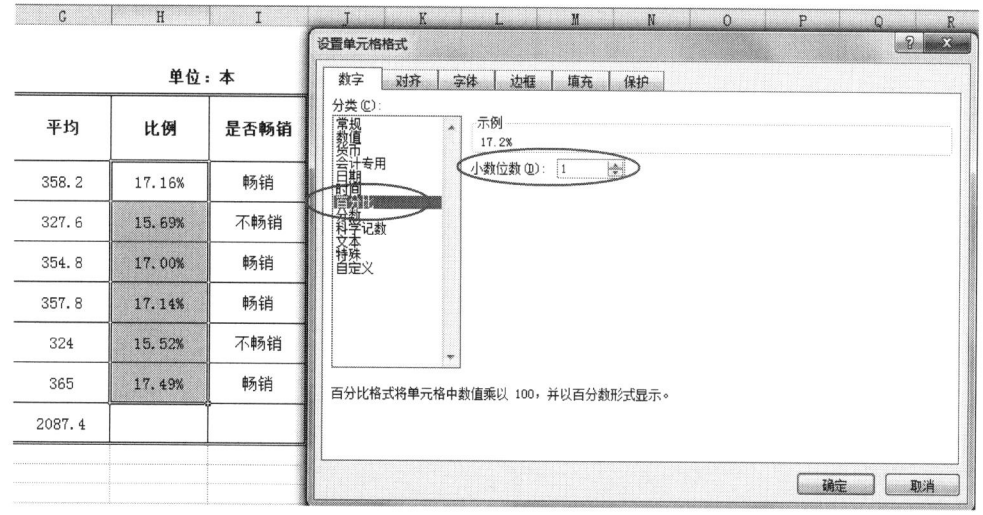

图 1-32　设置数据格式为百分比

(8) 利用 IF 函数自动判断书本是否畅销。选择单元格 I3，点击插入函数按钮（" fx "图标），在"插入函数"对话框中选择"IF"函数。在弹出的"函数参数"对话框中，输入如图 1-33 所示的内容。

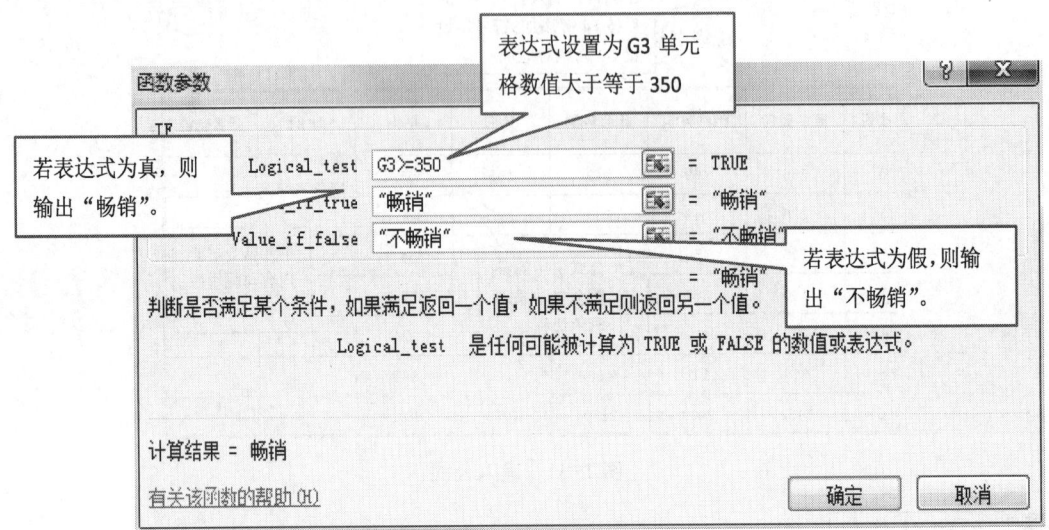

图 1-33　设置 IF 函数参数

(9) 双击单元格 I3 的填充柄，函数会自动填充至单元格 I8。

知识链接

IF 函数是条件判断函数，函数表达式为：IF(logical_test,value_if_true,value_if_false)。如果指定条件的计算结果为 TRUE，IF 函数将返回某个值；如果该条件的计算结果为 FALSE，则返回另一个值。例如，IF(测试条件,结果1,结果2)，即如果满足"测试条件"则显示"结果1"，如果不满足"测试条件"则显示"结果2"。

(二)"图书销售表"操作步骤

(1) 按住"Ctrl"键同时选择单元格区域 A2:F2 和 A9:F9，点击"插入"选项卡→"图表"组→"柱形图"，在弹出的下拉菜单中选择"簇状柱形图"，如图 1-34 所示。插入的图表如图 1-35 所示。

(2) 修改图表标题。选择图表标题"合计"，将标题改为"新华书店上半年图书销售图"。

(3) 更改图表类型。选择图表，点击"图表设计"选项卡→"类型"组→"更改图表类型"按钮，在弹出的"更改图表类型"对话框中选择"三维簇状柱形图"，单击"确定"按钮完成更改，如图 1-36 所示。

(4) 设置图表样式。选择图表，点击"图表设计"选项卡→"图表样式"组中，选择任意你喜欢的样式和颜色，如图 1-37 所示。

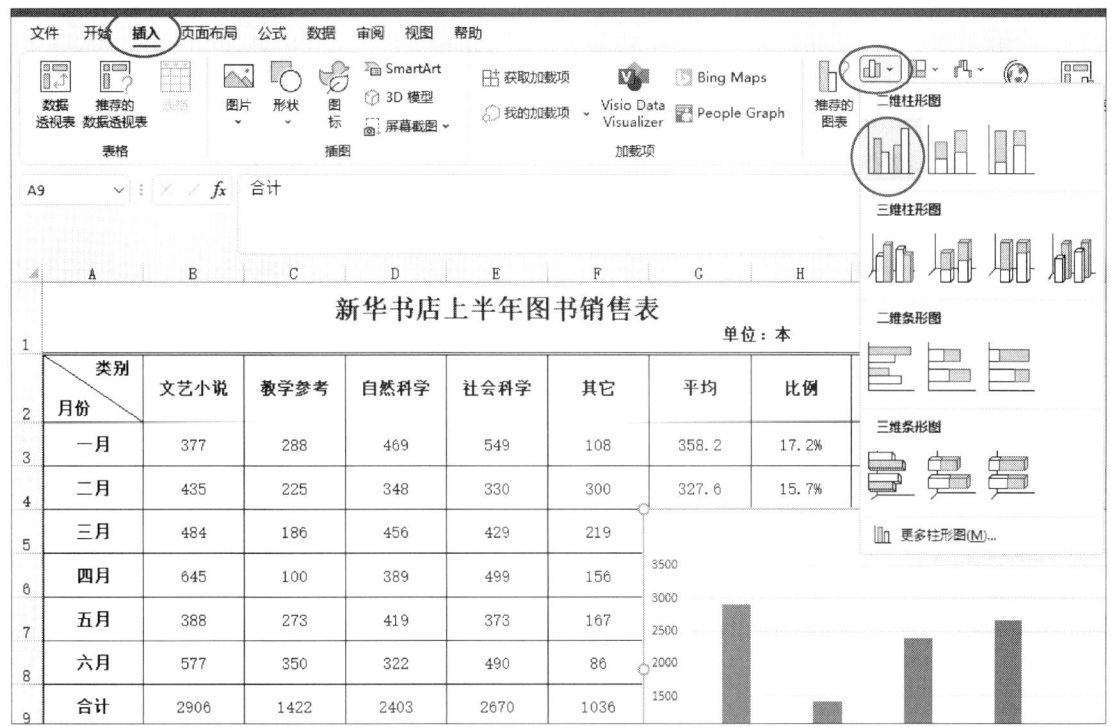

图1-34 插入簇状柱形图

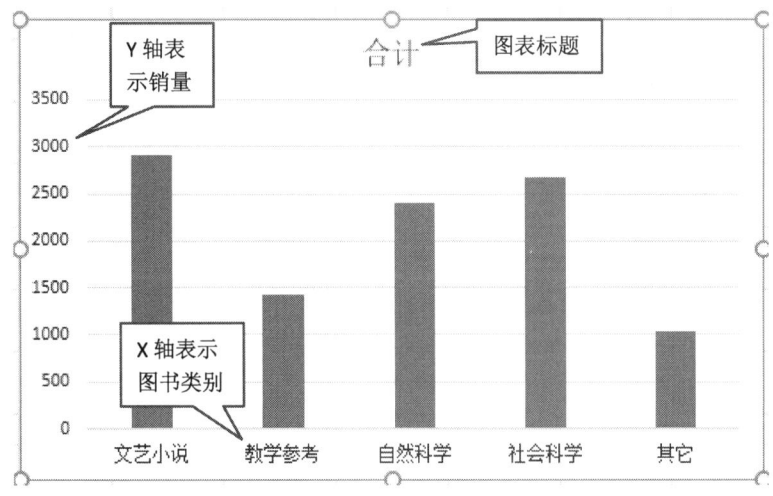

图1-35 插入的图表

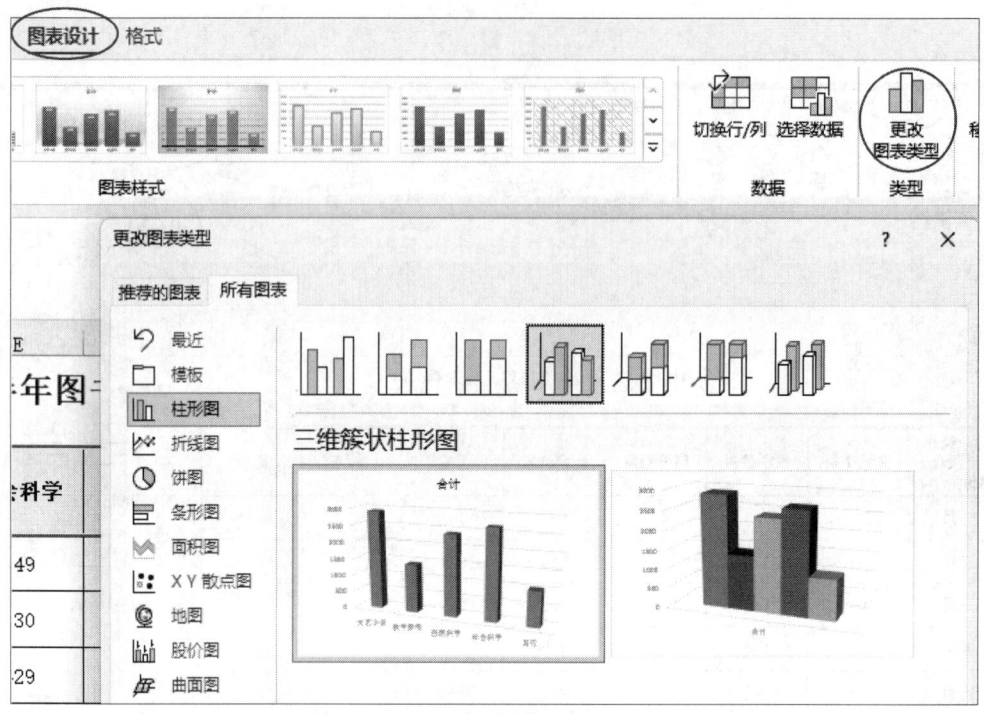

图1-36 更改图表类型

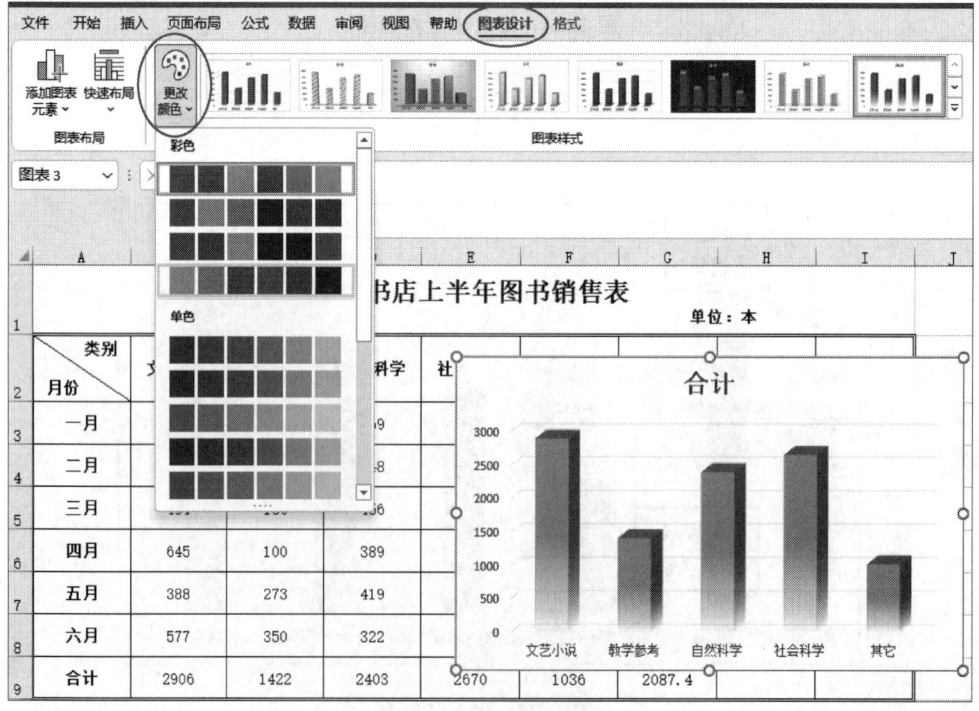

图1-37 设置图表样式

（5）添加数据标签。点击图表内任意柱形图，当图表所有柱形出现锚点时，鼠标右键选择"添加数据标签"，如图1-38所示。

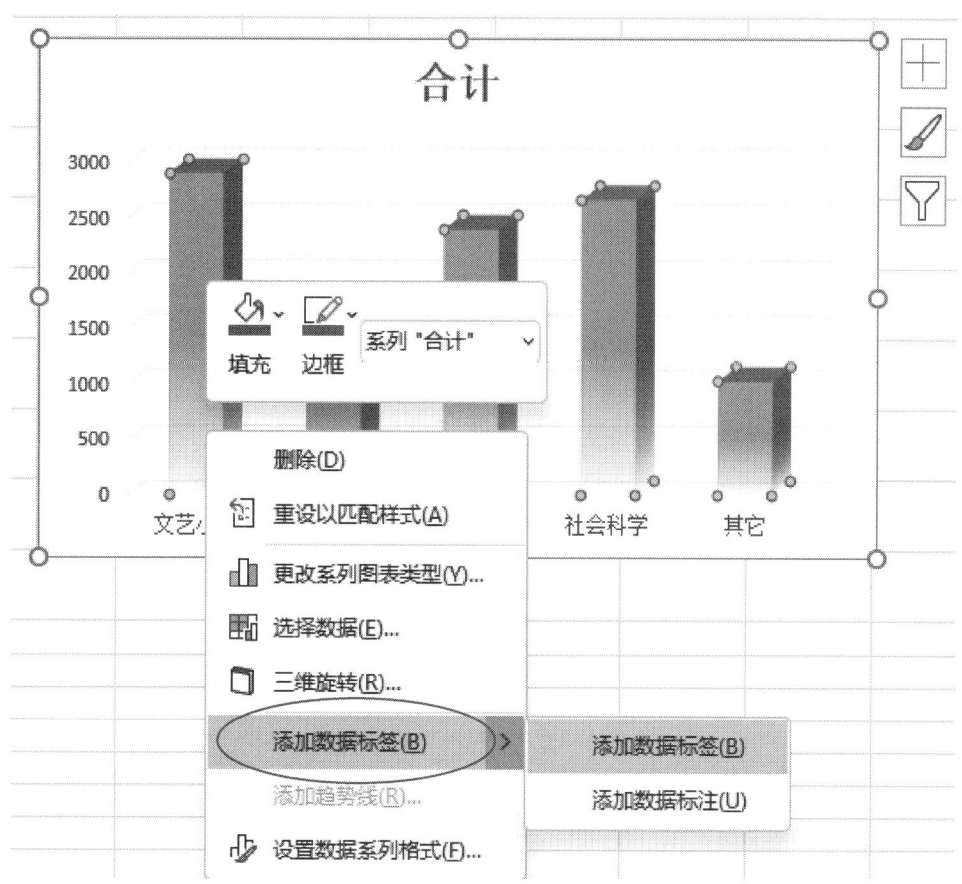

图1-38　添加数据标签

（6）移动图表。将鼠标指针定位在图表的空白处，当鼠标变成✥形状时，鼠标点击左键不放即可拖动，将图表拖动到表格下方。

（7）放大缩小图表。选择图表，将鼠标指针放在图表的右下角，当鼠标变成⤡形状时，便可拖动鼠标控制图表的大小。

知识链接

数据计算是Excel最强大的功能之一，也是Excel数据分析的基础。在Excel中，数据计算主要使用公式和函数。所以学好公式和函数，对发挥Excel的强大功能，提高工作效率显得尤为重要。

1. 公式与函数的基本概念

使用公式和函数之前必须清楚公式和函数的概念以涉及的相关概念，如相对引用、绝对引用、混合引用、常量、参数、运算符等。

公式：Excel 公式是对单元格中的数据进行分析和计算的等式，它可以对数据进行加、减、乘、除或比较等运算。公式可以引用同一工作表中的其他单元格、同一工作簿不同工作表中的单元格，或其他工作簿的工作表的单元格。

函数：函数是预先定义好的公式，可以对一个或多个值执行运算，并返回一个或多个值。函数可以简化和缩短工作表中的公式，尤其是在公式执行很长或很复杂的运算时。Excel 将函数分为财务、日期与时间、数学与三角函数、统计、查找与引用、数据库、文本、逻辑、信息、工程、多维数据集、兼容性 12 大类，能够实现非常强大的功能。公式与函数的关系如图 1-39 所示。

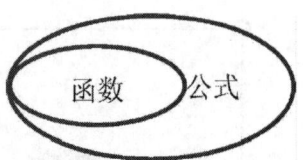

图 1-39 公式与函数的关系

函数名：代表函数的含义，如求平均值函数 AVERAGE。

括号：把参数括起来的符号，不能省略。

参数：公式或函数中用于执行操作或计算的数值。函数中使用的参数可以是数值、文本、单元格引用或单元格名称、函数返回值等。

运算符：在输入的公式中，各个参与运算的数字和单元格引用都由代表各种运算方式的符号连接而成，这些符号被称为运算符。Excel 的公式中常用的运算符有算数运算符、比较运算符、引用运算符，它们的表示符号及含义如表 1-5 所示。

表 1-5　　　　　　　　　　算数运算符及其含义

算术运算符	含　义	示　例
＋（加号）	加法	6＋3；A1＋B1；2＋C1
－（减号）	减法或负数	6－2；A1－B1；2－C1
＊（星号）	乘法	6＊2；A1＊B1；2＊C1
/（正斜杠）	除法	6/3；A1/B1；2/C1
%（百分号）	百分比	20%；A1%
^（脱字号）	乘方	2^3；A1^B1

单元格引用：只要在 Excel 中使用公式，就离不开单元格引用的问题。问题来自对公式的复制或填充。输入一个公式只能计算一个单元格中的值，如果需要计算的单元格很多，重复输入的工作量就很大。对公式的复制或填充能够极大提高工作效率。公式的复制或填充与普通数据的操作相同。引用被用来标识工作表中单元格或单元格区域，并指明公式使用的数据位置。如＝SUM(A1:B5)，在函数中参数是一个单元格区域的引用，表示计算单元格区域 A1:B5 中的数据的和。

单元格引用方式分为：相对引用、绝对引用、混合引用。

相对引用：复制公式时，单元格的地址自动调整，如图 1-40 所示。请观察编辑栏中公式内容的变化。

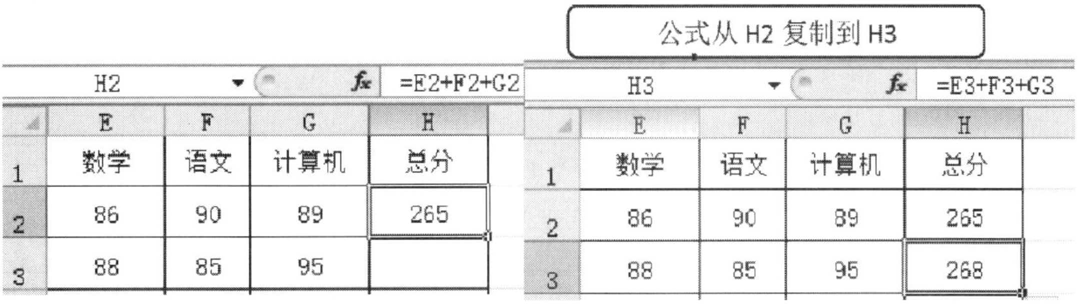

图 1-40 相对引用

绝对引用：若希望公式复制后，公式中的单元格地址不发生变化，可以使用绝对引用，如图 1-41 所示，可以看到在绝对引用的公式中单元格地址的列标和行号前都加了"$"，这表示绝对引用。选择需要绝对引用的单元格地址，按 F4 键即可在单元格地址前加"$"。例如，选择 A1，按 4 次 F4，分别变成：$A$1、A$1、$A1、A1。

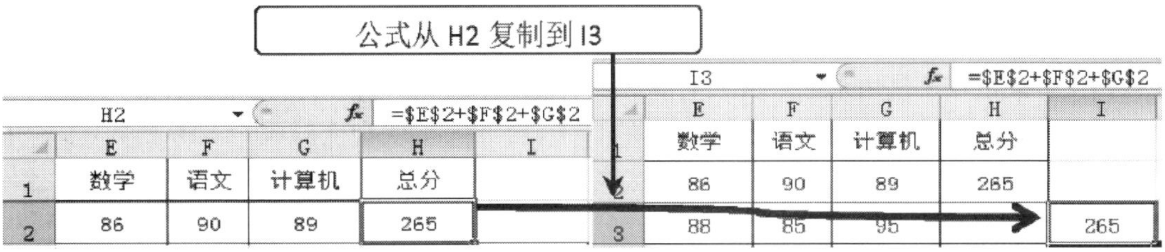

图 1-41 绝对引用

混合引用：有时希望公式复制后，单元格地址只有行号或列标发生变化，可以使用混合引用。混合引用时，如果单元格地址的行号前有"$"，则其中的行号不会随着公式的复制产生变换。

2. 图表类型

利用 Excel 可以创建各种类型的图表，帮助我们以多种方式表示工作表中的数据。各图表类型的特征如表 1-6 所示。

表 1-6　　　　　　　　　　各图表类型的特征

图表类型	特征
柱形图	用于显示一段时间内的数据变化或显示各项之间的比较情况。在柱形图中，通常沿水平方向轴组织类别，而沿垂直轴组织数值
折线图	可显示随时间而变化的连续数据，非常适用于显示在相等时间间隔下数据的趋势。在折线图中，类别数据沿水平轴均匀分布，所有值数据沿垂直轴均匀分布
饼图	显示一个数据系列中各项的大小与各项总和的比例。饼图中的数据点显示为整个饼图的百分比
条形图	显示各个项目之间的比较情况
面积图	强调数量随时间而变化的程度，也可用于引起人们对总值趋势的注意
散点图	显示若干数据系列中各数值之间的关系，或者将两组数绘制为 xy 坐标的一个系列

(续表)

图表类型	特征
股份图	经常用来显示股份的波动
曲面图	显示两组数据之间的最佳组合
圆环图	像饼图一样，圆环图显示各个部分与整体之间的关系，但是它可以包含多个数据系列
气泡图	排列在工作表列中的数据可以绘制在气泡图中
雷达图	比较若干数据系列的聚合值

注：对于大多数图表，如柱形图和条形图，可以将工作的行或表中排列的数据绘制在图表中，而有些图形类型，如饼图和气泡图，则需要特定的数据排列方式。

任务 1.4　考勤数据的处理

一、知识要点

员工考勤数据表是用来记录员工上下班打卡情况的表格，包括的项目主要有部门名称、考勤号码、姓名、日期等。每到统计员工考勤的日子，会计人员就会面对大量的考勤数据，利用 Excel，便可轻轻松松地花很少的时间处理这些数据。

二、岗位任务

创建一张"员工考勤数据表"和"数据透视表"，如表 1-7（完整的数据，请扫描二维码查看）和表 1-8 所示。

表 1-7 完整数据

表 1-7　员工考勤数据表（局部）

部门名称	考勤号码	姓名	日期	最早打卡时间	最晚打卡时间	迟到	早退	加班时长
财务部	11001001	吴起	2023/7/1	7:05:53	17:12:33			0.008715
财务部	11001001	吴起	2023/7/2	8:05:00	17:06:17	1		0.004363
财务部	11001001	吴起	2023/7/3	7:19:12	17:33:38			0.023356
财务部	11001001	吴起	2023/7/4	7:58:19	17:07:54			0.005486
财务部	11001001	吴起	2023/7/5	7:31:36	17:32:48			0.022778
财务部	11001001	吴起	2023/7/6	7:49:08	17:07:43			0.005359
财务部	11001001	吴起	2023/7/7	8:08:50	17:21:11	1		0.014711
财务部	11001001	吴起	2023/7/8	7:48:50	17:11:17			0.007836
财务部	11001001	吴起	2023/7/9	7:02:16	17:38:05			0.026447
财务部	11001001	吴起	2023/7/10	7:24:23	16:56:11		1	
财务部	11001001	吴起	2023/7/11	7:19:57	17:49:00			0.034028
财务部	11001001	吴起	2023/7/12	7:00:19	17:01:33			0.001076
财务部	11001001	吴起	2023/7/13	7:08:39	17:04:30			0.003125
财务部	11001001	吴起	2023/7/14	7:39:34	17:05:27			0.003785
财务部	11001001	吴起	2023/7/15	7:03:20	17:02:37			0.001817
财务部	11001001	吴起	2023/7/16	7:39:07	17:15:01			0.010428
财务部	11001001	吴起	2023/7/17	7:45:35	17:30:56			0.021481
财务部	11001001	吴起	2023/7/18	8:04:20	17:22:20	1		0.015509
财务部	11001001	吴起	2023/7/19	8:09:52	17:05:44	1		0.003981
财务部	11001001	吴起	2023/7/20	7:08:54	17:23:01			0.015984
财务部	11001001	吴起	2023/7/21	7:15:21	17:31:51			0.022118
财务部	11001001	吴起	2023/7/22	7:39:02	17:15:45			0.010937
财务部	11001001	吴起	2023/7/23	7:07:40	16:58:29		1	
财务部	11001001	吴起	2023/7/24	7:30:27	17:17:15			0.011979
财务部	11001001	吴起	2023/7/25	8:01:18	17:38:00	1		0.026389

表 1-8 数据透视表

行标签	求和项:迟到	求和项:早退	求和项:加班时长
⊟财务部	6	3	0.359212963
吴起	6	3	0.359212963
⊟人事部	1	6	0.403344907
孙武	1	6	0.403344907
⊟市场部	5	12	0.866053241
薛仁贵	2	7	0.383912037
岳飞	3	5	0.482141204
总计	12	21	1.628611111

三、操作步骤

操作步骤如下：

（1）将表格按人员和打卡时间进行排序。打开"任务1.4素材.xlsx"文档（扫描二维码取得任务1.4素材），将鼠标定位在表格任意单元格内，将表格以"考勤号码"为主要关键字，"打卡时间"为次要关键字进行"升序"排序，如图1-42所示。

任务1.4素材

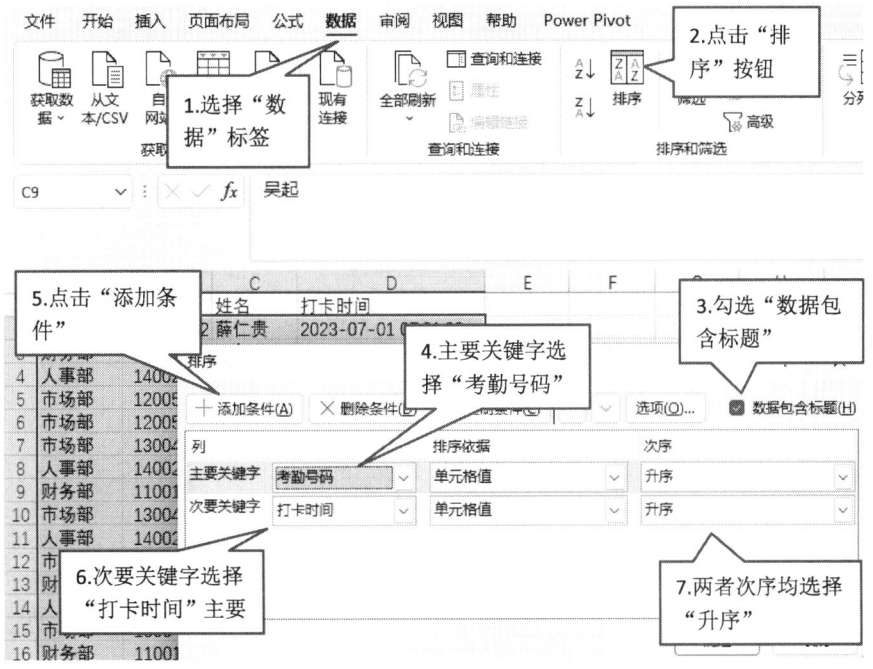

图 1-42 表格排序

（2）确定后，在跳出的"排序提醒"窗口中，保持默认选择，直接确定即可，如图1-43所示。

（3）将"打卡时间"一列分成"日期"和"时间"两列。通过D列，发现打卡时间的日期和时间中间隔着一个空格符号，可依此作为分列条件，批量完成。首先选择D列，点击"数据"选项卡→"分列"按钮→选择"分割符号"选项→"下一步"→勾选"空格"→"确定"。如图1-44和图1-45所示。

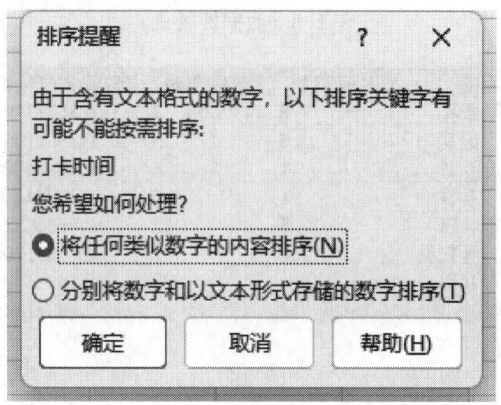

图 1-43 排序提醒

（4）在单元格 D1 和单元格 E1 内分别输入"日期"和"时间"。

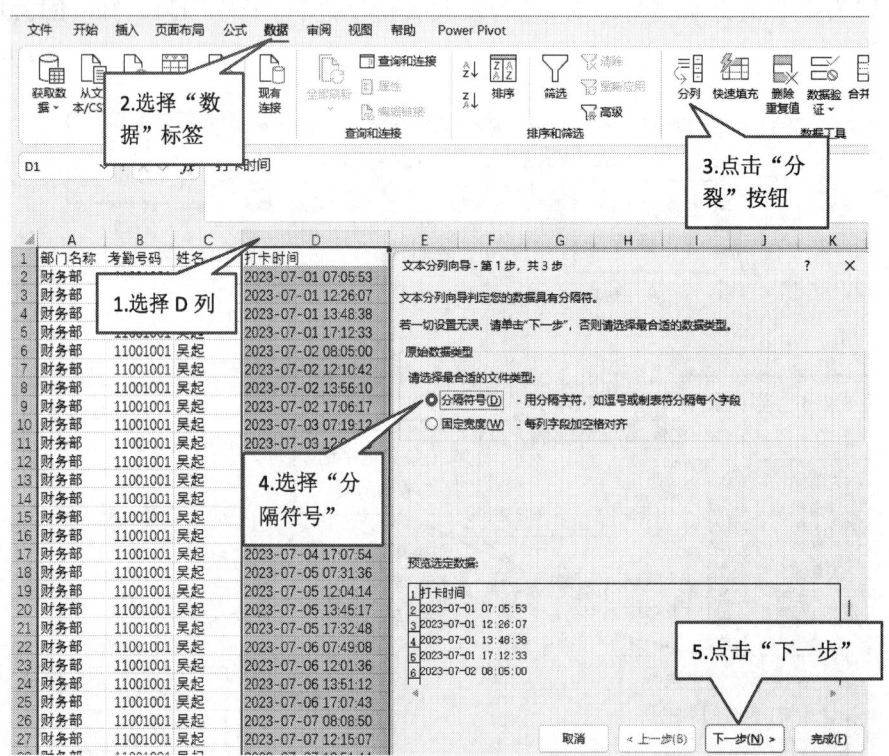

图 1-44 数据分列第一步

（5）通过函数统计员工每天打卡次数、最早打卡时间和最晚打卡时间。在单元格 F1、单元格 G1、单元格 H1 依次分别输入"当天第几次打卡""最早打卡时间""最晚打卡时间"。适当调整列宽以适配文字长度。

（6）在单元格 F2 输入公式"＝COUNTIFS（＄B＄2：B2，B2，＄D＄2：D2，D2）"，就可以统计出某个刷卡时间是某人某天的第几次刷卡了。

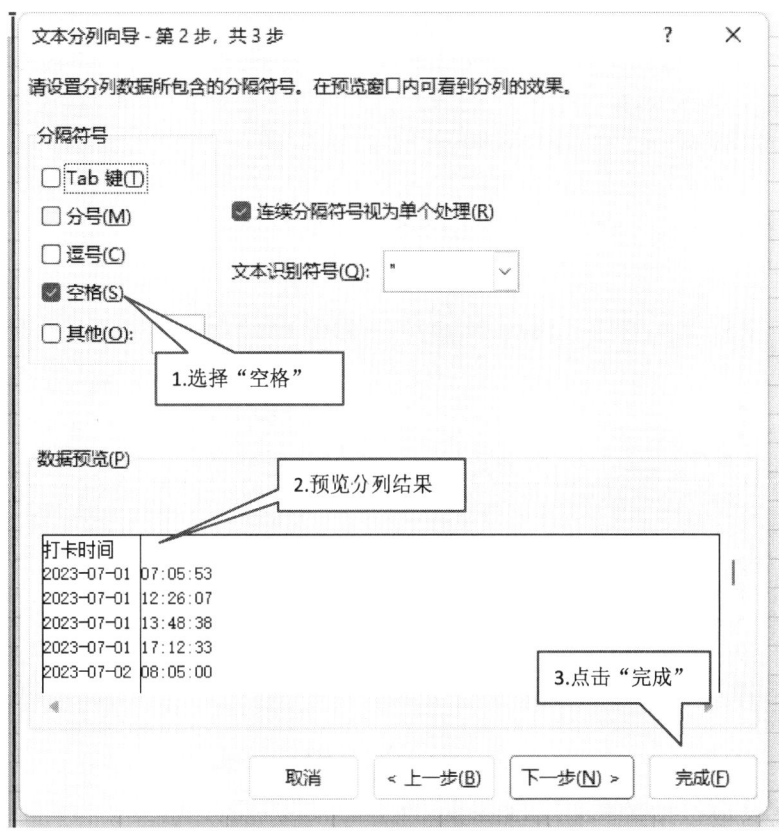

图 1-45 数据分列第二步

知识链接

countifs 函数可以实现多个条件同时求结果。

它的函数表达式为：countifs(criteria_range1,criteria1,criteria_range2,criteria2,…)，criteria_range1 为第一个需要计算其中满足某个条件的单元格数目的单元格区域(简称条件区域)，criteria1 为第一个区域中将被计算在内的条件(简称条件)，其形式可以为数字、表达式或文本。同理，criteria_range2 为第二个条件区域，criteria2 为第二个条件，依次类推。最终结果为多个区域中满足所有条件的单元格个数。

(7) 在单元格 G2 输入公式"＝IF(F2＝1,E2,"")"，即可得到某个人在某天的最早刷卡时间。

(8) 在单元格 H2 输入公式"＝IF(G2<>"",INDEX(E2:E497,COUNTIFS(B:B,B2,D:D,D2)),"")"，即可得到某个人在某天的最晚刷卡时间。

知识链接

index 函数可以返回表格中的某个值，此值由行号和列号的索引值给定。它的函数表达式为：INDEX(array, row_num, [column_num])，Array 表示单元格区域，Row_num 为选中单元格区域返回值的行数，Column_num 可选，为选中单元格区域返回值的列数。

（9）选择单元格区域 F2：H2，双击单元格 H2 的填充柄，将三个公式向下填充。

（10）选择 G 和 H 列，按"ctrl＋1"快捷键打开"设置单元格格式"窗口，选择"时间"选项，点击"确认"完成设置。

（11）F：H 列里的公式需要转换为数值，操作方式为：选择 F：H 列，按"ctrl＋c"快捷键复制，在选择区域内右键，在"粘贴选项"里选择"值"，如图 1-46 所示。

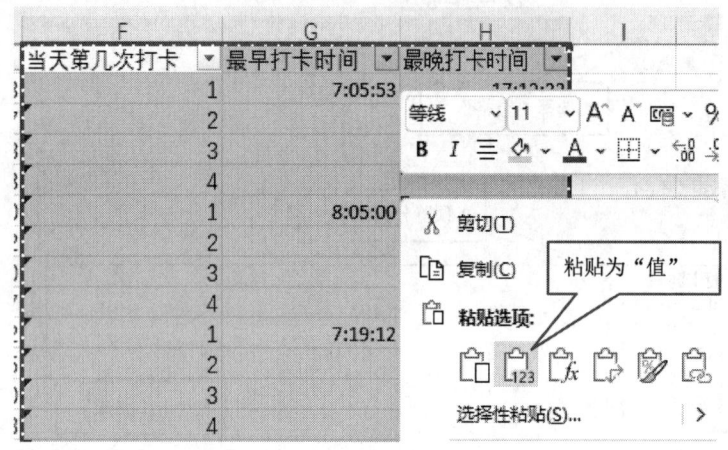

图 1-46　选择性粘贴

（12）选择 E 列和 F 列，鼠标右键删除。

（13）通过"自动筛选"功能删除空值。将鼠标定位在表格内任意单元格内，点击"筛选"按钮，如图 1-47 所示。

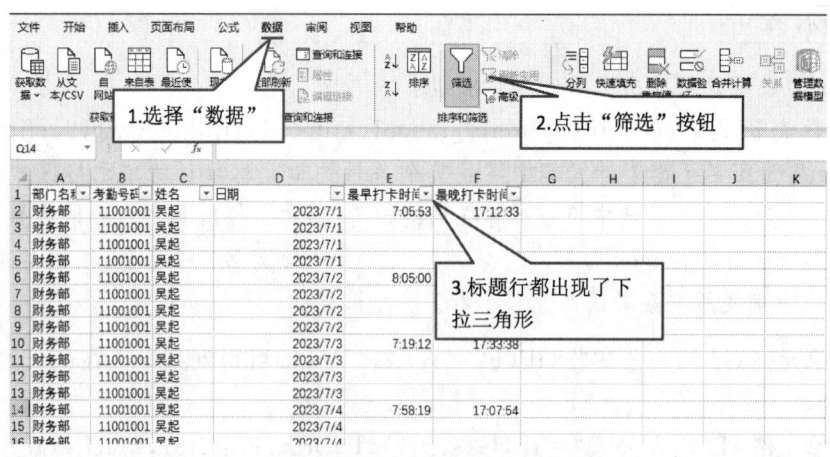

图 1-47　自动筛选第一步

（14）点击单元格 E1 右下的下拉三角形，取消"全选"，将拉杆拉到最下方，勾选"空白"，如图 1-48 所示。

（15）选择筛选出来的 E 列为空值的行，鼠标右键删除行。

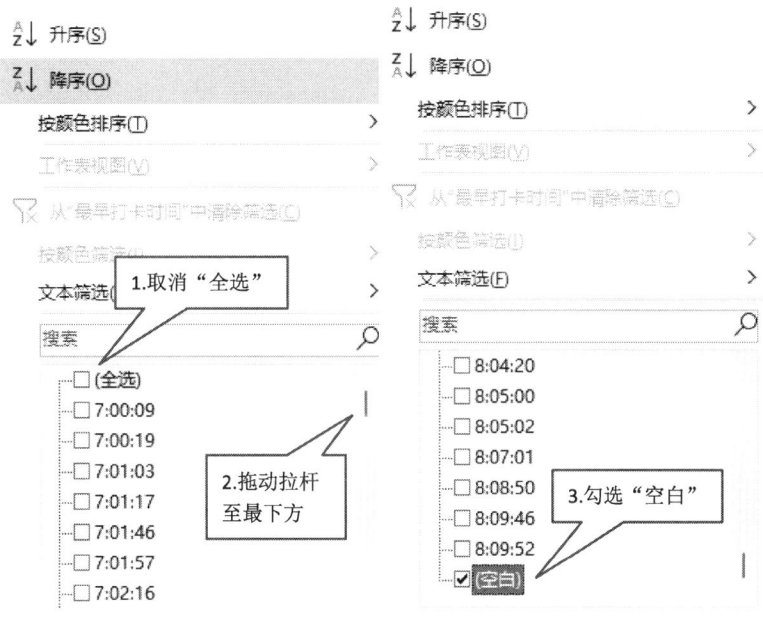

图 1-48 自动筛选出空白单元格

知识链接

选择要删除的第一行数据,按"ctrl+shift+↓"快捷键,可以快速选中下面有数据的单元格。

(16) 再次点击"自动筛选"按钮("筛选"图标),取消筛选,得到每个人的打卡考勤数据。

(17) 使用公式计算迟到、早退和加班时间。在单元格 G1、H1、I1 内依次分别输入"迟到""早退""加班时长"。在单元格 G2 输入公式"=IF(E2>8/24,1,"")",在单元格 H2 输入公式"=IF(F2<17/24,1,"")",在单元格 I2 输入公式"=IF(F2>17/24,F2-17/24,"")"。选择单元格区域 G2:I2,双击单元格 I2 的填充柄,向下填充公式。结果中,数字 1 表示迟到或早退,具体的时间表示加班时间,如图 1-49 所示。

	A	B	C	D	E	F	G	H	I
1	部门名称	考勤号码	姓名	日期	最早打卡时间	最晚打卡时间	迟到	早退	加班时长
2	财务部	11001001	吴起	2023/7/1	7:05:53	17:12:33			0.008715
3	财务部	11001001	吴起	2023/7/2	8:05:00	17:06:17	1		0.004363
4	财务部	11001001	吴起	2023/7/3	7:19:12	17:33:38			0.023356
5	财务部	11001001	吴起	2023/7/4	7:58:19	17:07:54			0.005486
6	财务部	11001001	吴起	2023/7/5	7:31:36	17:32:48			0.022778
7	财务部	11001001	吴起	2023/7/6	7:49:08	17:07:43			0.005359
8	财务部	11001001	吴起	2023/7/7	8:08:50	17:21:11	1		0.014711
9	财务部	11001001	吴起	2023/7/8	7:48:50	17:11:17			0.007836
10	财务部	11001001	吴起	2023/7/9	7:02:16	17:38:05			0.026447
11	财务部	11001001	吴起	2023/7/10	7:24:23	16:56:11		1	
12	财务部	11001001	吴起	2023/7/11	7:19:57	17:49:00			0.034028

图 1-49 公式计算迟到、早退、加班时长情况

（18）数据透视表汇总分析。将鼠标定位在表格内任意单元格，点击"数据透视表"按钮，设定数据透视表的位置，如图1-50所示。

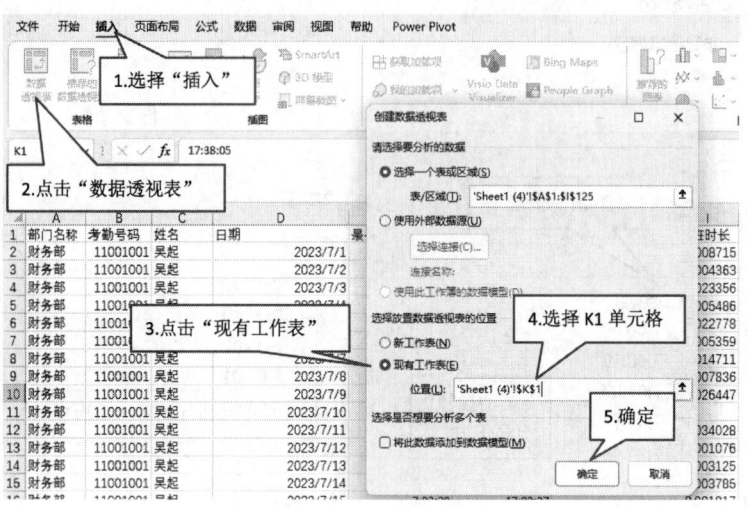

图1-50 插入数据透视表

（19）在"数据透视表字段"中，将"部门名称"和"姓名"字段拖到行区域，将"迟到""早退""加班时长"字段拖到值区域，如图1-51所示。

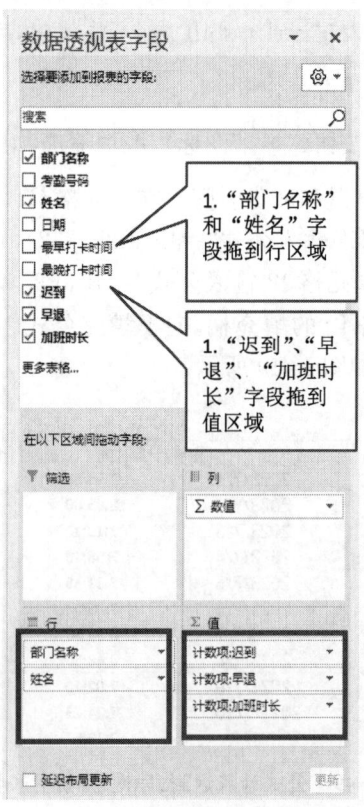

图1-51 设置数据透视表字段

（20）点击"计数项:迟到"右边的下三角型,选择"值字段设置"按钮（"值字段设置(N)..."图标）,将值汇总方式设置为求和,如图 1-52 所示。

图 1-52　更改计算类型

（21）同样的操作,将"计数项:早退"和"计数项:加班时长"的值汇总方式设置为求和。得到数据透视表如图 1-53 所示。

行标签	求和项:迟到	求和项:早退	求和项:加班时长
⊟财务部	6	3	0.359212963
吴起	6	3	0.359212963
⊟人事部	1	6	0.403344907
孙武	1	6	0.403344907
⊟市场部	5	12	0.866053241
薛仁贵	2	7	0.383912037
岳飞	3	5	0.482141204
总计	12	21	1.628611111

图 1-53　数据透视表

知识链接

排序规则。排序是根据某指定列的数据的顺序重新对行的位置进行调整,方便进行数据查找,观察和分析,表 1-9 列出了 Excel 排序规则。

表 1-9　Excel 排序规则

对　象	效　果
数字	按从最小的负数到最大的正数进行排序
日期	按从最早的日期到最晚的日期进行排序

(续表)

对　象	效　果
文本	按照特殊字符、数字（0…9）、小写英文字母（a…z）、大写英文字母（A…Z）、汉字（以拼音排序）排序
逻辑值	FALSE 排在 TRUE 之前
错误值	所有错误值（如♯NUM！和♯REF！）的优先级相同
空白单元格	无论升序还是降序，空白单元格总是放在最后

任务 1.5　协同办公的应用

一、知识要点

在实际工作中，由于地域、场地等束缚，经常需要利用协作编辑工具实现多人同时在线对某一文档进行编辑或修改，以提高工作效率，学生信息表是用来收集学生基本信息的表格，包括的项目主要有姓名、学院、专业、班级、学号等。利用 Excel 在线文档收集信息，可以大大缩短收集的时间和工作量。

二、岗位任务

完成一张学生基本信息表（表 1-10）。（利用腾讯 QQ 创建一个在线的学生信息完善表，然后通过 QQ 发送给其他同学进行在线填写。）

表 1-10　　　　　　　　　　学生基本信息表（局部）

姓　名	学院	专业	班级	学号	籍贯	民族	专业排名
张　三	会计学院	会计信息管理	2201	7730190407	广西南宁	汉族	1
李　四	金融学院	金融管理	2001	4110200144	广西都安	族	3

三、操作步骤

操作步骤如下：

（1）导入文档并邀请协作人员。启动并登录 PC 端腾讯 QQ，然后单击 QQ 主界面下方的"腾讯文档"按钮（" 图标），在弹出的页面中点击"进入网页版"，打开"腾讯文档"在线编辑页面。

（2）点击页面的"导入"按钮（" 导入 "图标），找到用户提前制作的"学生基本信息表"或可选择本书配套素材"1.5 素材.xlsx"文档，点击"打开"，跳出"导入本地文件"窗口，选择"转为在线文档多人编辑"，再确定，如图 1-54 所示。

图 1-54　导入本地文件

(3) 屏幕右下方跳出已导入的素材，点击"立即打开"，即可打开并在新页面显示导入的文档，如图 1-55 所示。

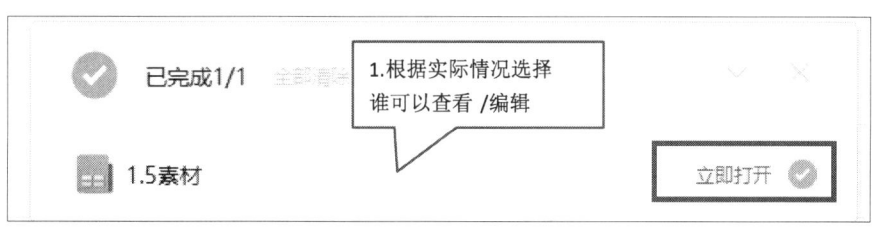

图 1-55　导入并打开素材

(4) 点击在线表格的左上方标题，可以对在线表格标题进行修改，如图 1-56 所示。

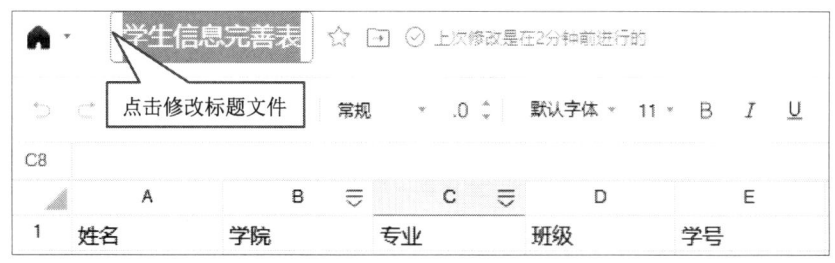

图 1-56　修改在线表格标题

(5) 单击文档编辑页面右上方的"分享"按钮（" 分享 "图标），跳出"分享"窗口，选择"仅我分享的好友"、"可编辑"，然后选择分享至"QQ 好友"，如图 1-57 所示。

(6) 在弹出的 QQ 好友分享窗口中，选择要参加协作的好友，并在右边为其设置权限，如图 1-58 所示。确定后在线表格会自动发送至选择的好友。

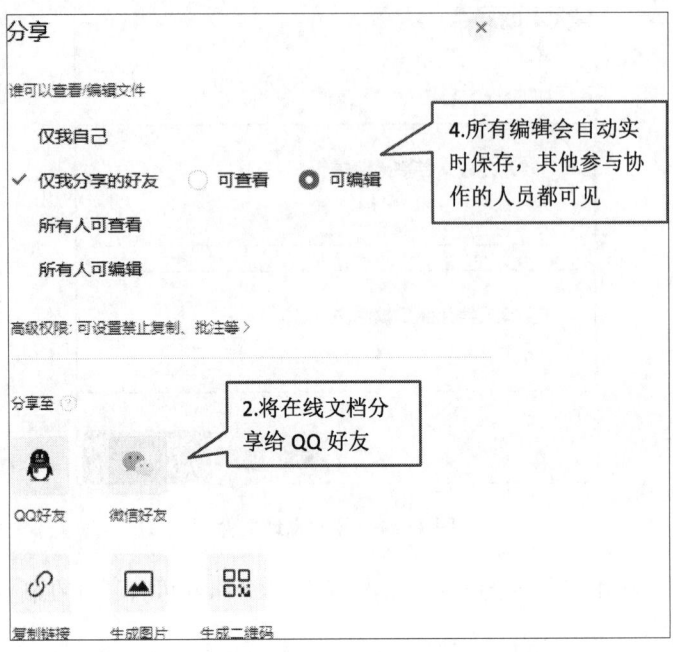

图 1-57　分享在线文档

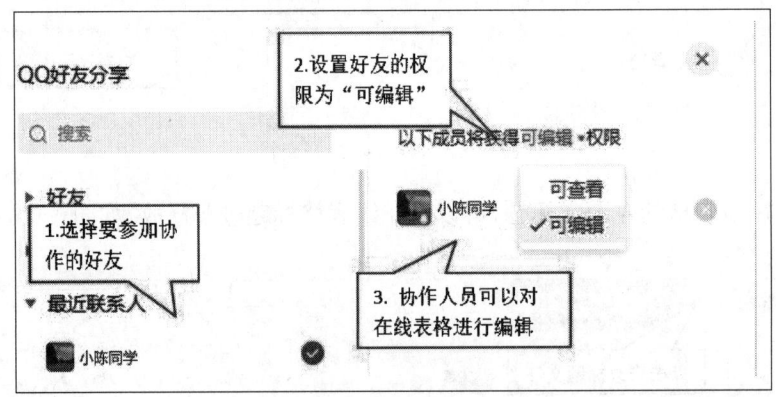

图 1-58　选择要参与协作的人员

（7）协同编辑文档。被邀请的好友点击 QQ 消息窗口中的"在线表格"链接，就能打开要协同编辑的文档，并进行相应的编辑操作，所有修改都会自动保存到云端，如图 1-59 所示。

（8）编辑完成后，单击文档编辑页面右上方的"文档操作"按钮（" ≡ "图标），在展开的下拉列表中选择文档的保存格式，如选择"导出为"/"本地 Excel 表格（.xlsx）"选项，此时会自动下载在线表格，保存在浏览器默认的存储地址，如图 1-60 所示。

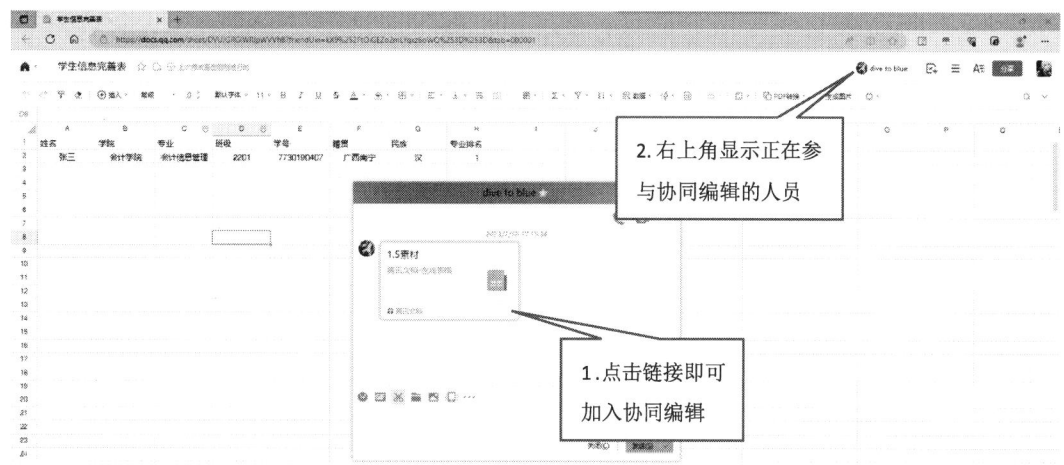

图 1-59　进行协同编辑

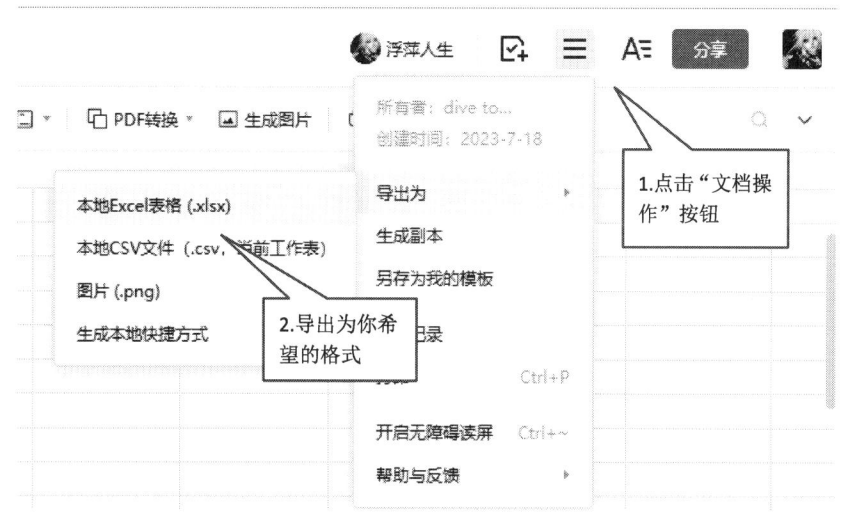

图 1-60　导出在线表格

知识链接

目前，常用的文档协同编辑工具有腾讯文档、石墨文档等。

腾讯文档是一款可供多人实时在线编辑的文档编辑工具，支持 Word、Excel、PPT 类型的文档格式，打开网页就能新建、查看和编辑文档，无需下载安装，支持 PC、Mac、ipad、ios 和 Android 多种系统，可实现云端实时保存，文档权限可自由控制。

石墨文档是一款可多人协作的国产云端办公软件，支持多人同时在线、多平台编辑和讨论同一个文档或表格，其同步响应速度可达毫秒级。

模块测试

参考答案

会计班的成绩单如表1-11所示。

表1-11　　　　　　　　会计班成绩单

学号	姓名	财务会计	会计电算化	体育	投资理财	旅游服务会计	会计综合实训	金融基础
8025510201	韦英	80	87	81	75	87	80	70
8025530202	周晓芳	82	96	87	80	85	80	77
8025540203	吴桂柳	85	89	72	79	91	75	71
8025550204	吴恋	76	96	70	78	91	78	75
8025570205	张丽	76	93	76	80	81	75	70
8025600206	黄春花	79	91	81	76	92	66	75
8025640208	谭惠敏	88	96	84	74	94	84	81
8025660209	覃桢	80	97	93	83	88	75	75
8025680210	杨雪凤	83	83	94	81	91	80	75
8025690211	刘慧倩	85	86	86	79	84	76	66
8025700212	孔凡梅	82	69	83	81	92	82	75
8025710213	苏开薇	83	98	85	81	96	79	75
8025720214	梁诗敏	83	92	85	75	95	76	75
8025740215	许丽敏	70	89	80	79	84	76	70
8025750216	卓少华	93	98	75	81	92	76	78
8025790217	付璇	79	93	81	74	88	70	71
8025800218	谢桂英	77	90	87	79	88	79	76
8025820219	韦柳	68	81	75	74	81	81	67
8025840220	梁建萍	64	91	83	82	88	64	75
8025850221	黄绪文	72	80	66	77	89	50	70
8025900222	零翠萍	63	75	86	78	80	64	75
8025910223	黄清丽	89	98	85	79	91	80	75
8025920224	李露	66	93	83	83	92	75	70
8025940226	梁敏莉	71	97	83	84	80	76	63
8025950227	梁北妹	78	87	91	80	80	66	66
8025960228	陈芳	58	81	81	77	87	75	71

(续表)

学号	姓名	财务会计	会计电算化	体育	投资理财	旅游服务会计	会计综合实训	金融基础
8025990230	谢秦花	57	90	82	78	90	77	70
8026000231	张艳丽	76	93	87	79	89	76	75
8026010232	周日娇	64	89	67	76	76	60	63
8026020233	黄彩艳	69	85	70	74	78	80	62
8026060234	韦 莹	69	89	82	76	90	71	70
8026110235	刘春芳	71	95	85	74	78	80	65

要求：

（1）完成成绩单的录入，并计算出每个同学的"总分""平均分"。

（2）根据表1-12所给的奖学金评选规则，筛选出该份成绩单中能获得奖学金的同学，并确定其奖励级别和金额。

表 1-12　　　　　　　　　　奖学金评选规则

序号	奖励级别	奖励范围	奖金数
1	一等奖学金	总平均分在90分以上，每个单科成绩都在85分以上	￥1 000.00
2	二等奖学金	总平均分在80分以上，每个单科成绩都在75分以上	￥500.00
3	三等奖学金	总平均分在75分以上，每个单科成绩都在70分以上	￥300.00

（3）绘制一张各科平均分比较图（图表样式任选）。

模块 2

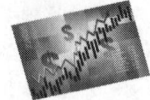

会计核算应用

[考核目标]
1. 认知从经济业务发生到生成财务报表的数据间内在关联关系。
2. 认知运用 Excel 表格功能建立会计凭证和账表样式框架。
3. 认知运用 Excel 表格公式实现简单快捷账务处理数据联动系统。

[实践目标]
1. 掌握从经济业务发生到生成财务报表数据间内在关联关系构建方法。
2. 掌握利用 Excel 表格功能建立会计凭证和账表样式框架的操作方法。
3. 掌握利用 Excel 表格公式来实现简捷账务处理数据联动系统的设置方法。

[思政目标]
1. 培养"整体决定部分,部分影响整体"的观念。
2. 增强求真务实、严谨细致的工作作风。
3. 培养发现问题、分析问题和解决问题的能力。

[知识点思维导图]

```
                            ┌─ 会计凭证封面设计
                            ├─ 设置会计科目表
                    ┌ 凭证编制 ┤
                    │       ├─ 建立记账凭证簿
                    │       └─ 设置记账凭证打印模板
        会计核算应用 ┤
                    │       ┌─ 明细账和总账编制
                    │       ├─ 科目余额表编制
                    └ 账表编制 ┤─ 资产负债表编制
                            ├─ 利润表编制
                            └─ 现金流量表编制
```

任务 2.1 凭证编制

活动 2.1.1 会计凭证封面设计

一、知识要点

会计凭证封面用于凭证册的保管和信息记录。会计凭证封面的完整填写,便于让工作人员在日后的工作中进行凭证的查阅,找到相关的凭证。此任务需在 Excel 工作簿中编制会计凭证封面。

二、岗位任务

设计一张会计凭证封面,如图 2-1 所示。

	A	B	C	D	E	F	G	H	I	J	K
1											
2						记账凭证					
3											
4		单位名称									
5		凭证类别	□	收款凭证	□	付款凭证	□	转账凭证	□	通用凭证	
6		凭证起止时间	自	年	月	日	至	年	月	日	
7		凭证册数	本月共		册		本册是		册		
8		凭证号数	本册自第		号至第		号	本册共有		号	
9		财务主管					经办会计				
10		保管年限					装订人				

图 2-1 记账凭证封面

三、操作步骤

操作步骤如下:

(1) 建立"会计核算应用"工作簿,修改"sheet1"的工作表名为"会计凭证封面"。

(2) 选中单元格区域 B2:J3,单击"开始"选项卡上"合并后居中"按钮(" 🖃 "),在该区域录入"记账凭证"字样,并将字体设置为宋体、18 号字、加粗,如图 2-2 所示。

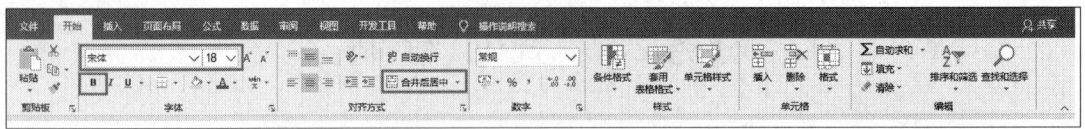

图 2-2 "开始"选项卡设置

（3）依次在单元格 B4 至 B10 单元格录入"单位名称""凭证类别""凭证起止时间""凭证册数""凭证号数""财务主管""保管年限"字样；然后选中表格第 4 至第 10 行后，在该区域点击鼠标右键点击"行高"选项，设置行高"35"，后点击"确定"，如图 2-3 所示。接着选中表格 B 列后，在该区域点击鼠标右键，点击"列宽"选项，设置列宽"15"，之后点击"确定"按钮。

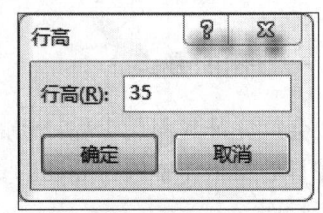

图 2-3 行高设置

（4）在"凭证类别"行的单元格 C5 点击"插入"选项卡中的"符号"，在子集下拉列表选中"几何图形符"，选取"□"符号，后点击"插入"按钮，如图 2-4 所示。

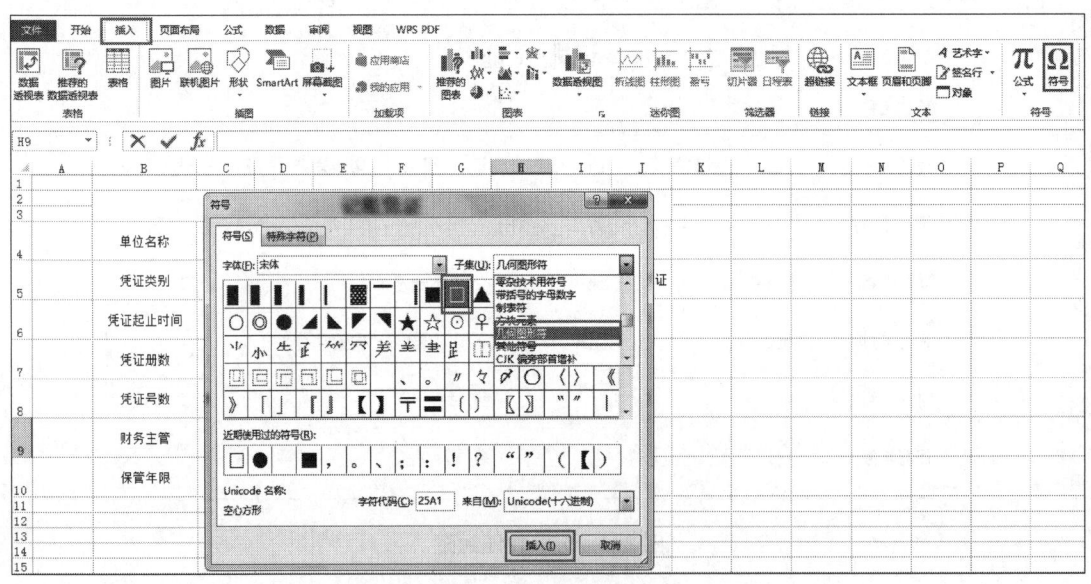

图 2-4 几何图形符设置

（5）参照图 2-1，依照上述方法录入记账凭证封面的其他内容，录入完后选中单元格区域 B2:J10，单击"开始"选项卡上"居中"按钮（" "）。

（6）单击"文件"选项卡中"打印"按钮，在打印预览界面对会计凭证封面的页面方向、页边距等参数进行自主设置，如图 2-5 所示。

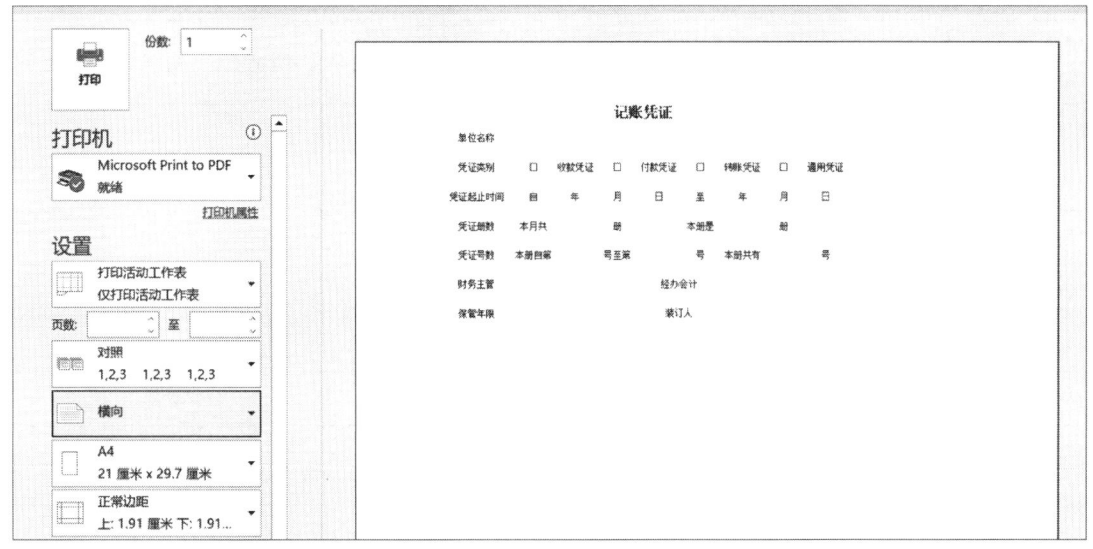

图 2-5　打印设置及预览

活动 2.1.2　设置会计科目表

一、知识要点

会计科目表是指按照经济业务的内容和经济管理的要求,对会计要素的具体内容进行分类核算的会计科目所构成的集合。为了便于编制会计凭证、登记账簿、查阅账目,用户还应在对会计科目进行分类的基础上为每个会计科目编一个固定的号码,即科目编号。科目编号能清楚地表示会计科目所属的类别及其在类别中的位置。

二、岗位任务

设计一张会计科目表,如表 2-1 所示。

表 2-1　　　　　　　　　　　　会计科目表

科目编码	总账科目	明细 1	明细 2	明细 3	明细 4	明细 5	明细 6	明细 7	明细 8
1001	库存现金								
1002	银行存款	交通银行	建设银行						
1015	其他货币资金	银行本票							
1101	交易性金融资产								
1121	应收票据								
1122	应收账款	A 公司	B 公司						

（续表）

科目编码	总账科目	明细1	明细2	明细3	明细4	明细5	明细6	明细7	明细8
1123	预付账款								
1131	应收股利								
1231	其他应收款								
1241	坏账准备								
1401	材料采购								
1403	原材料	A材料	B材料						
1404	材料成本差异								
1406	库存商品	甲产品	乙产品						
1407	发出商品								
1411	周转材料	纸箱	尼龙绳						
1481	持有待售资产								
1505	债权投资								
1506	债权投资减值准备								
1507	其他债权投资								
1511	长期股权投资								
1528	其他权益工具投资								
1601	固定资产								
1602	累计折旧								
1606	固定资产清理								
1701	无形资产								
1702	累计摊销								
1801	长期待摊费用								
1811	递延所得税资产								
1901	待处理财产损溢								
2001	短期借款								
2201	应付票据								
2202	应付账款	企业一	企业二						

(续表)

科目编码	总账科目	明细1	明细2	明细3	明细4	明细5	明细6	明细7	明细8
2205	预收账款								
2211	应付职工薪酬	工资	应付福利费	社会保险	公积金	教育经费	工会经费		
2221	应交税费	应交增值税（进项税额）	应交增值税（销项税额）	应交增值税（转出增值税）	未交增值税	应交城市维护建设税	应交教育费附加	应交地方教育费附加	应交个人所得税
2232	应付利息								
2241	其他应付款								
2245	持有待售负债								
2601	长期借款								
2602	应付债券								
2901	递延所得税负债								
4001	实收资本								
4002	资本公积								
4101	盈余公积								
4103	本年利润								
4104	利润分配	未分配利润							
4105	其他综合收益								
4106	其他权益工具								
4301	专项储备								
5001	生产成本	直接材料	直接人工	制造费用					
5101	制造费用								
6001	主营业务收入	甲产品	乙产品						
6051	其他业务收入								
6111	投资损益								
6301	营业外收入								
6401	主营业务成本	甲产品	乙产品						

(续表)

科目编码	总账科目	明细1	明细2	明细3	明细4	明细5	明细6	明细7	明细8
6402	其他业务成本								
6403	税金及附加								
6601	销售费用								
6602	管理费用	办公费	其他						
6603	财务费用	手续费	利息收入						
6711	营业外支出								
6801	所得税费用								

三、操作步骤

为了凭证录入的准确和快捷，首先要建立"会计科目表"，并且以列表的形式直接录入记账凭证簿。

（1）在"会计核算应用"工作簿中，修改"sheet2"工作表名为"会计科目表"，在单元格 B2：K66 区域参照表 2-1 依次录入会计科目，如图 2-6 所示内容。

	A	B	C	D	E	F	G	H	I	J	K
1											
2		科目编码	总账科目	明细1	明细2	明细3	明细4	明细5	明细6	明细7	明细8
3		1001	库存现金								
4		1002	银行存款	交通银行	建设银行						
5		1015	其他货币资金	银行本票							
6		1101	交易性金融资产								
7		1121	应收票据								
8		1122	应收账款	A公司	B公司						
9		1123	预付账款								
10		1131	应收股利								
11		1231	其他应收款								
12		1241	坏账准备								
13		1401	材料采购								
14		1403	原材料	A材料	B材料						
15		1404	材料成本差异								
16		1406	库存商品	甲产品	乙产品						
17		1407	发出商品								
18		1411	周转材料	纸箱	尼龙绳						
19		1481	持有待售资产								
20		1505	债权投资								

图 2-6 会计科目表

（2）为使在后续录入"记账凭证簿"中输入总账科目后可采用下拉选项方式录入明细科目，需先将明细科目定义名称，名称为其所属的总账科目名称。选中会计科目全部单元格区域 C2：K66，单击"公式"选项卡上"名称管理器"组中的"根据所选的内容创建"按钮（" 根据所选内容创建 "图标），勾选"最左列"后单击"确定"，如图 2-7 所示。

图 2-7 明细科目的定义名称

活动 2.1.3 建立记账凭证簿

一、知识要点

记账凭证是将各项经济业务发生后所产生的内容纷繁复杂、格式不一的原始凭证用会计语言进行统一的记账依据,是为后续账簿和报表编制的数据来源。在实务工作中,记账凭证必须经过审核、记账等程序才能用于登记账簿和编制报表。此任务需在 Excel 工作簿中运用公式设置完成的简易快捷账务处理系统。

二、岗位任务

某企业 20××年 1 月发生的经济业务如下,完成记账凭证簿的登记:

(1) 1 日,从交通银行提取备用金 2 500 元。

(2) 2 日,向 A 公司销售甲产品一批,开出的增值税专用发票上注明的价款为 20 000 元,增值税额为 2 600 元,款项尚未收到。

(3) 5 日,购入 B 材料一批,增值税专用发票上注明的价款为 12 000 元,增值税税额为 1 560 元,材料已验收入库,全部款项以交通银行存款支付。

(4) 10 日,管理部门采购办公用品一批,以现金支付采购款 500 元。

(5) 12 日,收到 A 公司前欠采购款 22 600 元,款项已存入交通银行。

(6) 15 日,以交通银行存款支付上月职工薪酬 16 500 元。

(7) 18日,购入软件升级包一套,以交通银行存款支付货款12 000元。
(8) 22日,收到交通银行存款结息50元。
(9) 31日,结转本月未交增值税。
(10) 31日,结转本月期间损益。

三、操作步骤

操作步骤如下:

(1) 修改"sheet3"工作表名为"记账凭证簿"。在工作表中选择单元格区域B1:N1,单击"开始"选项卡中"合并后居中"按钮,在此区域输入"记账凭证簿"字样并加粗;自单元格B2起依次录入表格表头项目后,选中单元格区域B2:N29,单击"开始"选项卡中"边框"下拉按钮,选择"所有框线"选项,如图2-8所示。

图2-8 记账凭证簿标题及表头设置

(2) 设置"凭证打印识别码"是为方便后续凭证查询和打印而建立的定位字段,选择单元格B3,输入公式"=C3&COUNTIF($C$3:C3,C3)"。设置"凭证号"是同一张凭证的标志,也是"凭证打印识别码"生成的过渡字段,由凭证的年度、月、日、凭证类型、凭证号码组成,选择单元格C3,输入公式"=D3&E3&G3&H3"。然后选中单元格区域B3:C3,向下拖拽,使上述两公式覆盖单元格区域B3:C29。

知识链接

COUNTIF函数是对指定区域中符合指定条件的单元格计数的一个函数。该函数的语法规则如下:

COUNTIF(range,criteria)

具有以下参数:

range 要计算其中非空单元格数目的区域

criteria 以数字、表达式或文本形式定义的条件

求各种类型单元格的个数用法:

求真空单元格个数:=COUNTIF(数据区,"");非真空单元格个数:=COUNTIF(数据

区,"<>");求特定值单元格个数:=COUNTIF(数据区,"该特定值或特定值所在单元格")。

(3)凭证类型对应的单元使用数据有效性。选中单元格区域G3:G27,单击"数据"选项卡上"数据验证",在其窗口"设置"选项卡"允许"栏下选择"序列"选项,在"来源"栏录入"收,付,转,记",如图2-9和图2-10所示。

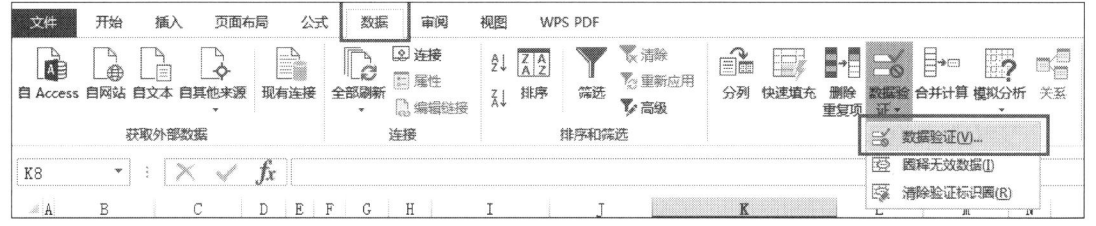

图2-9 数据验证设置

图2-10 凭证类型的数据有效性设定

图2-11 总账科目的数据有效性设定

(4)设置总账科目对应的单元使用数据有效性。选中单元格区域J3:J27,之后步骤同上,在"来源"栏选择"会计科目表"中单元格区域C3:C66,如图2-11所示。

(5)设置明细科目对应的单元使用数据有效性,选中单元格区域K3:K27,之后步骤同上,在"来源"栏录入"=INDIRECT(J3)",如图2-12所示。

图2-12 明细科目的数据有效性设定

知识链接

INDIRECT 函数为间接引用，对引用立即进行计算，并显示其内容。当需要更改公式中单元格的引用，而不更改公式本身时，使用此函数。该函数的语法规则如下：

$$\text{INDIRECT(ref\_text,[a1])}$$

具有以下参数：

Ref_text 为对单元格的引用，此单元格可以包含 A1-样式的引用、R1C1-样式的引用、定义为引用的名称或对文本字符串单元格的引用。如果 ref_text 不是合法的单元格的引用，函数 INDIRECT 返回错误值"#REF!"或"#NAME?"。

如果 ref_text 是对另一个工作簿的引用（外部引用），则工作簿必须被打开。如果源工作簿没有打开，函数 INDIRECT 返回错误值#REF!。

a1 为一逻辑值，指明包含在单元格 ref_text 中的引用的类型。

如果 a1 为 TRUE 或省略，ref_text 被解释为 A1-样式的引用。

如果 a1 为 FALSE，ref_text 被解释为 R1C1-样式的引用。

（6）将第一笔业务分录录入表格。凭证打印识别码和凭证号栏内容由前设公式和后录入内容自动生成；"年度""月""日"栏分别录入"20××""1""1"；"凭证类型"栏在数据验证序列中选择"记"；"凭证号码"栏录入"1"；"摘要"栏录入"提取备用金"；"总账科目"栏在数据验证序列中分别选择"库存现金""银行存款"，且"银行存款"的明细科目在数据验证序列中选择"交通银行"；"借方金额""贷方金额"栏根据总账科目性质分别录入"2 500"；"附件张数"栏录入"1"。

（7）在录入贷方行时，"年度""月""日""凭证类型""凭证号码""摘要""借方金额""贷方金额"和"附件张数"，可采用"="获取与上行重复的数据。参照表 2-2，根据上述步骤完成本月业务的会计分录录入。

（8）继续录入表 2-2，注意使用"="（获取）和下拉菜单进行录入，录入完成后可在"公式"选项卡中点击"显示公式"来查看公式设置效果，如图 2-13 所示。

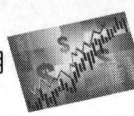

图 2-13 记账凭证公式设置

表 2-2 记账凭证簿

凭证打印识别码	凭证号	年度	月	日	凭证类型	凭证号码	摘要	总账科目	明细科目	借方金额	贷方金额	附件张数
20××1记11	20××1记1	20××	1	1	记	1	提取备用金	库存现金		2 500.00		1
20××1记12	20××1记1	20××	1	1	记	1	提取备用金	银行存款	交通银行		2 500.00	1
20××1记21	20××1记2	20××	1	2	记	2	销售商品款未收	应收账款	A公司	22 600.00		3
20××1记22	20××1记2	20××	1	2	记	2	销售商品款未收	主营业务收入	甲产品		20 000.00	3
20××1记23	20××1记2	20××	1	2	记	2	销售商品款未收	应交税费	应交增值税——销项税额		2 600.00	3
20××1记31	20××1记3	20××	1	5	记	3	采购原材料	原材料	B材料	12 000.00		4
20××1记32	20××1记3	20××	1	5	记	3	采购原材料	应交税费	应交增值税——进项税额	1 560.00		4
20××1记33	20××1记3	20××	1	5	记	3	采购原材料	银行存款	交通银行		13 560.00	4
20××1记41	20××1记4	20××	1	10	记	4	购买办公用品	管理费用	办公费	500.00		2
20××1记42	20××1记4	20××	1	10	记	4	购买办公用品	库存现金			500.00	2
20××1记51	20××1记5	20××	1	12	记	5	收回前欠货款	应收账款	A公司	22 600.00		1
20××1记52	20××1记5	20××	1	12	记	5	收回前欠货款	银行存款	交通银行		22 600.00	1
20××1记61	20××1记6	20××	1	15	记	6	支付上月工资	应付职工薪酬	工资	16 500.00		2

(续表)

凭证打印识别码	凭证号	年度	月	日	凭证类型	凭证号码	摘要	总账科目	明细科目	借方金额	贷方金额	附件张数
20××1记62	20××1记6	20××	1	15	记	6	支付上月工资	银行存款	交通银行		16 500.00	2
20××1记71	20××1记7	20××	1	18	记	7	购买软件升级包	无形资产		12 000.00		5
20××1记72	20××1记7	20××	1	18	记	7	购买软件升级包	银行存款	交通银行		12 000.00	5
20××1记81	20××1记8	20××	1	22	记	8	利息收入	财务费用	利息收入		50.00	1
20××1记82	20××1记8	20××	1	22	记	8	利息收入	银行存款	交通银行	50.00		1
20××1记91	20××1记9	20××	1	31	记	9	结转销售成本	主营业务成本	甲产品	13 000.00		1
20××1记92	20××1记9	20××	1	31	记	9	结转销售成本	库存商品	甲产品		13 000.00	1
20××1记101	20××1记10	20××	1	31	记	10	结转增值税	应交税费	应交增值税——转出未交增值税	1 040.00		1
20××1记102	20××1记10	20××	1	31	记	10	结转增值税	应交税费	未交增值税		1 040.00	1
20××1记111	20××1记11	20××	1	31	记	11	结转期间损益	主营业务收入	甲产品	20 000.00		0
20××1记112	20××1记11	20××	1	31	记	11	结转期间损益	主营业务成本	甲产品		13 000.00	0
20××1记113	20××1记11	20××	1	31	记	11	结转期间损益	管理费用	办公费		500.00	0
20××1记114	20××1记11	20××	1	31	记	11	结转期间损益	财务费用	利息收入	50.00		0
20××1记115	20××1记11	20××	1	31	记	11	结转期间损益	本年利润			6 550.00	0

（9）根据会计分录中借方金额合计数和贷方金额合计数相等的原理，在单元格 P2 设置金额校验公式"＝IF(SUM(L:L)＝SUM(M:M)"借贷平衡","借贷不平衡")"，保证金额录入的准确性。

知识链接

IF 函数是一个条件函数，根据指定的条件来判断其"真"（TRUE）"假"（FALSE），从而返回相应的内容对数值和公式进行条件检测。该函数的语法规则如下：

$$IF(logical\_test, value\_if\_true, value\_if\_false)$$

具有以下参数：

Logical_test 表示计算结果为 TRUE 或 FALSE 的任意值或表达式。

Value_if_true 表示 logical_test 为 TRUE 时返回的值。

Value_if_false 表示 logical_test 为 FALSE 时返回的值。

IF 函数在 Excel 2003 中可以嵌套 7 层，在 Excel 2007 中可以嵌套 64 层，用 value_if_false 及 value_if_true 参数可以构造复杂的检测条件。

活动 2.1.4　设置记账凭证打印模板

一、知识要点

根据财政部、国家档案局财会字〔1998〕32 号文件，1999 年 1 月 1 日起施行的《会计档案管理办法》规定，采用电子计算机进行会计核算的单位，不仅要保存电子会计数据，而且应当保存打印出的纸质会计档案，因此需要设置出一份记账凭证打印模板方便打印。

二、岗位任务

设置一份记账凭证打印模板，如图 2-14 所示。

三、操作步骤

（1）新建一个工作表"sheet4"，并将其命名为修改"凭证打印模板"，参照图 2-15，在单元格区域 C3:O13 录入记账凭证内容，并设置为记账凭证打印模板样式。

（2）为了校验凭证的借贷平衡，在单元格 C2 录入"注意："字样，在单元格 E2 录入公式"＝IF(AND(I12＝0,K12＝0),"未有数据",IF(I12＜＞K12,"借贷未平","借贷平衡"))"。

（3）参照图 2-14，在单元格 I2:P2 区域录入"年份""月份""凭证类型""凭证号"。其中，"月份"和"凭证类型"可以设置数据有效性序列下拉的形式，如图 2-16 所示。

（4）为了与"记账凭证簿"工作表的"凭证打印识别码"相对应，应先在单元格区域 P7:P11 标注凭证行号 1 至 5。

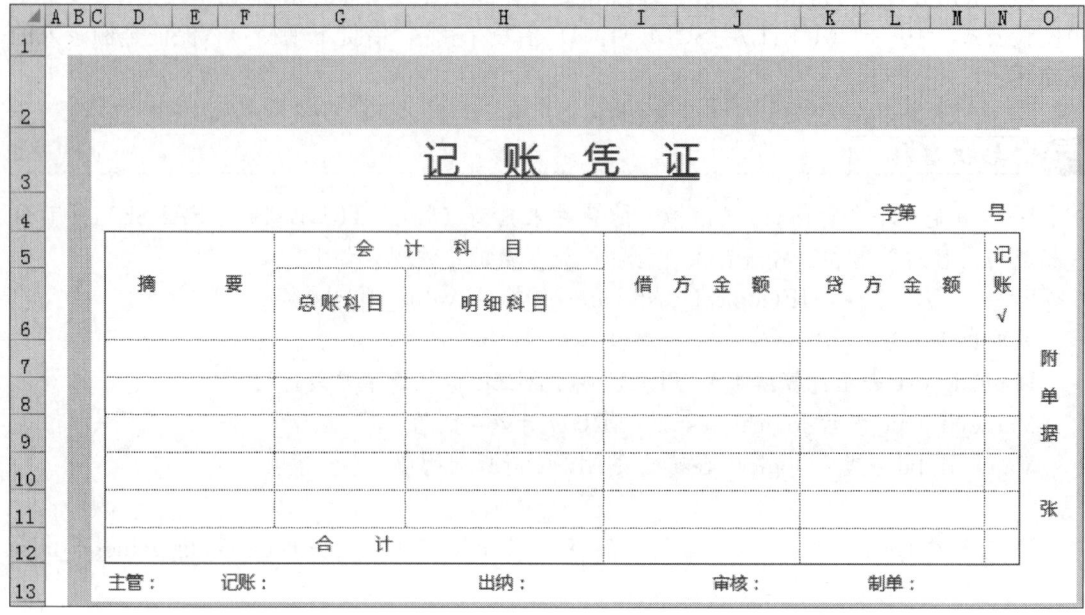

图 2-14 记账凭证打印模板

图 2-15 记账凭证内容

图 2-16 凭证月份的数据有效性设定

(5) 在单元格 Q7 录入公式"＝＄J＄2&＄L＄2&＄N＄2&＄P＄2&P7",将单元格 J2、L2、N2、P2、P7 的年份、月份、凭证类型、凭证号和凭证分录的行号合成凭证分录的"凭证打印识别码"。在设置单元格 Q7 公式时,应将年份、月份、凭证类型和凭证号用"＄"对单元格行列引用进行绝对锁定,单元格 Q8:Q11 区域的公式则可拖拽单元格 Q7 公式进行覆盖即可。

(6) 凭证日期可以通过第一行的录入信息和凭证打印识别码自动生成。参考公式如下：G4＝J2&"年"&L2&"月"&IFERROR(VLOOKUP(Q7,记账凭证簿！B:F,5,0),"")&"日"。

知识链接

VLOOKUP 函数是一个纵向查找函数,可以用来核对数据,多个表格之间快速导入数据等函数功能,功能是按列查找,最终返回该列所需查询序列所对应的值。该函数的语法规则如下：

语法：VLOOKUP(lookup_value,table_array,col_index_num,range_lookup)。具有以下参数：

lookup_value 为需要在数据表第一列中进行查找的数值。其可以为数值、引用或文本字符串。

table_array 为需要在其中查找数据的数据表。其可用于对区域或区域名称的引用。

col_index_num 为查找数据的数据列序号。col_index_num 为 1 时,返回 table_array 第一列的数值,以此类推。

range_lookup 为一逻辑值,指明函数 VLOOKUP 查找时是精确匹配,还是近似匹配。如果为 FALSE 或 0,则返回精确匹配,如果找不到,则返回错误值 ♯N/A。如果 range_lookup 为 TRUE 或 1,函数 VLOOKUP 将查找近似匹配值,也就是说,如果找不到精确匹配值,则返回小于 lookup_value 的最大数值。如果 range_lookup 省略,则默认为 1。

(7) 使用 VLOOKUP 函数和唯一码查询出"记账凭证簿"中单元格区域 D7:M12 相应内容。参考公式如下：

在单元格 D7 输入公式"＝IFERROR(VLOOKUP(Q7,记账凭证簿！B:L,8,0),"")"。
在单元格 G7 输入公式"＝IFERROR(VLOOKUP(Q7,记账凭证簿！B:L,9,0),"")"。
在单元格 H7 输入公式"＝IF(IFERROR(VLOOKUP(Q7,记账凭证簿！B:L,10,0),"")＝0,"",IFERROR(VLOOKUP(Q7,记账凭证簿！B:L,10,0),""))"。
在单元格 I7 输入公式"＝IF(IFERROR(VLOOKUP(Q7,记账凭证簿！B:M,11,0),"")＝0,"",IFERROR(VLOOKUP(Q7,记账凭证簿！B:M,11,0),""))"。
在单元格 K7 输入公式"＝IF(IFERROR(VLOOKUP(Q7,记账凭证簿！B:M,12,0),"")＝0,"",IFERROR(VLOOKUP(Q7,记账凭证簿！B:M,12,0),""))"。

将第一条分录的公式复制到其他行。D7 单元格的 VLOOKUP 函数设置,如图 2-17 所示。

(8) 附件张数可以使用 VLOOKUP 函数和唯一码查询在单元格 O10 输入公式"＝IFERROR(VLOOKUP(Q7,记账凭证簿！B:N,13,0),"")"。设置完成后的效果如图 2-18 所示。

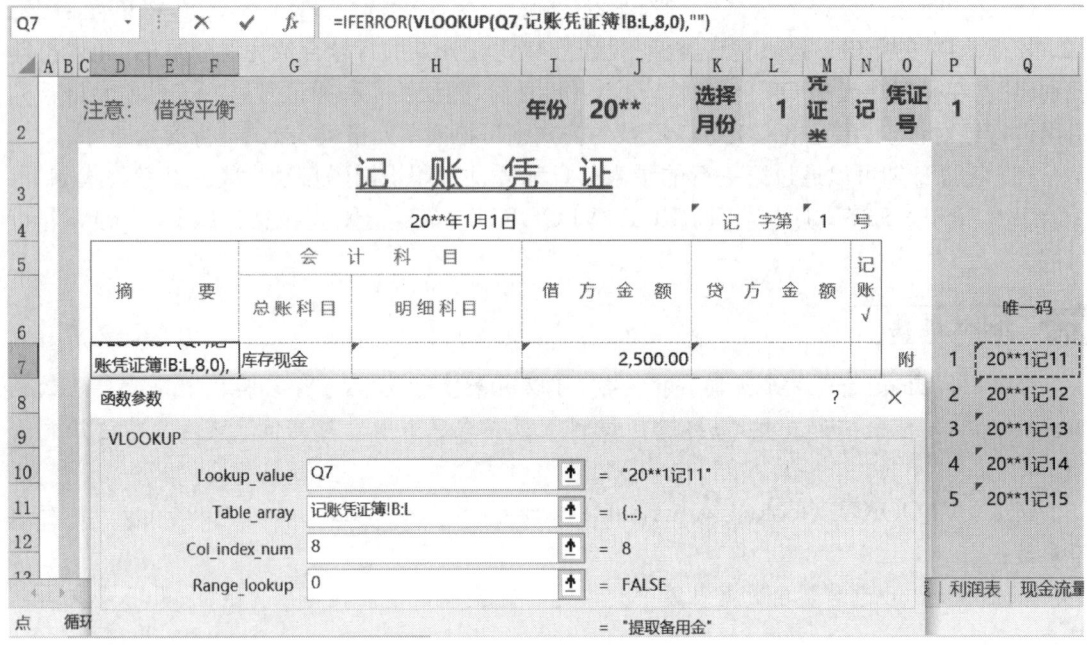

图 2-17 VLOOKUP 函数设置范例

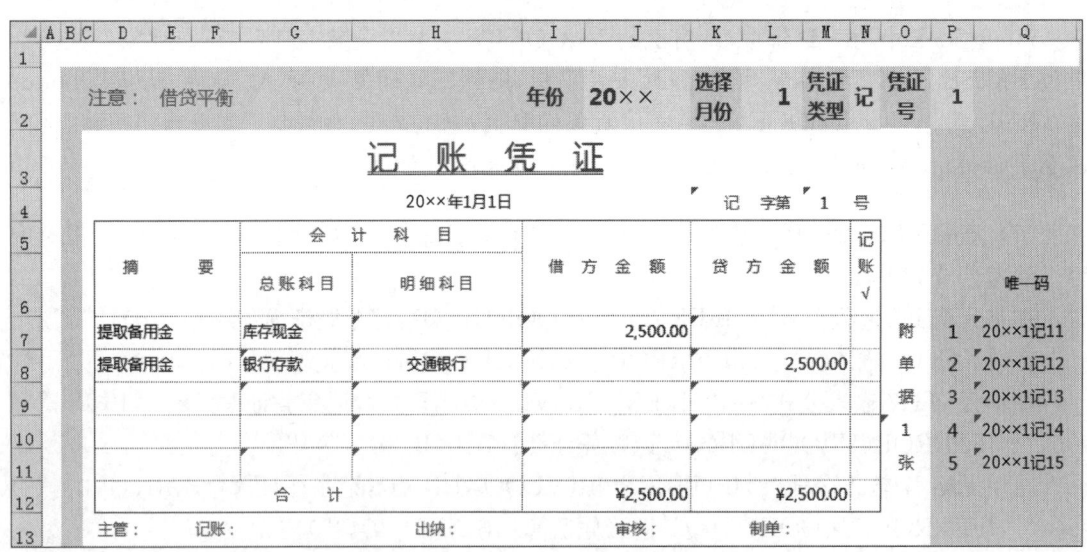

图 2-18 记账凭证打印模板完成效果

知识链接

IFERROR 函数用来捕获和处理公式中的错误。如果公式的计算结果为错误,则返回您指定的值;否则,将返回公式的结果。

语法:IFERROR(value,value_if_error)。具有以下参数:

value 为必填项,检查是否存在错误的参数。

value_if_error 为必填项,公式的计算结果为错误时要返回的值。

说明:计算得到的错误类型有#N/A、#VALUE!、#REF!、#DIV/0!、#NUM!、#NAME?、#NULL!。其含义分别为:

#N/A 为函数或公式中没有可用数值。

#VALUE! 为使用错误的参数或运算对象类型时,或者当公式自动更正功能不能更正公式。

#REF! 为删除由其他公式引用的单元格,或将移动单元格粘贴到由其他公式引用的单元格中。当单元格引用无效时将产生错误值。

#DIV/0! 为当公式被零除时。

#NUM! 为当公式或函数中某个数字有问题时。

#NAME? 为当公式或函数无法识别公式中的文本时。

#NULL! 为使用了不正确的区域运算符或不正确的单元格引用,当试图为两个并不相交的区域指定交叉点时。

(9) 打印存档的记账凭证,不需要凭证查询中的其他信息,因此只需打印区域单元格区域 C3:O13。选中单元格区域 C3:O13,如图 2-19 所示。

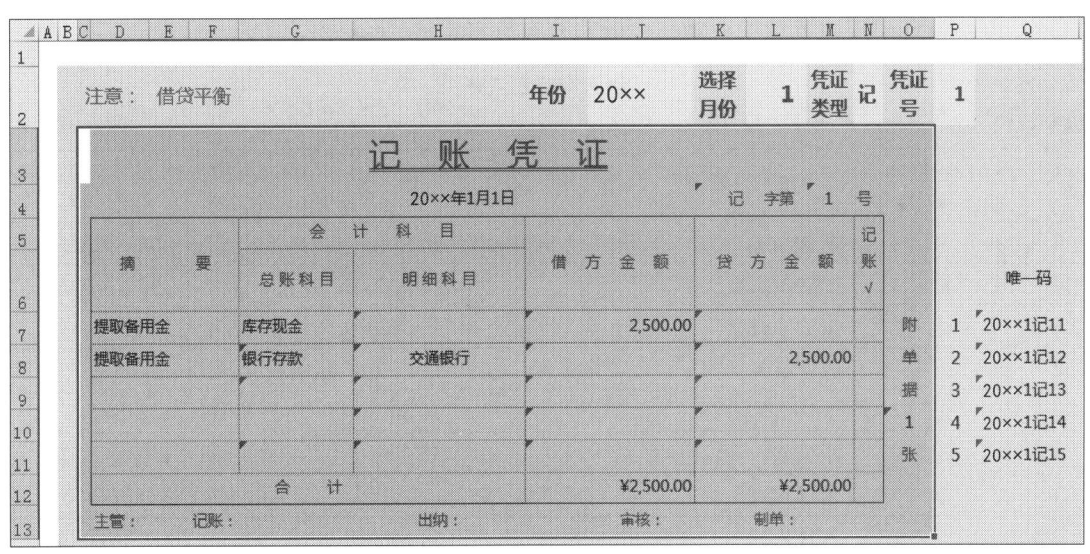

图 2-19 记账凭证打印模板

(10) 单击"页面布局"选项卡上"页面设置"组中的"打印区域",选择"设置打印区域",如图 2-20 所示。

图 2-20 设置记账凭证打印区域

任务 2.2 账表编制

活动 2.2.1 明细账和总账编制

一、知识要点

明细账格式与总账格式多为三栏式账簿,账簿内容多以借方发生额、贷方发生额和余额组成,在此特以银行存款日记账账簿设置为代表来介绍明细账和总账编制的公式设置方法。

银行存款日记账为各单位重要的经济档案之一,由出纳人员根据审核无误的会计凭证,逐日、逐笔进行顺序登记。银行存款日记账的登记要求是:银行存款日记账由出纳人员专门负责登记,登记时必须做到完整反映经济业务的内容,及时登记账目,凭证齐全,账证相符,数字真实、准确,按期结算;同时,记账凭证的汇总是编制银行存款日记账的关键任务。

二、岗位任务

编制一份可引用前置数据自动生成的银行存款日记账,如表 2-3 所示。

表 2-3　　　　　　　　　　　银行存款日记账

编制单位:　　　　　　　　　　　　　　　　　　　　　　　　　单位:元

20××		凭证		摘要	借方	√	贷方	√	借/贷	余额	√
月	日	字	号								
1	1			期初余额	502 054.00		—		借	502 054.00	
1	1	记	1	提取备用金	—		2 500.00	√	借	499 554.00	√
1	5	记	3	采购原材料	—		13 560.00	√	借	485 994.00	√
1	12	记	5	收回前欠货款	22 600.00	√			借	508 594.00	√
1	15	记	6	支付上月工资	—		16 500.00	√	借	492 094.00	√
1	18	记	7	购买软件升级包	—		12 000.00	√	借	480 094.00	√
1	22	记	8	利息收入	50.00	√	—		借	480 144.00	√
1	31			本月合计	22 650.00		44 560.00		借	480 144.00	
1	31			本年累计	22 650.00		44 560.00		借	480 144.00	

三、操作步骤

操作步骤如下:

(1) 修改"sheet5"工作表名为"银行存款日记账",将表头信息录入后,其余信息直接从"记账凭证簿"引用,如图 2-21 所示。

(2) 在"记账凭证簿"中选中表头后,通过"数据"选项卡中的"筛选"功能,筛选出总账科目

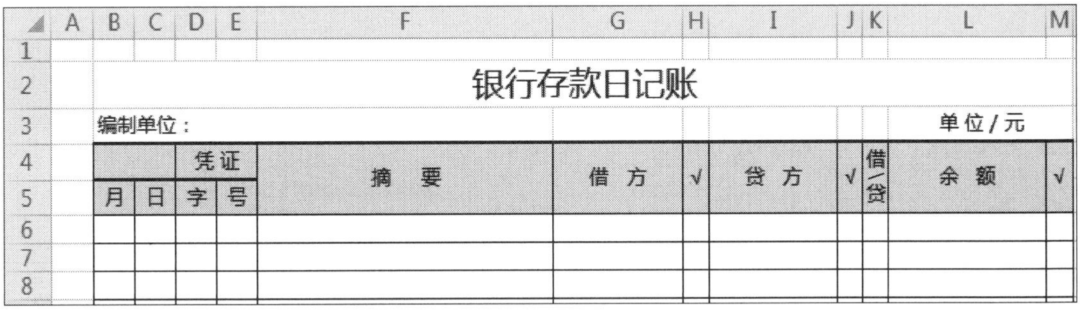

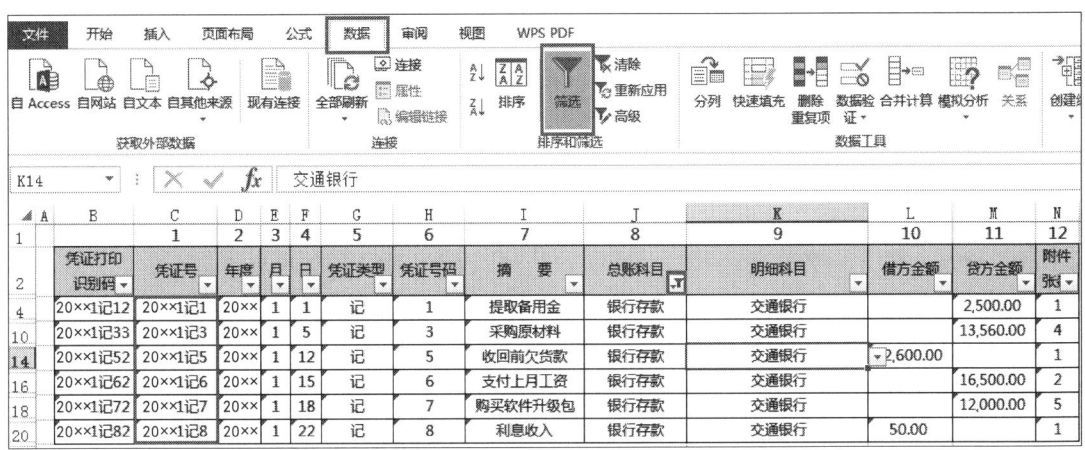

图 2-21 银行存款日记账表头信息

中的"银行存款"科目,并将其凭证打印识别码复制到"银行存款日记账"中的单元格 A7,如图 2-22 所示。

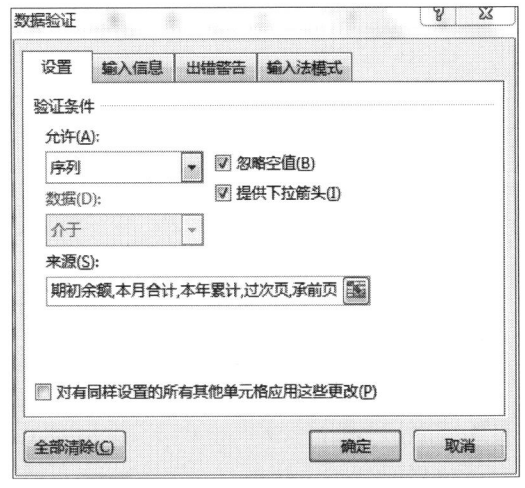

图 2-22 筛选"银行存款"科目

(3) 在单元格 B4 设置银行存款日记账年份公式"=VLOOKUP(A7,记账凭证簿!B:N,3,0)&"年""。

(4) 设定"摘要"栏的数据有效性。选中单元格区域 F6:F20,单击"数据"选项卡上"数据验证",在其窗口"设置"选项卡"允许"栏下选择为"序列"选项,在"来源"栏录入"期初余额,本月合计,本年累计,过次页,承前页",并在"出错警告"选项卡中取消"输入无效数据时显示出错警告"选项,如图 2-23 和图 2-24 所示。

图 2-23 "摘要"的数据有效性设定

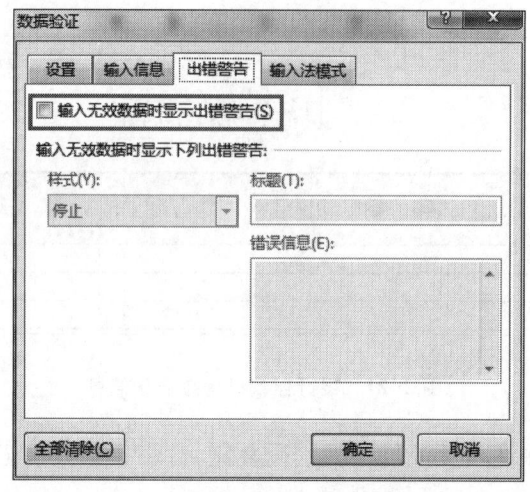

图 2-24　取消显示出错警告

（5）参照表 2-3，在图 2-19 中依次录入第 6 行期初余额内容，各单元格具体公式如下：

"期初余额及发生额"工作簿

在"借方金额"栏输入公式"＝IF(IFERROR(VLOOKUP("银行存款",期初余额及发生额！C:BB,$B$6*4-1,0),"")=0,0,IFERROR(VLOOKUP("银行存款",期初余额及发生额！C:BB,$B$6*4-1,0),""))"。

在"贷方金额"栏（单元格 I6）输入公式"＝IF(IFERROR(VLOOKUP("银行存款",期初余额及发生额！C:BB,$B$6*4,0),"")=0,0,IFERROR(VLOOKUP("银行存款",期初余额及发生额！C:BB,$B$6*4,0),""))"。

在"余额"栏（单元格 L6）输入公式"＝G6－I6"。

（6）以凭证号为基础在第 7 行利用公式设置从"记账凭证簿"中取数，各单元格具体公式如下：

在"月"栏（单元格 B7）录入公式"＝IFERROR(VLOOKUP($A7,记账凭证簿！$B:$N,4,0),"")"；

在"日"栏（单元格 C7）录入公式"＝IFERROR(VLOOKUP($A7,记账凭证簿！$B:$N,5,0),"")"；

在"凭证字"栏（单元格 D7）录入公式"＝IFERROR(VLOOKUP($A7,记账凭证簿！$B:$N,6,0),"")"；

在"凭证号"栏（单元格 E7）录入公式"＝IFERROR(VLOOKUP($A7,记账凭证簿！$B:$N,7,0),"")"；

在"摘要"栏（单元格 F7）录入公式"＝IFERROR(VLOOKUP($A7,记账凭证簿！$B:$N,8,0),"")"；

在"借方"栏（单元格 G7）录入公式"＝IF(IFERROR(VLOOKUP($A7,记账凭证簿！$B:$N,11,0),"")=0,0,IFERROR(VLOOKUP($A7,记账凭证簿！$B:$N,11,0),""))"；

在"借方记账"栏（单元格 H7）录入公式"＝IF(G7=0,"","√")"；

在"贷方"栏(单元格 I7)录入公式"＝IF(IFERROR(VLOOKUP($A7,记账凭证簿!$B:$N,12,0),"")＝0,0,IFERROR(VLOOKUP($A7,记账凭证簿!$B:$N,12,0),""))";

在"贷方记账"栏(单元格 J7)录入公式"＝IF(I7＝0,"","√")"。

在余额方向"借/贷"栏(单元格 K7)录入公式"＝IF(L7＞0,"借",IF(L7＝0,"平","错误"))"。

在"余额"栏(单元格 L7)录入公式"＝L6＋G7－I7"。

在"余额记账"栏(单元格 M7)录入公式"＝IF(L7＝0,"","√")"。

(7) 选中单元格区域 B7:M7,向下拖拽至 A 列所粘贴的末位凭证号所在行,即可将"记账凭证簿"中"银行存款"科目内容索引入"银行存款日记账"。

(8) 参照表 2-3,依次录入第 13 行本月合计内容。其中,在"借方金额"栏输入公式"＝SUM(G7:G12)",在贷方金额栏输入公式"＝SUM(I7:I12)",在余额栏输入公式"＝L12"。

(9) 参照表 2-3,依次录入第 14 行本年累计内容。其中,在借方金额栏输入公式"＝G13",在"贷方金额"栏输入公式"＝I13",在"余额"栏输入公式"＝L13"。

(10) 为了规范金额栏显示,按住键盘"Ctrl"键,依次选中单元格区域 G6:G14、I6:I14、L6:L14 后,单击鼠标右键,选择"设置单元格格式",在"数字"选项卡中点击"会计专用"后,将格式设置成保留 2 位小数且无货币符号,如图 2-25 所示。

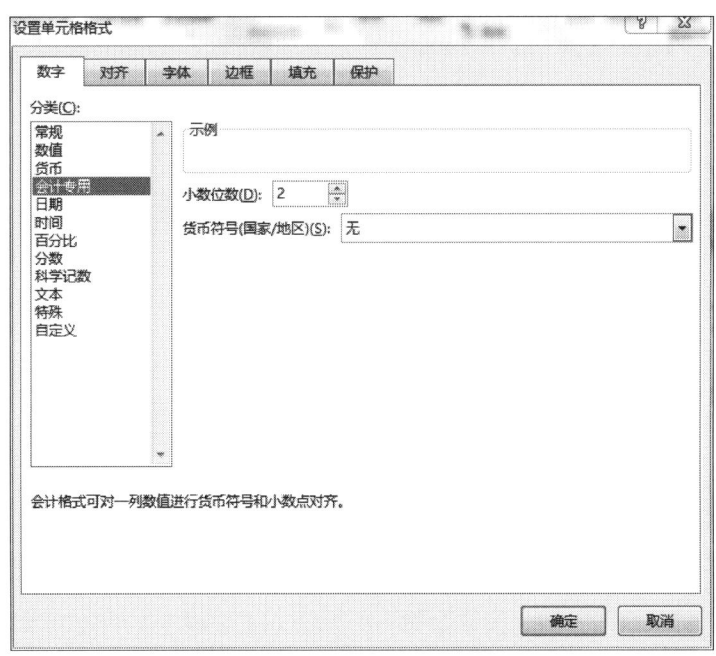

图 2-25 会计专用格式设置

(11) 每月结账时,需在"插入"选项卡下"形状"中选择直线,在最后一笔经济业务记录与本月合计行间划单红线,在本月合计与本年累计行间划双红线,设置步骤如图 2-26 所示,设置效果如图 2-27 所示。

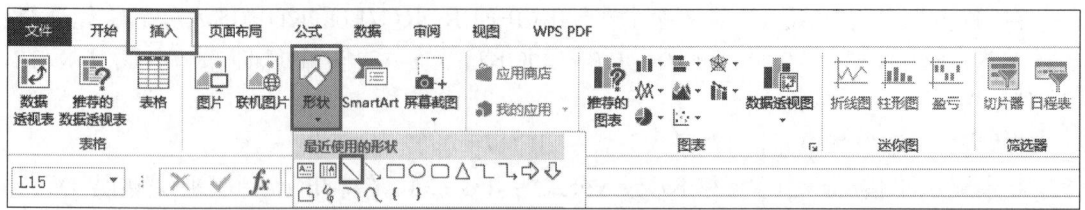

图 2-26 月末划线设置

	20××年		凭证		摘 要	借 方	√	贷 方	√	借贷	余 额	√
	月	日	字	号								
	1	1			期初余额	502,054.00		—		借	502,054.00	
20××1记12	1	1	记	1	提取备用金	—		2,500.00	√	借	499,554.00	√
20××1记33	1	5	记	3	采购原材料	—		13,560.00	√	借	485,994.00	√
20××1记52	1	12	记	5	收回前欠货款	22,600.00	√	—		借	508,594.00	√
20××1记62	1	15	记	6	支付上月工资	—		16,500.00	√	借	492,094.00	√
20××1记72	1	18	记	7	购买软件升级包	—		12,000.00	√	借	480,094.00	√
20××1记82	1	22	记	8	利息收入	50.00	√	—		借	480,144.00	√
	1	31			本月合计	22,650.00		44,560.00		借	480,144.00	
	1	31			本年累计	22,650.00		44,560.00		借	480,144.00	

图 2-27 银行存款日记账

活动 2.2.2 科目余额表编制

一、知识要点

科目余额表就是试算平衡表,它是按照总账科目余额编制的,是编制财务报表的关键任务。其编制遵循下列公式:

资产类科目:

期末借方余额＝期初借方余额＋本期借方发生额－本期贷方发生额

负债及所有者权益类科目:

期末贷方余额＝期初贷方余额＋本期贷方发生额－本期借方发生额

本期借方发生额和本期贷方发生额是根据本期的记账凭证汇总编制。记账凭证的汇总是编制科目余额表的编制的关键任务。

二、岗位任务

编制一份可引用期初余额即发生额表和前置数据自动生成科目余额的账表,如表 2-4 所示。

表 2-4 科目余额表

20××年1月 单位：元

顺序号	科目编码	总账科目	期初余额 借方	期初余额 贷方	本期发生额 借方	本期发生额 贷方	期末余额 借方	期末余额 贷方
1	1001	库存现金	9 500.00		2 500.00	500.00	11 500.00	
2	1002	银行存款	502 054.00		22 650.00	44 560.00	480 144.00	
3	1015	其他货币资金						
4	1101	交易性金融资产						
5	1121	应收票据						
6	1122	应收账款	651 355.00		22 600.00	22 600.00	651 355.00	
7	1123	预付账款						
8	1131	应收股利						
9	1231	其他应收款	94 700.00				94 700.00	
10	1241	坏账准备		4 500.00				4 500.00
11	1401	材料采购						
12	1403	原材料	640 281.00		12 000.00		652 281.00	
13	1404	材料成本差异	2 870.00				2 870.00	
14	1406	库存商品	1 036 000.00			13 000.00	1 023 000.00	
15	1407	发出商品						
16	1411	周转材料	182 200.00				182 200.00	
17	1481	持有待售资产						
18	1505	债权投资						
19	1506	债权投资减值准备						
20	1507	其他债权投资						
21	1511	长期股权投资	300 000.00				300 000.00	
22	1528	其他权益工具投资						
23	1601	固定资产	23 028 050.00				23 028 050.00	
24	1602	累计折旧		5 099 949.00				5 099 949.00
25	1606	固定资产清理						
26	1701	无形资产	1 200 000.00		12 000.00		1 212 000.00	
27	1702	累计摊销		80 000.00				80 000.00
28	1801	长期待摊费用	90 045.00				90 045.00	
29	1811	递延所得税资产						
30	1901	待处理财产损溢						
31	2001	短期借款		100 000.00				100 000.00
32	2201	应付票据		50 000.00				50 000.00

(续表)

顺序号	科目编码	总账科目	期初余额		本期发生额		期末余额	
			借方	贷方	借方	贷方	借方	贷方
33	2202	应付账款		1 461 292.00				1 461 292.00
34	2205	预收账款		54 000.00				54 000.00
35	2211	应付职工薪酬		18 000.00	16 500.00			1 500.00
36	2221	应交税费		153 356.00	2 600.00	3 640.00		154 396.00
37	2232	应付利息						
38	2241	其他应付款		6 800.00				6 800.00
39	2245	持有待售负债						
40	2601	长期借款						
41	2602	应付债券		1 200 000.00				1 200 000.00
42	2901	递延所得税负债						
43	4001	实收资本		18 210 000.00				18 210 000.00
44	4002	资本公积		120 000.00				120 000.00
45	4101	盈余公积		579 655.63				579 655.63
46	4103	本年利润				6 550.00		6 550.00
47	4104	利润分配		1 008 000.37				1 008 000.37
48	4105	其他综合收益						
49	4106	其他权益工具						
50	4301	专项储备						
51	5001	生产成本	408 498.00				408 498.00	
52	5101	制造费用						
53	6001	主营业务收入			20 000.00	20 000.00		
54	6051	其他业务收入						
55	6111	投资损益						
56	6301	营业外收入						
57	6401	主营业务成本			13 000.00	13 000.00		
58	6402	其他业务成本						
59	6403	税金及附加						
60	6601	销售费用						
61	6602	管理费用			500.00	500.00		
62	6603	财务费用			50.00	50.00		
63	6711	营业外支出						
64	6801	所得税费用						
		合 计	28 145 553.00	28 145 553.00	124 400.00	124 400.00	28 136 643.00	28 136 643.00

三、操作步骤

操作步骤如下：

（1）修改"sheet6"工作表名为"科目余额表"，将表头信息录入后，"科目编码"栏和"总账科目"栏数据用"＝"直接从"会计科目表"引用后拖拽生成，如图 2-28 所示。

	A	B	C	D	E	F	G	H	I	J
1										
2					科目余额表					
3					20××		年	1	月	
4		顺序号	科目编码	总账科目	期初余额		本期发生额		期末余额	
5					借方	贷方	借方	贷方	借方	贷方
6		1	1001	库存现金						
7		2	1002	银行存款						
8		3	1015	其他货币资金						
9		4	1101	交易性金融资产						

图 2-28　科目余额表表头信息

（2）期初余额从所提供的"期初余额及发生额"表取数，按表格倍数规律在单元格 E6 输入公式"＝VLOOKUP(D6,期初余额及发生额！C:BB,＄G＄3＊4－1,FALSE)"，在单元格 F6 输入公式"＝VLOOKUP(D6,期初余额及发生额！C＄5:BB＄68,＄G＄3＊4,FALSE)"。

（3）期初余额其他科目的公式从单元格 E6 和单元格 F6 用鼠标向下拖拽复制即可，如图 2-29 所示。

	A	B	C	D	E	F	G	H	I	J
1										
2					科目余额表					
3					20××		年	1	月	
4		顺序号	科目编码	总账科目	期初余额		本期发生额		期末余额	
5					借方	贷方	借方	贷方	借方	贷方
6		1	1001	库存现金	9,500.00					
7		2	1002	银行存款	502,054.00					
8		3	1015	其他货币资金						
9		4	1101	交易性金融资产						
10		5	1121	应收票据						
11		6	1122	应收账款	651,355.00					

图 2-29　期初余额公式设置

（4）录入本期发生额借方公式。G6 输入公式"＝SUMIFS(记账凭证簿！＄L:＄L,记账凭证簿！＄J:＄J,D6,记账凭证簿！＄E:＄E,＄G＄3)"。

条件 1："记账凭证簿！＄J:＄J,D6"是为了取得总账科目等于单元格 D6（"库存现金"）的借方金额合计。

条件 2："记账凭证簿！＄E:＄E,＄G＄3"是为了取得月份等于单元格 G3（"1"）的借方金额合计。

（5）同理，录入本期发生额贷方公式。在单元格 H6 输入公式"＝SUMIFS(记账凭证簿！＄M:＄M,记账凭证簿！＄J:＄J,D6,记账凭证簿！＄E:＄E,＄G＄3)"。

（6）用鼠标向下复制其他科目的本期发生额借、贷方公式，如图 2-30 所示。

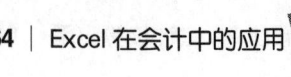

	A	B	C	D	E	F	G	H	I	J
1										
2					科目余额表					
3					20××		年	1	月	
4		顺序号	科目编码	总账科目	期初余额		本期发生额		期末余额	
5					借方	贷方	借方	贷方	借方	贷方
6		1	1001	库存现金	9,500.00		2,500.00	500.00		
7		2	1002	银行存款	502,054.00		22,650.00	44,560.00		
8		3	1015	其他货币资金						
9		4	1101	交易性金融资产						
10		5	1121	应收票据						
11		6	1122	应收账款	651,355.00		22,600.00	22,600.00		

图 2-30 本期发生额公式设置

知识链接

SUMIFS 函数用于对一组给定条件指定的单元格进行求和。该函数的语法规则如下：

语法：SUMIFS(sum_range,criteria_range1,criteria1,[riteria_range2,criteria2]...)。具有以下参数：

sum_range 是所要求和的范围。

criteria_range1 是条件的范围。

criteria1 是条件。

说明：后面的条件范围和条件可以增加。

(7) 录入期末余额借方公式。在单元格 I6 输入公式"=IF(E6-F6+G6-H6>0,E6-F6+G6-H6,0)"。此处使用 IF 函数是为了过滤掉贷方余额。

(8) 录入期末余额贷方公式。在单元格 J6 输入公式"=IF(F6-E6+H6-G6>0,F6-E6+H6-G6,0)"。此处使用 IF 函数是为了过滤掉借方余额。

(9) 用鼠标向下复制其他科目的期末余额借、贷方公式。

(10) 计算出损益类科目借、贷方差额,提示期间损益是否结转为零。在单元格 J3 输入公式"=SUM(G58:G69)-SUM(H58:H69)"。

(11) 设置损益类科目借、贷方差额提示。在单元格 I3 输入公式"=IF(SUM(G58:G69)=SUM(H58:H69),"期间损益已结转","期间损益未结转,差额")",如图 2-31 所示。

	A	B	C	D	E	F	G	H	I	J
1										
2					科目余额表					
3					20××		年	1	月 期间损益已结转	-
4		顺序号	科目编码	总账科目	期初余额		本期发生额		期末余额	
5					借方	贷方	借方	贷方	借方	贷方
6		1	1001	库存现金	9,500.00		2,500.00	500.00	11,500.00	
7		2	1002	银行存款	502,054.00		22,650.00	44,560.00	480,144.00	
8		3	1015	其他货币资金						
9		4	1101	交易性金融资产						
10		5	1121	应收票据						
11		6	1122	应收账款	651,355.00		22,600.00	22,600.00	651,355.00	

图 2-31 期末余额及期间损益提示公式设置

（12）为了规范金额栏显示，选中单元格区域 E6:J70 后，单击鼠标右键，选择"设置单元格格式"，在"数字"选项卡中点击"会计专用"后，将格式设置成保留 2 位小数且无货币符号，如图 2-32 所示。

图 2-32　会计专用格式设置

活动 2.2.3　资产负债表编制

一、知识要点

资产负债表是反映企业某一特定日期（如月末、季末、半年末、年末等）财务状况的会计报表。它是根据"资产＝负债＋所有者权益"这一会计等式，依照一定的分类标准和顺序，将企业在一定日期的全部资产、负债和所有者权益项目进行适当分类、汇总、排列后编制而成的。

资产负债表项目主要是通过对本会计期间的会计核算记录的数据加以归集、整理而成，其项目资料来源有以下几个方面。

（一）根据总账科目余额填列

（1）资产负债表中有些项目可直接根据有关总账科目的余额填列，如"应收票据""短期借款"等项目。

（2）资产负债表中有些项目需要根据几个总账科目的余额计算填列。①"货币资金"项目，应根据"库存现金""银行存款""其他货币资金"三个总账科目的余额的合计数填列。②"未分配利润"项目，应根据"本年利润"总账科目和"利润分配"总账科目的期末余额合计数填列。③"存货"项目，应根据"在途物资""原材料""周转材料""生产成本""库存商品"等总账科目余额的合计数填列。

（二）根据总账所属明细账科目余额计算填列

（1）资产负债表中的"应收账款""应付账款""预收款项""预付款项"等项目，应根据相关总账所属明细账的余额计算填列。①"应收账款"项目,应根据"应收账款"总账科目所属明细账科目的借方余额与"预收账款"总账科目所属明细账科目的借方余额之和填列。②"预收款项"项目,应根据"应收账款"总账科目所属明细账科目的贷方余额与"预收账款"总账科目所属明细账科目的贷方余额之和填列。③"应付账款"项目,应根据"应付账款"总账科目所属明细账科目的贷方余额与"预付账款"总账科目所属明细账科目的贷方余额之和填列。④"预付款项"项目,应根据"应付账款"总账科目所属明细账科目的借方余额与"预付账款"所属明细账科目的借方余额之和填列。

(2) 除以上项目外,其他负债类科目期末如出现借方余额,在资产负债表中的相应项目一般应以"一"号填列,如"应交税费"项目。

(三)根据总账科目和明细账科目的余额分析计算填列

资产负债表中的有些项目,不能根据总账科目的余额直接计算填列,而需要根据总账科目和相关明细账科目的余额分析计算填列。例如,"长期借款"项目需要根据"长期借款"总账科目余额扣除"长期借款"总账科目所属明细账科目中将在1年内到期的长期借款金额分析计算填列。

二、岗位任务

编制一份可引用科目余额表中数据自动生成的资产负债表,如表 2-5 所示。

表 2-5　　　　　　　　　　　　　资产负债表

会企 01 表

编制单位:　　　　　　　　　　20××年 1 月 31 日　　　　　　　　　单位:元

资产	行次	上年年末余额	期末余额	负债和所有者权益（或股东权益）	行次	上年年末余额	期末余额
流动资产:				流动负债:			
货币资金	1	511 554.00	491 644.00	短期借款	35	100 000.00	100 000.00
交易性金融资产	2			交易性金融负债	36		
衍生金融资产	3			衍生金融负债	37		
应收票据	4			应付票据	38	50 000.00	50 000.00
应收账款	5	646 855.00	646 855.00	应付账款	39	1 461 292.00	1 461 292.00
应收款项融资	6			预收款项	40	54 000.00	54 000.00
预付款项	7			合同负债	41		
其他应收款	8	94 700.00	94 700.00	应付职工薪酬	42	18 000.00	1 500.00
存货	9	2 269 849.00	2 268 849.00	应交税费	43	153 356.00	154 396.00
合同资产	10			其他应付款	44	6 800.00	6 800.00
持有待售资产	11			持有待售负债	45		
一年内到期的非流动资产	12			一年内到期的非流动负债	46		

(续表)

资产	行次	上年年末余额	期末余额	负债和所有者权益(或股东权益)	行次	上年年末余额	期末余额
其他流动资产	13			其他流动负债	47		
流动资产合计	14	3 522 958.00	3 502 048.00	流动负债合计	48	1 843 448.00	1 827 988.00
非流动资产：				非流动负债：			
债权投资	15			长期借款	49		
其他债权投资	16			应付债券	50	1 200 000.00	1 200 000.00
长期应收款	17			其中：优先股	51		
长期股权投资	18	300 000.00	300 000.00	永续债	52	1 200 000.00	1 200 000.00
其他权益工具投资	19			租赁负债	53		
其他非流动金融资产	20			长期应付款	54		
投资性房地产	21			预计负债	55		
固定资产	22	17 928 101.00	17 928 101.00	递延收益	56		
在建工程	23			递延所得税负债	57		
生产性生物资产	24			其他非流动负债	58		
油气资产	25			非流动负债合计	59	1 200 000.00	1 200 000.00
使用权资产	26			负债合计	60	3 043 448.00	3 027 988.00
无形资产	27	1 120 000.00	1 132 000.00	所有者权益(或股东权益)：			
开发支出	28			实收资本(或股本)	61	18 210 000.00	18 210 000.00
商誉	29			其他权益工具	62		
长期待摊费用	30	90 045.00	90 045.00	其中：优先股	63		
递延所得税资产	31			永续债	64		
其他非流动资产	32			资本公积	65	120 000.00	120 000.00
非流动资产合计	33	19 438 146.00	19 450 146.00	减：库存股	66		
				其他综合收益	67		
				专项储备	68		
				盈余公积	69	579 655.63	579 655.63
				未分配利润	70	1 008 000.37	1 014 550.37
				所有者权益(或股东权益)合计	71	19 917 656.00	19 924 206.00
资产总计	34	22 961 104.00	22 952 194.00	负债和所有者权益(或股东权益)总计	72	22 961 104.00	22 952 194.00

注：本任务采取简化方式填列，各项目所填列的余额均取自相应的总账科目。

三、操作步骤

操作步骤如下：

（1）修改"sheet7"工作表名为"资产负债表"，录入资产负债表表头信息并编制报表样式，如图 2-33 所示。

	A	B	C	D	E	F	G	H	I
1									
2					资 产 负 债 表				
3									会企01表
4	编制单位：								单位/元
5		资　产	行次	上年年末		期末余额	负债和所有者权益（或股东权益）| 行次	上年年末	期末余额
6	流动资产：						流动负债：			
7		货币资金	1				短期借款	35		
8		交易性金融资产	2				交易性金融负债	36		
9		衍生金融资产	3				衍生金融负债	37		
10		应收票据	4				应付票据	38		
11		应收账款	5				应付账款	39		

图 2-33　资产负债表表头信息

（2）资产负债表日期自动取自科目余额表，科目余额表的日期只有"年"和"月"，资产负债表的日期通常为月末，因此建立一个过度的单元格区域 L6：M17，录入 1～12 和 1～12 月的月末日期，如图 2-34 所示。

（3）根据"科目余额表"的月份查找出本月月末日期。选择单元格 M4，输入公式"=VLOOKUP(科目余额表查询！G3,L6:M17,2,0)"。

（4）利用公式自动获取"科目余额表"的年月，并加上月末的日期，形成"资产负债表"的日期。在单元格 D3 输入公式"=科目余额表！E3&"年"&科目余额表！G3&"月"&M4&"日""。

（5）参照表 2-6 和表 2-7，录入报表公式。

	K	L	M
1			
2			
3			
4		每月月末日期	31
5		月	日
6		1	31
7		2	28
8		3	31
9		4	30
10		5	31
11		6	30
12		7	31
13		8	31
14		9	30
15		10	31
16		11	30
17		12	31
18			

图 2-34　月末日期

表 2-6　　　　　　　　　　资产负债表各项目公式

资　产	行次	上年年末余额	期末余额
流动资产：			
货币资金	1	=VLOOKUP("库存现金",科目余额表！$D:$J,2,0)+VLOOKUP("银行存款",科目余额表！$D:$J,2,0)+VLOOKUP("其他货币资金",科目余额表查询！$D:$J,2,0)	=VLOOKUP("库存现金",科目余额表！$D:$J,6,0)+VLOOKUP("银行存款",科目余额表！$D:$J,6,0)+VLOOKUP("其他货币资金",科目余额表！$D:$J,6,0)

(续表)

资　　产	行次	上年年末余额	期末余额
交易性金融资产	2	=VLOOKUP("交易性金融资产",科目余额表!$D:$J,2,0)	=VLOOKUP("交易性金融资产",科目余额表!$D:$J,6,0)
衍生金融资产	3	=IFERROR(VLOOKUP("衍生金融资产",科目余额表!$D:$J,2,0),0)	=IFERROR(VLOOKUP("衍生金融资产",科目余额表!$D:$J,6,0),0)
应收票据	4	=VLOOKUP("应收票据",科目余额表!$D:$J,2,0)	=VLOOKUP("应收票据",科目余额表!$D:$J,6,0)
应收账款	5	=VLOOKUP("应收账款",科目余额表!$D:$J,2,0)-IFERROR(VLOOKUP("坏账准备",科目余额表!$D:$J,3,0),0)	=VLOOKUP("应收账款",科目余额表!$D:$J,6,0)-IFERROR(VLOOKUP("坏账准备",科目余额表!$D:$J,7,0),0)
应收款项融资	6	=IFERROR(VLOOKUP("应收款项融资",科目余额表!$D:$J,2,0),0)	=IFERROR(VLOOKUP("应收款项融资",科目余额表!$D:$J,6,0),0)
预付款项	7	=VLOOKUP("预付账款",科目余额表!$D:$J,2,0)	=VLOOKUP("预付账款",科目余额表!$D:$J,6,0)
其他应收款	8	=VLOOKUP("其他应收款",科目余额表!$D:$J,2,0)	=VLOOKUP("其他应收款",科目余额表!$D:$J,6,0)
存货	9	=VLOOKUP("原材料",科目余额表!$D:$J,2,0)+VLOOKUP("库存商品",科目余额表!$D:$J,2,0)+VLOOKUP("材料成本差异",科目余额表!$D:$J,2,0)+VLOOKUP("发出商品",科目余额表!$D:$J,2,0)+VLOOKUP("周转材料",科目余额表!$D:$J,2,0)+VLOOKUP("材料采购",科目余额表!$D:$J,2,0)+VLOOKUP("生产成本",科目余额表!$D:$J,2,0)+IFERROR(VLOOKUP("消耗性生物资产",科目余额表!$D:$J,2,0),0)	=VLOOKUP("原材料",科目余额表!$D:$J,6,0)+VLOOKUP("库存商品",科目余额表!$D:$J,6,0)+VLOOKUP("材料成本差异",科目余额表!$D:$J,6,0)+VLOOKUP("发出商品",科目余额表!$D:$J,6,0)+VLOOKUP("周转材料",科目余额表!$D:$J,6,0)+VLOOKUP("材料采购",科目余额表!$D:$J,6,0)+VLOOKUP("生产成本",科目余额表!$D:$J,6,0)+IFERROR(VLOOKUP("消耗性生物资产",科目余额表!$D:$J,6,0),0)
合同资产	10	=IFERROR(VLOOKUP("合同资产",科目余额表!$D:$J,2,0),0)	=IFERROR(VLOOKUP("合同资产",科目余额表!$D:$J,6,0),0)
持有待售资产	11	=VLOOKUP("持有待售资产",科目余额表!$D:$J,2,0)	=VLOOKUP("持有待售资产",科目余额表!$D:$J,6,0)
一年内到期的非流动资产	12	—	—
其他流动资产	13	—	—

(续表)

资产	行次	上年年末余额	期末余额
流动资产合计	14	=SUM(D7:D19)	=SUM(E7:E19)
非流动资产：			
债权投资	15	=VLOOKUP("债权投资",科目余额表!$D:$J,2,0)－IFERROR(VLOOKUP("债权投资减值准备",科目余额表!$D:$J,3,0),0)	=VLOOKUP("债权投资",科目余额表!$D:$J,6,0)－IFERROR(VLOOKUP("债权投资减值准备",科目余额表!$D:$J,7,0),0)
其他债权投资	16	=IFERROR(VLOOKUP("长期应收款",科目余额表!$D:$J,2,0),0)	=IFERROR(VLOOKUP("长期应收款",科目余额表!$D:$J,6,0),0)
长期应收款	17	=IFERROR(VLOOKUP("长期应收款",科目余额表!$D:$J,2,0),0)	=IFERROR(VLOOKUP("长期应收款",科目余额表!$D:$J,6,0),0)
长期股权投资	18	=IFERROR(VLOOKUP("长期股权投资",科目余额表!$D:$J,2,0),0)	=IFERROR(VLOOKUP("长期股权投资",科目余额表!$D:$J,6,0),0)
其他权益工具投资	19	=IFERROR(VLOOKUP("其他权益工具投资",科目余额表!$D:$J,2,0),0)	=IFERROR(VLOOKUP("其他权益工具投资",科目余额表!$D:$J,6,0),0)
其他非流动金融资产	20	=IFERROR(VLOOKUP("其他非流动金融资产",科目余额表!$D:$J,2,0),0)	=IFERROR(VLOOKUP("其他非流动金融资产",科目余额表!$D:$J,6,0),0)
投资性房地产	21	=IFERROR(VLOOKUP("投资性房地产",科目余额表!$D:$J,2,0),0)	=IFERROR(VLOOKUP("投资性房地产",科目余额表!$D:$J,6,0),0)
固定资产	22	=IFERROR(VLOOKUP("固定资产",科目余额表!$D:$J,2,0),"")－IFERROR(VLOOKUP("累计折旧",科目余额表!$D:$J,3,0),"")	=IFERROR(VLOOKUP("固定资产",科目余额表!$D:$J,6,0),"")－IFERROR(VLOOKUP("累计折旧",科目余额表!$D:$J,7,0),"")
在建工程	23	=IFERROR(VLOOKUP("在建工程",科目余额表!$D:$J,2,0),0)	=IFERROR(VLOOKUP("在建工程",科目余额表!$D:$J,6,0),0)
生产性生物资产	24	=IFERROR(VLOOKUP("生产性生物资产",科目余额表!$D:$J,2,0),0)	=IFERROR(VLOOKUP("生产性生物资产",科目余额表!$D:$J,6,0),0)
油气资产	25	=IFERROR(VLOOKUP("油气资产",科目余额表!$D:$J,2,0),0)	=IFERROR(VLOOKUP("油气资产",科目余额表!$D:$J,6,0),0)
使用权资产	26	=IFERROR(VLOOKUP("使用权资产",科目余额表!$D:$J,2,0),0)	=IFERROR(VLOOKUP("使用权资产",科目余额表!$D:$J,6,0),0)

(续表)

资产	行次	上年年末余额	期末余额
无形资产	27	=IFERROR(VLOOKUP("无形资产",科目余额表!$D:$J,2,0),0)-IFERROR(VLOOKUP("累计摊销",科目余额表!$D:$J,3,0),0)-IFERROR(VLOOKUP("无形资产减值准备",科目余额表!$D:$J,3,0),0)	=IFERROR(VLOOKUP("无形资产",科目余额表!$D:$J,6,0),0)-IFERROR(VLOOKUP("累计摊销",科目余额表!$D:$J,7,0),0)-IFERROR(VLOOKUP("无形资产减值准备",科目余额表!$D:$J,7,0),0)
开发支出	28	=IFERROR(VLOOKUP("开发支出",科目余额表!$D:$J,2,0),0)	=IFERROR(VLOOKUP("开发支出",科目余额表!$D:$J,6,0),0)
商誉	29	=IFERROR(VLOOKUP("商誉",科目余额表!$D:$J,2,0),0)	=IFERROR(VLOOKUP("商誉",科目余额表!$D:$J,6,0),0)
长期待摊费用	30	=IFERROR(VLOOKUP("长期待摊费用",科目余额表!$D:$J,2,0),"")	=IFERROR(VLOOKUP("长期待摊费用",科目余额表!$D:$J,6,0),"")
递延所得税资产	31	=IFERROR(VLOOKUP("递延所得税资产",科目余额表!$D:$J,2,0),0)	=IFERROR(VLOOKUP("递延所得税资产",科目余额表!$D:$J,6,0),0)
其他非流动资产	32	—	—
非流动资产合计	33	=SUM(D22:D39)	=SUM(E22:E39)
资产总计		=SUM(D20,D40)	=SUM(E20,E40)

表 2-7　　　　　　　　　　　资产负债表各项目公式

负债和所有者权益（或股东权益）	行次	期初余额	期末余额
流动负债：			
短期借款	35	=IFERROR(VLOOKUP("短期借款",科目余额表!$D:$J,3,0),0)	=IFERROR(VLOOKUP("短期借款",科目余额表!$D:$J,7,0),0)
交易性金融负债	36	=IFERROR(VLOOKUP("交易性金融负债",科目余额表!$D:$J,3,0),0)	=IFERROR(VLOOKUP("交易性金融负债",科目余额表!$D:$J,7,0),0)
衍生金融负债	37	=IFERROR(VLOOKUP("衍生金融负债",科目余额表!$D:$J,3,0),0)	=IFERROR(VLOOKUP("衍生金融负债",科目余额表!$D:$J,7,0),0)
应付票据	38	=IFERROR(VLOOKUP("应付票据",科目余额表!$D:$J,3,0),0)	=IFERROR(VLOOKUP("应付票据",科目余额表!$D:$J,7,0),0)
应付账款	39	=IFERROR(VLOOKUP("应付账款",科目余额表!$D:$J,3,0),0)	=IFERROR(VLOOKUP("应付账款",科目余额表!$D:$J,7,0),0)

(续表)

负债和所有者权益（或股东权益）	行次	期初余额	期末余额
预收款项	40	=IFERROR(VLOOKUP("预收账款",科目余额表!$D:$J,3,0),0)	=IFERROR(VLOOKUP("预收账款",科目余额表!$D:$J,7,0),0)
合同负债	41	=IFERROR(VLOOKUP("合同负债",科目余额表!$D:$J,3,0),0)	=IFERROR(VLOOKUP("合同负债",科目余额表!$D:$J,7,0),0)
应付职工薪酬	42	=IFERROR(VLOOKUP("应付职工薪酬",科目余额表!$D:$J,3,0),0)	=IFERROR(VLOOKUP("应付职工薪酬",科目余额表!$D:$J,7,0),0)
应交税费	43	=IFERROR(VLOOKUP("应交税费",科目余额表!$D:$J,3,0),0)	=IFERROR(VLOOKUP("应交税费",科目余额表!$D:$J,7,0),0)
其他应付款	44	=IFERROR(VLOOKUP("其他应付款",科目余额表!$D:$J,3,0),0)	=IFERROR(VLOOKUP("其他应付款",科目余额表!$D:$J,7,0),0)
持有待售负债	45	=IFERROR(VLOOKUP("持有待售负债",科目余额表!$D:$J,3,0),0)	=IFERROR(VLOOKUP("持有待售负债",科目余额表!$D:$J,7,0),0)
一年内到期的非流动负债	46	—	—
其他流动负债	47	—	—
流动负债合计	48	=SUM(H7:H19)	=SUM(I7:I19)
非流动负债：			
长期借款	49	=IFERROR(VLOOKUP("长期借款",科目余额表!$D:$J,3,0),0)	=IFERROR(VLOOKUP("长期借款",科目余额表!$D:$J,7,0),0)
应付债券	50	=SUM(H24:H25)	=SUM(I24:I25)
其中：优先股	51	—	—
永续债	52	=IFERROR(VLOOKUP("应付债券",科目余额表!$D:$J,3,0),0)	=IFERROR(VLOOKUP("应付债券",科目余额表!$D:$J,7,0),0)
租赁负债	53	=IFERROR(VLOOKUP("租赁负债",科目余额表!$D:$J,3,0),0)	=IFERROR(VLOOKUP("租赁负债",科目余额表!$D:$J,7,0),0)
长期应付款	54	=IFERROR(VLOOKUP("长期应付款",科目余额表!$D:$J,3,0),0)	=IFERROR(VLOOKUP("长期应付款",科目余额表!$D:$J,7,0),0)
预计负债	55	=IFERROR(VLOOKUP("预计负债",科目余额表!$D:$J,3,0),0)	=IFERROR(VLOOKUP("预计负债",科目余额表!$D:$J,7,0),0)
递延收益	56	=IFERROR(VLOOKUP("递延收益",科目余额表!$D:$J,3,0),0)	=IFERROR(VLOOKUP("递延收益",科目余额表!$D:$J,7,0),0)

(续表)

负债和所有者权益（或股东权益）	行次	期初余额	期末余额
递延所得税负债	57	=IFERROR(VLOOKUP("递延所得税负债",科目余额表!$D:$J,3,0),0)	=IFERROR(VLOOKUP("递延所得税负债",科目余额表!$D:$J,7,0),0)
其他非流动负债	58	—	—
非流动负债合计	59	=SUM(H22:H23,H26:H31)	=SUM(I22:I23,I26:I31)
负债合计	60	=SUM(H20,H32)	=SUM(I20,I32)
所有者权益（或股东权益）：		—	—
实收资本（或股本）	61	=IFERROR(VLOOKUP("实收资本",科目余额表!$D:$J,3,0),0)	=IFERROR(VLOOKUP("实收资本",科目余额表!$D:$J,7,0),0)
其他权益工具	62	=H37+H38	=I37+I38
其中：优先股	63	—	—
永续债	64	—	—
资本公积	65	=IFERROR(VLOOKUP("资本公积",科目余额表!$D:$J,3,0),0)	=IFERROR(VLOOKUP("资本公积",科目余额表!$D:$J,7,0),0)
减：库存股	66	=IFERROR(VLOOKUP("库存股",科目余额表!$D:$J,3,0),0)	=IFERROR(VLOOKUP("库存股",科目余额表!$D:$J,7,0),0)
其他综合收益	67	=IFERROR(VLOOKUP("其他综合收益",科目余额表!$D:$J,3,0),0)	=IFERROR(VLOOKUP("其他综合收益",科目余额表!$D:$J,7,0),0)
专项储备	68	=IFERROR(VLOOKUP("专项储备",科目余额表!$D:$J,3,0),0)	=IFERROR(VLOOKUP("专项储备",科目余额表!$D:$J,7,0),0)
盈余公积	69	=IFERROR(VLOOKUP("盈余公积",科目余额表!$D:$J,3,0),0)	=IFERROR(VLOOKUP("盈余公积",科目余额表!$D:$J,7,0),0)
未分配利润	70	=D46−H33−H35−H36−H39−H41−H42−H43	=E46−I33−I35−I36−I39−I41−I42−I43
所有者权益（或股东权益）合计	71	=H35+H36+H39+H41+H42+H43+H44	=I35+I36+I39+I41+I42+I43+I44
负债和所有者权益（或股东权益）总计	72	=SUM(H33,H45)	=SUM(I33,I45)

注意：在表结法下，未分配利润的期初数＝资产－负债－除未分配利润外的所有者权益金额，未分配利润的期末数（在年内时）＝未分配利润期初余额＋本月净利润金额。

活动 2.2.4 利润表编制

一、知识要点

利润表,又称损益表,是反映企业一定期间经营成果的会计报表。即它是总括反映企业在一定时期内利润(亏损)实现情况的会计报表。利润表的编制是依据"收入－费用＝利润"这一公式。按照我国会计准则的规定,我国企业的利润表采用多步式的格式。

"营业收入"项目,反映企业主要经营业务和其他经营业务所取得的收入总额。本项目应根据"主营业务收入"科目和"其他业务收入"科目的发生额分析填列。

"营业成本"项目,反映企业主要经营业务和其他经营业务发生的实际成本总额。本项目应根据"主营业务成本"科目和"其他业务成本"科目的发生额分析填列。

"营业利润"项目,以营业收入为基础,减去营业成本、税金及附加、期间费用,加上投资收益后,计算出营业利润。

"利润总额"项目,以营业利润为基础,加上营业外收入,减去营业外支出,计算出利润总额。

"净利润"项目,以利润总额为基础,减去所得税费用后,计算出净利润(或净亏损)。其他项目直接取自科目余额表。

多步式利润表反映出了营业利润、利润总额、净利润的构成情况,有助于使用者从不同利润类别中了解企业经营成果的不同来源。

利润表"本年累计金额"栏反映各项目自年初起至本月末止的累计实际发生数。根据上月利润表的"本年累计金额"栏的数字,加上本月利润表的"本月金额"栏的数字,可以得出各项目本月利润表的"本年累计金额",然后填入相应的项目内。

二、岗位任务

编制一份可引用科目余额表中数据自动生成的利润表,如表 2-8 所示。

表 2-8　　　　　　　　　　　　　　利润表　　　　　　　　　　　　　会企 02 表
编制单位：　　　　　　　　　　　　20××年 1 月　　　　　　　　　　　单位：元

项　　目	行次	本月金额	本年累计金额
一、营业收入	1	20 000.00	20 000.00
减：营业成本	2	13 000.00	13 000.00
税金及附加	3		
销售费用	4		
管理费用	5	500.00	500.00
研发费用	6		
财务费用	7		

(续表)

项　　目	行次	本月金额	本年累计金额
其中：利息费用	8		
利息收入	9		
加：其他收益	10		
投资收益（损失以"－"号填列）	11		
其中：对联营企业和合营企业的投资收益	12		
以摊余成本计量的金融资产终止确认收益（损失以"－"号填列）	13		
净敞口套期收益（损失以"－"号填列）	14		
公允价值变动收益（损失以"－"号填列）	15		
信用减值损失（损失以"－"号填列）	16		
资产减值损失（损失以"－"号填列）	17		
资产处置收益（损失以"－"号填列）	18		
二、营业利润（亏损以"－"号填列）	19	6 500.00	6 500.00
加：营业外收入	20		
减：营业外支出	21		
三、利润总额（亏损总额以"－"号填列）	22	6 500.00	6 500.00
减：所得税费用	23		
四、净利润（净亏损以"－"号填列）	24	6 500.00	6 500.00
（一）持续经营净利润（净亏损以"－"号填列）	25		
（二）终止经营净利润（净亏损以"－"号填列）	26		
五、其他综合收益的税后净额	27		
（一）不能重分类进损益的其他综合收益	28		
1. 重新计量设定受益计划变动额	29		
2. 权益法下不能转损益的其他综合收益	30		
3. 其他权益工具投资公允价值变动	31		
4. 企业自身信用风险公允价值变动	32		
……			
（二）将重分类进损益的其他综合收益	33		
1. 权益法下可转损益的其他综合收益	34		
2. 其他债权投资公允价值变动	35		

(续表)

项　　目	行次	本月金额	本年累计金额
3. 金融资产重分类计入其他综合收益的金额	36		
4. 其他债权投资信用减值准备	37		
5. 现金流量套期储备	38		
6. 外币财务报表折算差额	39		
……			
六、综合收益总额	40		
七、每股收益：	41		
（一）基本每股收益	42		
（二）稀释每股收益	43		

三、操作步骤

操作步骤如下：

（1）修改"sheet8"工作表名为"利润表"，录入利润表表头信息并编制报表样式，如图 2-35 所示。

	A	B	C	D	E
1					
2		利　润　表			
3					
4					会企02表
5		编制单位：			单位：元
6		项　　目	行次	本月金额	本年金额
7		一、营业收入	1		
8		减：营业成本	2		
9		税金及附加	3		
10		销售费用	4		
11		管理费用	5		
12		研发费用	6		
13		财务费用	7		
14		其中：利息费用	8		
15		利息收入	9		

图 2-35　利润表表头信息

（2）利润表日期自动取自科目余额表，根据"科目余额表查询"的月份查找出本月月末日期。选择单元格 B3，录入公式"＝科目余额表查询！E3&"年"& 科目余额表查询！G3&"月""。

（3）参照表 2-9，录入报表公式。

表 2-9　利润表各项目公式

项　　目	行次	本月金额
一、营业收入	1	=IFERROR(VLOOKUP("主营业务收入",科目余额表!＄D:＄J,5,0),0)＋IFERROR(VLOOKUP("其他业务收入",科目余额表!＄D:＄J,5,0),0)
减：营业成本	2	=IFERROR(VLOOKUP("主营业务成本",科目余额表!＄D:＄J,4,0),0)＋IFERROR(VLOOKUP("其他业务成本",科目余额表!＄D:＄J,4,0),0)
税金及附加	3	=IFERROR(VLOOKUP("税金及附加",科目余额表!＄D:＄J,4,0),0)
销售费用	4	=IFERROR(VLOOKUP("销售费用",科目余额表!＄D:＄J,4,0),0)
管理费用	5	=IFERROR(VLOOKUP("管理费用",科目余额表!＄D:＄J,4,0),0)
研发费用	6	=IFERROR(VLOOKUP("研发支出",科目余额表!＄D:＄J,4,0),0)
财务费用	7	=D14－D15
其中：利息费用	8	—
利息收入	9	—
加：其他收益	10	—
投资收益（损失以"－"号填列）	11	=SUM(D18:D19)
其中：对联营企业和合营企业的投资收益	12	—
以摊余成本计量的金融资产终止确认收益（损失以"－"号填列）	13	—
净敞口套期收益（损失以"－"号填列）	14	=IFERROR(VLOOKUP("净敞口套期收益",科目余额表!＄D:＄J,5,0),0)
公允价值变动收益（损失以"－"号填列）	15	=IFERROR(VLOOKUP("公允价值变动收益",科目余额表!＄D:＄J,5,0),0)
信用减值损失（损失以"－"号填列）	16	=IFERROR(VLOOKUP("信用减值损失",科目余额表!＄D:＄J,5,0),0)
资产减值损失（损失以"－"号填列）	17	=IFERROR(VLOOKUP("资产减值损失",科目余额表!＄D:＄J,4,0),0)
资产处置收益（损失以"－"号填列）	18	=IFERROR(VLOOKUP("资产处置收益",科目余额表!＄D:＄J,5,0),0)

(续表)

项　　目	行次	本月金额
二、营业利润（亏损以"—"号填列）	19	＝D7－D8－D9－D10－D11－D12－D13－D16＋D17＋D20＋D21＋D22＋D23＋D24
加：营业外收入	20	＝IFERROR(VLOOKUP("营业外收入",科目余额表!＄D:＄J,5,0),0)
减：营业外支出	21	＝IFERROR(VLOOKUP("营业外支出",科目余额表!＄D:＄J,4,0),0)
三、利润总额（亏损总额以"—"号填列）	22	＝D25＋D26－D27
减：所得税费用	23	＝IFERROR(VLOOKUP("所得税费用",科目余额表!＄D:＄J,4,0),0)
四、净利润（净亏损以"—"号填列）	24	＝D28－D29

（4）每年1月份的"本年累计金额"，可以等于"本月金额"。

（5）新建一个"利润表"工作簿，将"会计账务处理"工作簿中的工作表"利润表"移动复制到"利润表"工作簿，将工作表"利润表"更名为"1月利润表"。

（6）将"本月金额"复制，并以数值形式（" 123 "）粘贴回原位。

（7）2～12月的"本年累计金额"则等于"本月金额"＋上月的"本年累计金额"。因此，我们将"会计账务处理"工作簿中生成的2月（或3～12月）"利润表"移动复制到"利润表"工作簿，将工作表"利润表"更名为"2月利润表"（或3～12月利润表）；同理，我们将"本月金额"复制，并以数值形式（" 123 "）粘贴回原位。

（8）"2月利润表"中的"本年累计金额"则等于"本月金额"＋"1月利润表"的"本年累计金额"。

（9）同理可设置其他月份。

活动2.2.5　现金流量表编制

一、知识要点

现金流量表是反映企业一定时期内（月、季、年）现金流入与流出及其平衡状况的动态报表。

现金流量表是以现金及现金等价物为基础编制的，综合反映企业在一定期间内的现金收入和现金支出情况的会计报表。它反映报告期内有多少现金来源，并用在何处；反映现金在流动中的增减变动情况，并以此说明资产、负债和所有者权益变动对现金的影响，从现金流量的角度来说明企业的财务状况。

现金流量表正表部分是以"现金流入－现金流出＝现金流量净额"为基础，采取多步式，分别经营活动、投资活动、筹资活动和汇率变动对现金的影响，分项来报告企业的现金流入量和流出量。

二、岗位任务

编制一份可引用前表数据自动生成的现金流量表,如表 2-10 所示。

表 2-10　　　　　　　　　　　　　现金流量表

会企 03 表

编制单位：　　　　　　　　20××年 1 月　　　　　　　　单位：元

项　　目	行次	本月金额	累计金额
一、经营活动产生的现金流量：			
销售商品、提供劳务收到的现金	1	22 600.00	22 600.00
收到的税费返还	2	—	—
收到其他与经营活动有关的现金	3	50.00	50.00
经营活动现金流入小计	4	22 650.00	22 650.00
购买商品、接受劳务支付的现金	5	13 560.00	13 560.00
支付给职工以及为职工支付的现金	6	16 500.00	16 500.00
支付的各项税费	7	—	—
支付其他与经营活动有关的现金	8	500.00	500.00
经营活动现金流出小计	9	30 560.00	30 560.00
经营活动产生的现金流量净额	10	−7 910.00	−7 910.00
二、投资活动产生的现金流量：			
收回投资所收到的现金	11	—	—
取得投资收益所收到的现金	12	—	—
处置固定资产、无形资产和其他长期资产所收回的现金净额	13	—	—
处置子公司及其他营业单位收到的现金净额	14	—	—
收到其他与投资活动有关的现金	15	—	—
投资活动现金流入小计	16	—	—
购建固定资产、无形资产和其他长期资产所支付的现金	17	12 000.00	12 000.00
投资支付的现金	18	—	—
支付的其他与投资活动有关的现金	19	—	—
投资活动现金流出小计	20	12 000.00	12 000.00

(续表)

项　　目	行次	本月金额	累计金额
投资活动产生的现金流量净额	21	－12 000.00	－12 000.00
三、筹资活动产生的现金流量：			
吸收投资收到的现金	22	—	—
借款收到的现金	23	—	—
收到的其他与筹资活动有关的现金	24	—	—
筹资活动现金流入小计	25	—	—
偿还债务所支付的现金	26	—	—
分配股利、利润或偿付利息所支付的现金	27	—	—
支付的其他与筹资活动有关的现金	28	—	—
筹资活动现金流出小计	29	—	—
筹资活动产生的现金流量净额	30	—	—
四、汇率变动对现金的影响额	31	—	—
五、现金及现金等价物净增加额	32	－19 910.00	－19 910.00
加：期初现金及现金等价物	33	511 554.00	511 554.00
六、期末现金及现金等价物	34	491 644.00	491 644.00

三、操作步骤

（1）修改"sheet9"工作表名为"现金流量表"，录入现金流量表表头信息并编制报表样式，如图2-36所示。

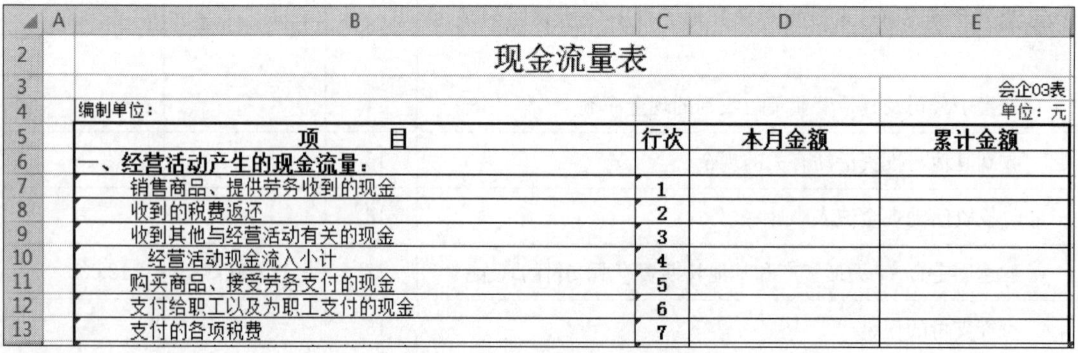

图 2-36　现金流量表表头信息

（2）在"记账凭证簿"中，选中第2列表头，通过"数据"选项卡上"筛选"功能进行自动筛选,将总账科目为"库存现金""银行存款""其他货币资金"的行筛选出,如图 2-37 所示。

凭证打印识别码	凭证号	年度	月	日	凭证类	凭证号	摘要	总账科目	明细科目	借方金额	贷方金额	附件张
20**1记11	20**1记1	20**	1	1						2,500.00		1
20**1记12	20**1记1	20**	1	1					交通银行		2,500.00	1
20**1记21	20**1记2	20**	1	2					A公司	22,600.00		3
20**1记22	20**1记2	20**	1	2					甲产品		20,000.00	3
20**1记23	20**1记2	20**	1	2					应交增值税——销项税额		2,600.00	3
20**1记31	20**1记3	20**	1	5					B材料	12,000.00		4
20**1记32	20**1记3	20**	1	5					应交增值税——进项税额	1,560.00		4
20**1记33	20**1记3	20**	1	5					交通银行		13,560.00	4
20**1记41	20**1记4	20**	1	10					办公费	500.00		2
20**1记42	20**1记4	20**	1	10							500.00	2
20**1记51	20**1记5	20**	1	12					A公司		22,600.00	1
20**1记52	20**1记5	20**	1	12					交通银行	22,600.00		1
20**1记61	20**1记6	20**	1	15					工资	16,500.00		2
20**1记62	20**1记6	20**	1	15					交通银行		16,500.00	2
20**1记71	20**1记7	20**	1	18						12,000.00		5
20**1记72	20**1记7	20**	1	18					交通银行		12,000.00	5
20**1记81	20**1记8	20**	1	22					利息收入		50.00	1
20**1记82	20**1记8	20**	1	22					交通银行	50.00		1

图 2-37 总账科目数据筛选设置

(3) 在单元格 O2 录入"现金流量选项"字样后,对 O 列设置数据有效性,数据来源为现金流量表项目(即现金流量表 B 列),如图 2-38 所示。

图 2-38 现金流量选项的数据有效性设定

(4) 分析业务的性质,选择填入现金流量项目完成底稿,如图 2-39 所示。

图 2-39 现金流量表编制底稿

(5) 现金流量表日期自动取自科目余额表,根据"科目余额表查询"的月份查找出本月月末日期。选择单元格 B3,录入公式"=科目余额表查询!E3&"年"&科目余额表查询!G3&"月""。

(6) 参照表 2-11,在"现金流量表"工作表中录入公式。

表 2-11　　　　　　　　　　　　现金流量表公式

项　目	行次	本月金额
一、经营活动产生的现金流量:		
销售商品、提供劳务收到的现金	1	=SUMIFS(记账凭证簿!＄L:＄L,记账凭证簿!＄O:＄O,B7,记账凭证簿!＄E:＄E,科目余额表!＄G＄3)
收到的税费返还	2	=SUMIFS(记账凭证簿!＄L:＄L,记账凭证簿!＄O:＄O,B8,记账凭证簿!＄E:＄E,科目余额表!＄G＄3)
收到其他与经营活动有关的现金	3	=SUMIFS(记账凭证簿!＄L:＄L,记账凭证簿!＄O:＄O,B9,记账凭证簿!＄E:＄E,科目余额表!＄G＄3)
经营活动现金流入小计	4	=SUM(D7:D9)
购买商品、接受劳务支付的现金	5	=SUMIFS(记账凭证簿!＄M:＄M,记账凭证簿!＄O:＄O,B11,记账凭证簿!＄E:＄E,科目余额表!＄G＄3)
支付给职工以及为职工支付的现金	6	=SUMIFS(记账凭证簿!＄M:＄M,记账凭证簿!＄O:＄O,B12,记账凭证簿!＄E:＄E,科目余额表!＄G＄3)
支付的各项税费	7	=SUMIFS(记账凭证簿!＄M:＄M,记账凭证簿!＄O:＄O,B13,记账凭证簿!＄E:＄E,科目余额表!＄G＄3)
支付其他与经营活动有关的现金	8	=SUMIFS(记账凭证簿!＄M:＄M,记账凭证簿!＄O:＄O,B14,记账凭证簿!＄E:＄E,科目余额表!＄G＄3)
经营活动现金流出小计	9	=SUM(D11:D14)
经营活动产生的现金流量净额	10	=D10－D15
二、投资活动产生的现金流量:		
收回投资所收到的现金	11	=SUMIFS(记账凭证簿!＄L:＄L,记账凭证簿!＄O:＄O,B18,记账凭证簿!＄E:＄E,科目余额表!＄G＄3)
取得投资收益所收到的现金	12	=SUMIFS(记账凭证簿!＄L:＄L,记账凭证簿!＄O:＄O,B19,记账凭证簿!＄E:＄E,科目余额表!＄G＄3)

(续表)

项　　目	行次	本月金额
处置固定资产、无形资产和其他长期资产收回的现金净额	13	=SUMIFS(记账凭证簿！$L:$L,记账凭证簿！$O:$O,B20,记账凭证簿！$E:$E,科目余额表！$G$3)
处置子公司及其他营业单位收到的现金净额	14	=SUMIFS(记账凭证簿！$L:$L,记账凭证簿！$O:$O,B21,记账凭证簿！$E:$E,科目余额表！$G$3)
收到其他与投资活动有关的现金	15	=SUMIFS(记账凭证簿！$L:$L,记账凭证簿！$O:$O,B22,记账凭证簿！$E:$E,科目余额表！$G$3)
投资活动现金流入小计	16	=SUM(D18:D22)
购建固定资产、无形资产和其他长期资产所支付的现金	17	=SUMIFS(记账凭证簿！$M:$M,记账凭证簿！$O:$O,B24,记账凭证簿！$E:$E,科目余额表！$G$3)
投资所支付的现金	18	=SUMIFS(记账凭证簿！$M:$M,记账凭证簿！$O:$O,B25,记账凭证簿！$E:$E,科目余额表！$G$3)
支付其他与投资活动有关的现金	19	=SUMIFS(记账凭证簿！$M:$M,记账凭证簿！$O:$O,B26,记账凭证簿！$E:$E,科目余额表！$G$3)
投资活动现金流出小计	20	=SUM(D24:D26)
投资活动产生的现金流量净额	21	=D23－D27
三、筹资活动产生的现金流量：		
吸收投资所收到的现金	22	=SUMIFS(记账凭证簿！$L:$L,记账凭证簿！$O:$O,B30,记账凭证簿！$E:$E,科目余额表！$G$3)
借款所收到的现金	23	=SUMIFS(记账凭证簿！$L:$L,记账凭证簿！$O:$O,B31,记账凭证簿！$E:$E,科目余额表！$G$3)
收到其他与筹资活动有关的现金	24	=SUMIFS(记账凭证簿！$L:$L,记账凭证簿！$O:$O,B32,记账凭证簿！$E:$E,科目余额表！$G$3)
筹资活动现金流入小计	25	=SUM(D30:D32)
偿还债务所支付的现金	26	=SUMIFS(记账凭证簿！$M:$M,记账凭证簿！$O:$O,B34,记账凭证簿！$E:$E,科目余额表！$G$3)
分配股利、利润或偿付利息所支付的现金	27	=SUMIFS(记账凭证簿！$M:$M,记账凭证簿！$O:$O,B35,记账凭证簿！$E:$E,科目余额表！$G$3)
支付的其他与筹资活动有关的现金	28	=SUMIFS(记账凭证簿！$M:$M,记账凭证簿！$O:$O,B36,记账凭证簿！$E:$E,科目余额表！$G$3)
筹资活动现金流出小计	29	=SUM(D34:D36)
筹资活动产生的现金流量净额	30	=D33－D37
四、汇率变动对现金的影响额	31	=SUMIFS(记账凭证簿！$L:$L,记账凭证簿！$O:$O,B39,记账凭证簿！$E:$E,科目余额表！$G$3)
五、现金及现金等价物净增加额	32	=D16+D28+D38+D39
加：期初现金及现金等价物	33	=资产负债表！D7
六、期末现金及现金等价物	34	=D40+D41

（7）建立"现金流量表"工作簿,参照"利润表"的步骤（4）～（8）,将"会计账务处理"工作簿中"现金流量表"工作表移动复制到"现金流量表"工作簿中,并设置"累计金额"公式。

模块测试

参考答案

表 2-12 列示了某企业会计人员根据该企业 202×年所发生的部分经济业务编制的会计分录。

表 2-12 会计分录

年度	月	日	凭证类型	凭证号码	摘要	总账科目	明细科目	借方金额	贷方金额	附件张数
202×	1	1	记	1	提现	库存现金		2 000.00		1
202×	1	1	记	1	提现	银行存款	中国银行		2 000.00	1
202×	1	2	记	2	收款	银行存款	工商银行	10 000.00		2
202×	1	2	记	2	收款	应收账款	广西广达		10 000.00	2
202×	1	3	记	3	购料	原材料	PP1 电子配件	20 000.00		3
202×	1	3	记	3	购料	应交税费	应交增值税——进项税额	2 600.00		3
202×	1	3	记	3	购料	银行存款	工商银行		22 600.00	3
202×	1	3	记	4	购固定资产	固定资产		10 000.00		3
202×	1	3	记	4	购固定资产	银行存款	建设银行		10 000.00	3
202×	1	10	记	5	支付工资	应付职工薪酬	工资	18 000.00		2
202×	1	10	记	5	支付工资	银行存款	工商银行		17 500.00	2
202×	1	10	记	5	支付工资	应交税费	应交个人所得税		500.00	2
202×	1	15	记	6	收到存款利息	银行存款	工商银行	100.00		1
202×	1	15	记	6	收到存款利息	财务费用			100.00	1
202×	1	20	记	7	产品促销费	销售费用		2 000.00		1
202×	1	20	记	7	产品促销费	库存现金			2 000.00	1
202×	1	23	记	8	销售	应收账款	广西万联	700 000.00		2
202×	1	23	记	8	销售	主营业务收入	Z230-5 烤箱		619 469.03	2
202×	1	23	记	8	销售	应交税费	应交增值税——销项税额		80 530.97	2
202×	1	31	记	9	结转销售成本	主营业务成本	Z230-5 烤箱	500 000.00		1
202×	1	31	记	9	结转销售成本	库存商品	Z230-5 烤箱		500 000.00	1
202×	1	31	记	10	结转增值税	应交税费	应交增值税——转出增值税	77 930.97		1

(续表)

年度	月	日	凭证类型	凭证号码	摘要	总账科目	明细科目	借方金额	贷方金额	附件张数
202×	1	31	记	10	结转增值税	应交税费	未交增值税		77 930.97	1
202×	1	31	记	11	结转期间损益	主营业务收入	Z230-5 烤箱	619 469.03		0
202×	1	31	记	11	结转期间损益	财务费用		100.00		0
202×	1	31	记	11	结转期间损益	主营业务成本	Z230-5 烤箱		500 000.00	0
202×	1	31	记	11	结转期间损益	销售费用			2 000.00	0
202×	1	31	记	11	结转期间损益	本年利润			117 569.03	0
202×	1	31	记	12	结转本年利润	本年利润		117 569.03		0
202×	1	31	记	12	结转本年利润	利润分配	未分配利润		117 569.03	0
202×	2	1	记	1	购办公用品	管理费用	办公费	1 000.00		1
202×	2	1	记	1	购办公用品	库存现金			1 000.00	1
202×	2	5	记	2	销售	应收账款	广西广达	500 000.00		2
202×	2	5	记	2	销售	主营业务收入	Z350-8 烤箱		442 477.88	2
202×	2	5	记	2	销售	应交税费	应交增值税——销项税额		57 522.12	2
202×	2	10	记	3	收款	银行存款	工商银行	700 000.00		3
202×	2	10	记	3	收款	应收账款	广西万联		700 000.00	3
202×	2	13	记	4	报销差旅费	管理费用	差旅费	5 000.00		2
202×	2	13	记	4	报销差旅费	库存现金			5 000.00	2

要求：将表 2-12 中列示的业务录入"记账凭证簿"，检验你所编制的"会计账务处理"的工作簿，看其是否能自动生成"科目余额表"和相关会计报表。

模块 3

工资薪酬管理(上)

[考核目标]
1. 认知单位职工每月的各项薪酬包含内容。
2. 认知运用 Excel 表格功能,编制各类薪酬表格。
3. 认知综合运用 Excel 表格进行薪酬管理提高工作效率。

[实践目标]
1. 掌握运用 Excel 表格进行薪酬管理系统工作簿的制作。
2. 掌握 Excel 数据清单的制作、有关函数的应用等基本操作方法。

[思政目标]
1. 培育学生求真务实、实践创新、精益求精的工匠精神。
2. 引导学生形成诚实守信、踏实严谨的工作作风。
3. 培养学生耐心专注、吃苦耐劳、追求卓越的优秀品质。

[知识点思维导图]

```
                                      ┌─ 职工基本情况表的编制
                                      ├─ 职工基本工资表的编制
                    ┌─ 各项工资薪酬表格的编制 ┼─ 职工福利表的编制
                    │                 ├─ 职工考勤记录表的编制
工资薪酬管理(上) ─┤                 └─ 职工业绩考核表的编制
                    ├─ 工资薪酬结算单的编制
                    └─ 工资薪酬汇总图表的编制 ┬─ 工资薪酬汇总表的编制
                                             └─ 工资薪酬汇总图的编制
```

任务 3.1 各项工资薪酬表格的编制

活动 3.1.1 职工基本情况表的编制

一、知识要点

职工基本情况表是企业基本信息的汇总。其包括的项目有员工编号、姓名、性别、所属部门、人员类别、参加工作时间、联系电话、工资卡银行账号等。

二、岗位任务

建立一张职工基本情况表。要求：格式、数据与表 3-1 一致。

表 3-1　　　　　　　　　　职工基本情况一览表

员工编号	姓名	性别	部门	人员类别	入职时间	银行账号	联系电话	备注
1	曾小英	男	行政部	行政人员	2000/9/7	6212262100001678261		
2	岑丹丹	男	生产1部	生产人员	2000/9/7	6212262100001678287		
3	闭慧芳	女	生产2部	生产人员	2000/9/7	6212262100001678283		
4	邓丽娟	女	销售部	销售人员	2001/9/6	6212262100001678270		
5	何玲玲	男	生产3部	生产人员	2008/9/1	6212262100001678285		
6	何莎	男	生产2部	生产人员	2008/9/1	6212262100001678288		
7	何雪丽	女	行政部	行政人员	2008/9/1	6212262100001678266		
8	黄芳萍	女	行政部	行政人员	2008/9/1	6212262100001678262		
9	黄秋莹	男	生产1部	生产人员	2002/9/10	6212262100001678286		
10	黄焱	男	生产2部	生产人员	2002/9/10	6212262100001678282		
11	黄玉玲	男	生产1部	生产人员	2002/9/10	6212262100001678280		
12	李金娥	男	生产3部	生产人员	2002/9/10	6212262100001678284		
13	李思熠	女	市场部	采购人员	2002/9/10	6212262100001678276		
14	林小群	男	生产2部	生产人员	2003/8/30	6212262100001678281		
15	凌恒	男	销售部	销售人员	2003/8/30	6212262100001678273		
16	凌玉梅	男	销售部	销售人员	2003/8/30	6212262100001678274		
17	刘珊凤	女	财务室	行政人员	2003/8/30	6212262100001678263		
18	刘艺恒	男	销售部	销售人员	2003/8/30	6212262100001678272		
19	陆兰清	男	财务室	行政人员	2003/8/30	6212262100001678265		
20	陆晓景	男	财务室	行政人员	2003/8/30	6212262100001678264		
21	马旋旋	女	市场部	采购人员	2009/8/28	6212262100001678277		
22	莫小园	男	生产3部	生产人员	2009/8/28	6212262100001678290		
23	倪明艳	男	销售部	销售人员	2009/8/28	6212262100001678275		
24	潘春妮	女	生产1部	生产人员	2009/8/28	6212262100001678289		
25	涂婕	男	市场部	采购人员	2009/8/28	6212262100001678279		
26	王笑	男	市场部	采购人员	2009/8/28	6212262100001678267		
27	韦露婷	女	生产2部	生产人员	2009/8/28	6212262100001678268		
28	韦巧	男	市场部	采购人员	2006/7/1	6212262100001678278		
29	谢小琼	男	销售部	管理人员	2010/9/1	6212262100001678269		
30	赵秋连	男	销售部	销售人员	2013/9/7	6212262100001678271		

三、操作步骤

操作步骤如下：

（1）新建一个新的工作簿，双击工作簿左下角的工作表的名称"sheet1"，将其更改为"职工基本情况表"，如图3-1所示。

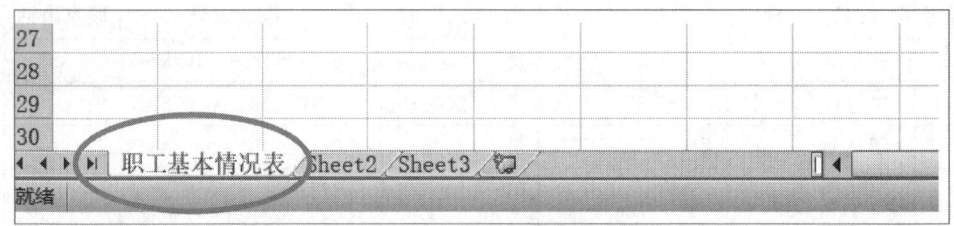

图 3-1　工作表名称

（2）单击单元格 A1，输入职工基本情况表的标题"职工基本情况一览表"。选择单元格区域 A1:I1，在"开始"选项卡上单击"对齐方式"中的"合并居中"按钮（" "图标）。

（3）在"开始"选项卡上，单击"字体"组旁的"字体设置"按钮（" "图标）。在弹出的对话窗口中选择"字体"为黑体，"字形"为加粗，"字号"为 20，"下划线"为双下划线，如图 3-2 所示。

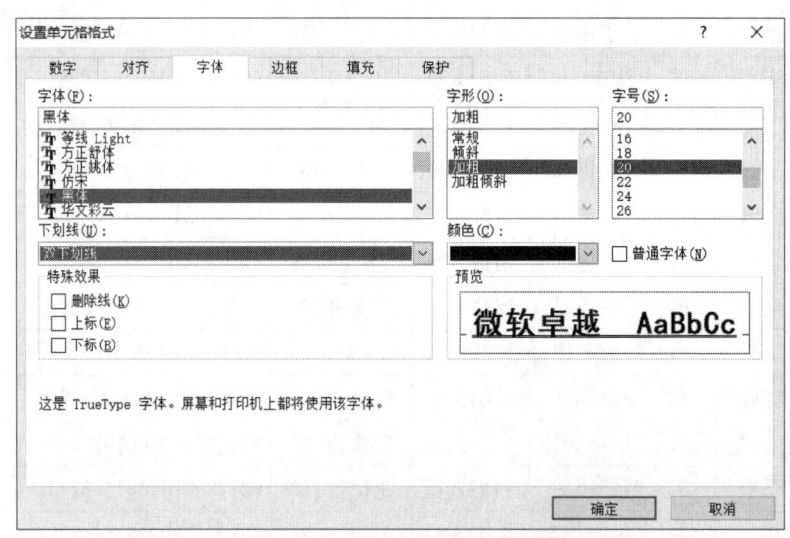

图 3-2　"设置单元格格式"对话框

（4）单击"确定"按钮，设置后效果，如图 3-3 所示。

（5）根据背景资料输入"员工编号""姓名""性别""部门"等表格项目信息，如图 3-4 所示。

（6）选择单元格区域 A2:I32，在"开始"选项卡"单元格"组中单击"格式"按钮（" "图标），选择"设置单元格格式"，在弹出的对话框中选择"边框"选项卡，单击"外边框""内部"选项，再单击"确定"按钮，如图 3-5 和图 3-6 所示。

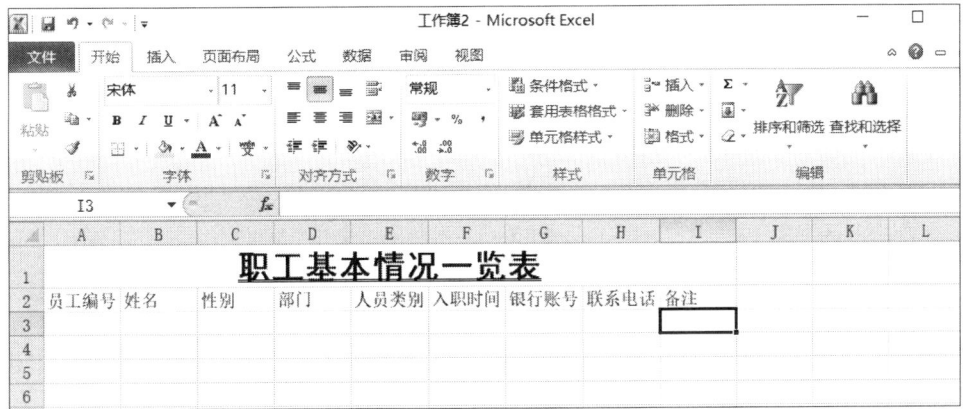

图 3-3 表头样式

图 3-4 职工基本情况项目

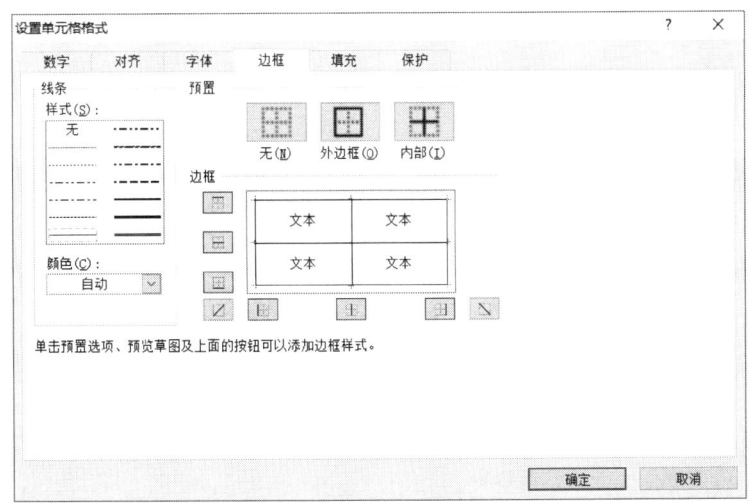

图 3-5 设置单元格格式对话框

（7）单击菜单栏里"文件"选项卡，点击"选项"，如图 3-7 所示。

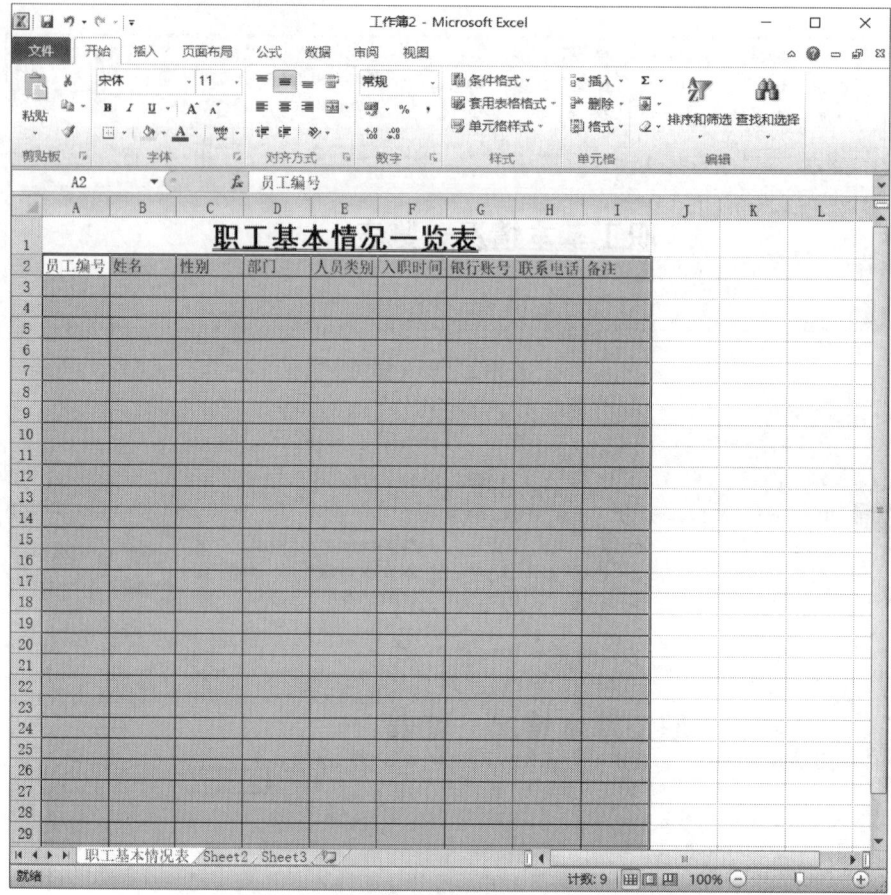

图 3-6 职工基本情况一览表

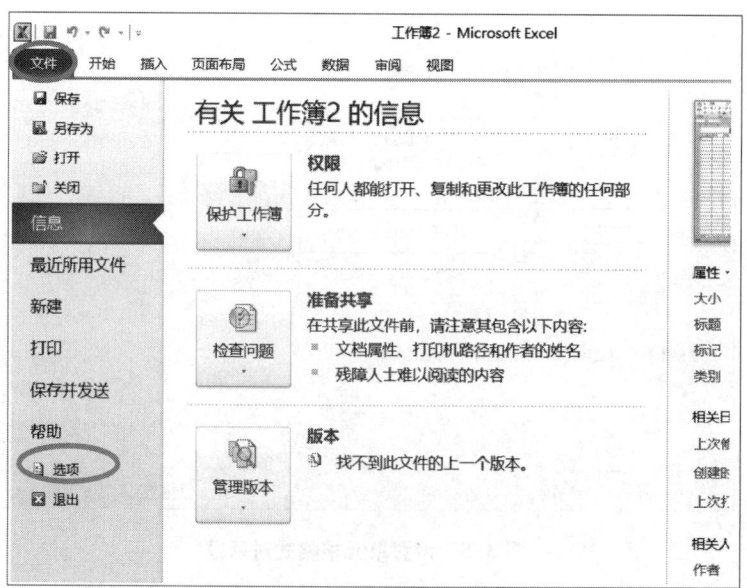

图 3-7 选项的位置

弹出的"Excel 选项"对话框中,选择"自定义功能区",在"常用命令"下拉菜单中选择"不在功能区中的命令",找到"记录单";在"主选项卡"下"开始"中"新建组",将"记录单"添加即可,如图 3-8 和图 3-9 所示。

图 3-8　使用自定义功能区添加"记录单"功能

图 3-9　记录单所在位置

(8) 选择单元格区域 A2:I3,单击"开始"选项卡中的"记录单",系统弹出"职工基本情况表"对话窗口;逐个录入各员工的信息。录入完成一名员工信息后,点击"新建"按钮,即可接着

录入下一名员工的信息,以此类推,如图 3-10 所示。(在不使用"记录单"功能时,可直接在表格中录入员工信息)

图 3-10 职工基本情况表的记录单

活动 3.1.2 职工基本工资表的编制

一、知识要点

职工基本工资表是用来记录职工的工资构成和数据的表格。其包括的项目有员工编号、姓名、部门、人员类别、基本工资、岗位津贴、合计等。

二、岗位任务

根据表 3-2 建立职工基本工资表。要求:表内"合计"栏数据为自动生成。

表 3-2　　　　　　　　　　　职工基本工资表　　　　　　　　　　　单位:元

员工编号	姓名	部门	人员类别	基本工资	岗位津贴	合计
1	曾小英	行政部	行政人员	3 000	1 500	4 500
2	岑丹丹	生产1部	生产人员	2 500	800	3 300
3	闭慧芳	生产2部	生产人员	1 500	800	2 300

(续表)

员工编号	姓名	部门	人员类别	基本工资	岗位津贴	合计
4	邓丽娟	销售部	销售人员	2 500	800	3 300
5	何玲玲	生产3部	生产人员	2 500	800	3 300
6	何 莎	生产2部	生产人员	3 000	800	3 800
7	何雪丽	行政部	行政人员	3 000	800	3 800
8	黄芳萍	行政部	行政人员	2 500	800	3 300
9	黄秋莹	生产1部	生产人员	2 500	800	3 300
10	黄 焱	生产2部	生产人员	2 500	800	3 300
11	黄玉玲	生产1部	生产人员	2 500	800	3 300
12	李金娥	生产3部	生产人员	2 000	800	2 800
13	李思熠	市场部	采购人员	2 500	800	3 300
14	林小群	生产2部	生产人员	1 500	800	2 300
15	凌 恒	销售部	销售人员	1 500	800	2 300
16	凌玉梅	销售部	销售人员	3 000	1 000	4 000
17	刘珊凤	财务室	行政人员	1 500	800	2 300
18	刘艺恒	销售部	销售人员	3 000	800	3 800
19	陆兰清	财务室	行政人员	3 000	800	3 800
20	陆晓景	财务室	行政人员	2 000	800	2 800
21	马旋旋	市场部	采购人员	2 500	800	3 300
22	莫小园	生产3部	生产人员	1 500	800	2 300
23	倪明艳	销售部	销售人员	2 500	800	3 300
24	潘春妮	生产1部	生产人员	2 000	800	2 800
25	涂 婕	市场部	采购人员	3 000	1 000	4 000
26	王 笑	市场部	市场人员	3 000	1 000	4 000
27	韦露婷	生产2部	生产人员	2 000	800	2 800
28	韦 巧	市场部	采购人员	3 000	1 000	4 000
29	谢小琼	销售部	管理人员	1 500	800	2 300
30	赵秋连	销售部	销售人员	1 500	800	2 300

三、操作步骤

操作步骤如下：

（1）新建一张"职工基本工资表"。其设置与"活动3.1.1 职工基本情况表的编制"相似，在此不赘述，如图3-11所示。

图 3-11 职工基本工资空表

（2）表格内前两列"员工编号""姓名"与"职工基本情况表"内的前两列相同，因此可使用公式直接录入。点击单元格 A3，在公式编辑栏（" fx "图标）处输入公式"＝职工基本情况表! A3"。

（3）利用 Excel 的自动填充功能，点击单元格 A3，将鼠标放置在单元格右下角，当出现实心十字时，单击鼠标左键，向下拖动至单元格 B32，保持选中状态，点击单元格 A32 的填充柄向右拖至单元格 B32 进行填充，则单元格区域 A3:B32 自动显示数据。

（4）表格内"部门""人员类别"这两列与"职工基本情况表"内的 D、E 两列相同，因此可使用公式直接录入。点击单元格 C3，在公式编辑栏（" fx "图标）处输入公式"＝职工基本情况表! D3"。

（5）利用 Excel 的自动填充功能，点击单元格 C3，将鼠标设置在单元格右下角，当出现实心十字时，单击鼠标左键，向下拖动至单元格 C32，保持选中状态，点击单元格 C32 的填充柄向右拖至单元格 D32 进行填充，则单元格区域 C3:D32 自动显示数据。如图 3-12 所示。

图 3-12 职工基本工资表

(6) 根据背景资料输入各项工资数据。

(7) 单击单元格 G3，点击菜单栏里的自动求和按钮"Σ"，选择单元格区域 E3:F3，即可得出"合计"列数据，如图 3-13 所示。或者，在单元格 G3 的公式编辑栏内输入公式"＝SUM(E3:F3)"，单击回车键，也可得出同样的结果，如图 3-14 所示。

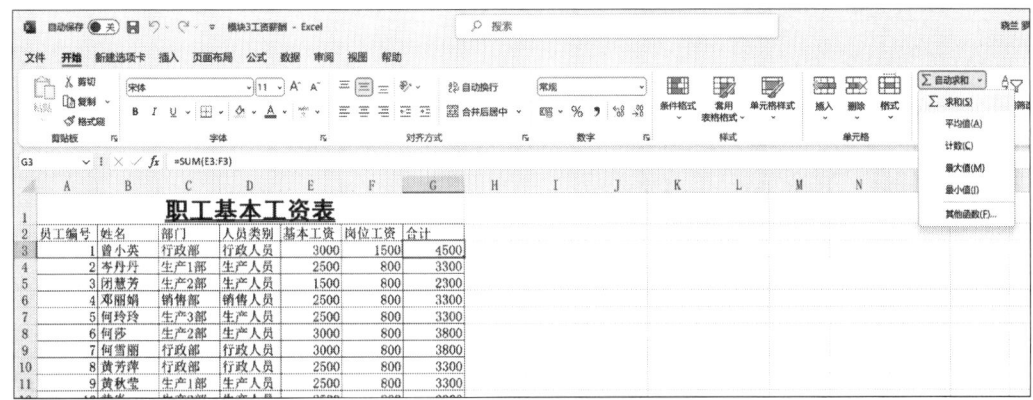

图 3-13 求和按键

	A	B	C	D	E	F	G	H	I	J
1				职工基本工资表						
2	员工编号	姓名	部门	人员类别	基本工资	岗位工资	合计			
3	1	曾小英	行政部	行政人员	3000	1500	=SUM(E3:F3)			
4	2	岑丹丹	生产1部	生产人员	2500	800	SUM(**number1**, [number2], …)			
5	3	闭慧芳	生产2部	生产人员	1500	800				

图 3-14　求和公式

（8）利用 Excel 的自动填充功能，计算其他职工的工资合计数，如图 3-15 所示。

	A	B	C	D	E	F	G	H	I
1				职工基本工资表					
2	员工编号	姓名	部门	人员类别	基本工资	岗位工资	合计		
3	1	曾小英	行政部	行政人员	3000	1500	4500		
4	2	岑丹丹	生产1部	生产人员	2500	800	3300		
5	3	闭慧芳	生产2部	生产人员	1500	800	2300		
6	4	邓丽娟	销售部	销售人员	2500	800	3300		
7	5	何玲玲	生产3部	生产人员	2500	800	3300		
8	6	何莎	生产2部	生产人员	3000	800	3800		
9	7	何雪丽	行政部	行政人员	3000	800	3800		
10	8	黄芳萍	行政部	行政人员	2500	800	3300		
11	9	黄秋莹	生产1部	生产人员	2500	800	3300		
12	10	黄焱	生产2部	生产人员	2500	800	3300		
13	11	黄玉玲	生产1部	生产人员	2500	800	3300		
14	12	李金娥	生产3部	生产人员	2000	800	2800		
15	13	李思熠	市场部	采购人员	2500	800	3300		
16	14	林小群	生产2部	生产人员	1500	800	2300		
17	15	凌恒	销售部	销售人员	1500	800	2300		
18	16	凌玉梅	销售部	销售人员	3000	1000	4000		
19	17	刘珊凤	财务室	行政人员	1500	800	2300		
20	18	刘艺恒	销售部	销售人员	3000	800	3800		
21	19	陆兰清	财务室	行政人员	3000	800	3800		
22	20	陆晓景	财务室	行政人员	2000	800	2800		
23	21	马旋旋	市场部	采购人员	2500	800	3300		
24	22	莫小园	生产3部	生产人员	1500	800	2300		
25	23	倪明艳	销售部	销售人员	2500	800	3300		
26	24	潘春妮	生产1部	生产人员	2000	800	2800		
27	25	涂婕	市场部	采购人员	3000	1000	4000		
28	26	王笑	市场部	采购人员	3000	1000	4000		
29	27	韦露婷	生产2部	生产人员	2000	800	2800		
30	28	韦巧	市场部	采购人员	3000	1000	4000		
31	29	谢小琼	销售部	销售人员	1500	800	2300		
32	30	赵秋连	销售部	销售人员	1500	800	2300		

图 3-15　完整职工基本工资表

活动 3.1.3　职工福利表的编制

一、知识要点

职工福利表是用来记录各个职工的基本福利的表格。除了包括职工基本情况，还有生活补贴、住房补贴、合计等。企业可根据自身情况增减各项福利。

二、岗位任务

根据表 3-3 新建一张职工福利表。要求：表内"合计"栏数据为自动生成。

表 3-3　　　　　　　　　　　　　　　职工福利表　　　　　　　　　　　　　单位：元

员工编号	姓名	部门	人员类别	生活补贴	住房补贴	合计
1	曾小英	行政部	行政人员	650	900	1 550
2	岑丹丹	生产 1 部	生产人员	450	600	1 050
3	闭慧芳	生产 2 部	生产人员	450	600	1 050
4	邓丽娟	销售部	销售人员	450	600	1 050
5	何玲玲	生产 3 部	生产人员	450	600	1 050
6	何 莎	生产 2 部	生产人员	450	600	1 050
7	何雪丽	行政部	行政人员	550	800	1 350
8	黄芳萍	行政部	行政人员	550	800	1 350
9	黄秋莹	生产 1 部	生产人员	450	600	1 050
10	黄 焱	生产 2 部	生产人员	450	600	1 050
11	黄玉玲	生产 1 部	生产人员	450	600	1 050
12	李金娥	生产 3 部	生产人员	450	600	1 050
13	李思熠	市场部	采购人员	450	600	1 050
14	林小群	生产 2 部	生产人员	450	600	1 050
15	凌 恒	销售部	销售人员	450	600	1 050
16	凌玉梅	销售部	销售人员	450	600	1 050
17	刘珊凤	财务室	行政人员	550	800	1 350
18	刘艺恒	销售部	销售人员	450	600	1 050
19	陆兰清	财务室	行政人员	550	800	1 350
20	陆晓景	财务室	行政人员	550	800	1 350
21	马旋旋	市场部	采购人员	450	600	1 050
22	莫小园	生产 3 部	生产人员	450	600	1 050
23	倪明艳	销售部	销售人员	450	600	1 050

（续表）

员工编号	姓名	部门	人员类别	生活补贴	住房补贴	合计
24	潘春妮	生产1部	生产人员	450	600	1 050
25	涂 婕	市场部	采购人员	450	600	1 050
26	王 笑	市场部	采购人员	550	800	1 350
27	韦露婷	生产2部	生产人员	550	800	1 350
28	韦 巧	市场部	采购人员	450	600	1 050
29	谢小琼	销售部	管理人员	550	800	1 350
30	赵秋连	销售部	销售人员	450	600	1 050

三、操作步骤

操作步骤如下：

（1）新建一张"职工福利表"，格式与"职工基本情况表"大体相同，在此不赘述，如图3-16所示。

图3-16 职工福利空表

（2）根据背景资料录入各职工各项基本福利费用，并求和，方法同"职工基本工资表"，在此不赘述，如图 3-17 所示。

图 3-17 职工福利表

活动 3.1.4 职工考勤记录表的编制

一、知识要点

职工考勤记录表是用来记录各个职工平时的出勤情况，根据每个人的出勤情况计算应扣发的工资数的表格。

二、岗位任务

根据表 3-4 建立一张职工考勤记录表。要求："病假扣款金额""事假扣款金额""请假扣款小计"列的数据均为自动生成。

表 3-4　　　　　　　　　　　职工考勤记录表　　　　　　　　　金额单位：元

员工编号	姓名	部门	人员类别	病假天数(天)	病假扣款金额	事假天数	事假扣款金额	请假扣款小计
1	曾小英	行政部	行政人员		0		0	0
2	岑丹丹	生产1部	生产人员		0		0	0
3	闭慧芳	生产2部	生产人员		0		0	0
4	邓丽娟	销售部	销售人员		0		0	0
5	何玲玲	生产3部	生产人员		0	1	100	100
6	何 莎	生产2部	生产人员	5	50		0	50
7	何雪丽	行政部	行政人员	1	10		0	10
8	黄芳萍	行政部	行政人员		0		0	0
9	黄秋莹	生产1部	生产人员		0		0	0
10	黄 焱	生产2部	生产人员		0		0	0
11	黄玉玲	生产1部	生产人员		0		0	0
12	李金娥	生产3部	生产人员		0	1	100	100
13	李思熠	市场部	采购人员		0		0	0
14	林小群	生产2部	生产人员		0		0	0
15	凌 恒	销售部	销售人员		0		0	0
16	凌玉梅	销售部	销售人员		0	1	100	100
17	刘珊凤	财务室	行政人员		0		0	0
18	刘艺恒	销售部	销售人员	2	20		0	20
19	陆兰清	财务室	行政人员		0		0	0
20	陆晓景	财务室	行政人员	1	10		0	10
21	马旋旋	市场部	采购人员	2	20		0	20
22	莫小园	生产3部	生产人员		0		0	0
23	倪明艳	销售部	销售人员		0		0	0
24	潘春妮	生产1部	生产人员		0		0	0
25	涂 婕	市场部	采购人员		0		0	0
26	王 笑	市场部	采购人员		0	1	100	100
27	韦露婷	生产2部	生产人员		0		0	0
28	韦 巧	市场部	采购人员		0		0	0
29	谢小琼	销售部	管理人员		0		0	0
30	赵秋连	销售部	销售人员		0		0	0

三、操作步骤

操作步骤如下：

（1）新建一张"职工考勤记录表"，格式与"职工基本情况表"大体相同，在此不赘述，如图 3-18 所示。

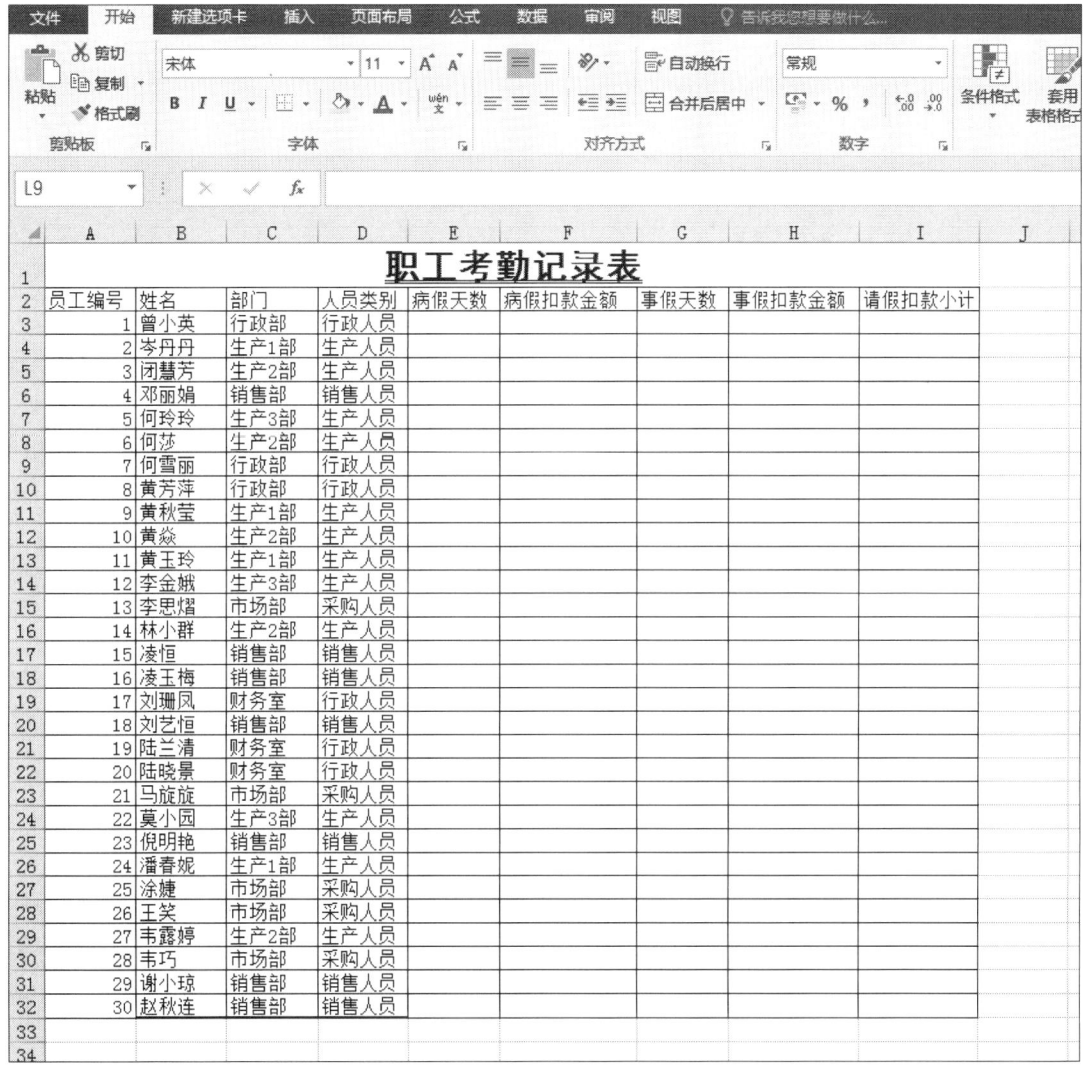

图 3-18　职工考勤记录空表

（2）根据背景资料输入职工请假天数。

（3）单击 F3 单元格，在公式编辑栏内输入公式"＝E3＊100＊0.1"（该公司规定病假只扣除日工资 100 元的 10%）；单击单元格 H3，在公式编辑栏内输入公式"＝G3＊100"；单击单元格 I3，在公式编辑栏内输入公式"＝F3＋H3"，单元格 I3 内会自动显示合计数据。

（4）利用 Excel 的自动填充功能，计算其他职工扣款合计，如图 3-19 所示。

员工编号	姓名	部门	人员类别	病假天数	病假扣款金额	事假天数	事假扣款金额	请假扣款小计
					职工考勤记录表			
1	曾小英	行政部	行政人员				0	0
2	岑丹丹	生产1部	生产人员				0	0
3	闭慧芳	生产2部	生产人员				0	0
4	邓丽娟	销售部	销售人员				0	0
5	何玲玲	生产3部	生产人员		0	1	100	100
6	何莎	生产2部	生产人员	5	50		0	50
7	何雪丽	行政部	行政人员	1	10		0	10
8	黄芳萍	行政部	行政人员				0	0
9	黄秋莹	生产1部	生产人员				0	0
10	黄焱	生产2部	生产人员				0	0
11	黄玉玲	生产1部	生产人员				0	0
12	李金娥	生产3部	生产人员		0	1	100	100
13	李思熠	市场部	采购人员				0	0
14	林小群	生产2部	生产人员				0	0
15	凌恒	销售部	销售人员				0	0
16	凌玉梅	销售部	销售人员		0	1	100	100
17	刘珊凤	财务室	行政人员				0	0
18	刘艺恒	销售部	销售人员	2	20		0	20
19	陆兰清	财务室	行政人员				0	0
20	陆晓景	财务室	行政人员	1	10		0	10
21	马旋旋	市场部	采购人员	2	20		0	20
22	莫小园	生产3部	生产人员				0	0
23	倪明艳	销售部	销售人员				0	0
24	潘春妮	生产1部	生产人员				0	0
25	徐婕	市场部	采购人员				0	0
26	王笑	市场部	采购人员		0	1	100	100
27	韦露婷	生产2部	生产人员				0	0
28	韦巧	市场部	采购人员				0	0
29	谢小琼	销售部	销售人员				0	0
30	赵秋连	销售部	销售人员		0		0	0

图 3-19 职工考勤记录表

活动 3.1.5 职工业绩考核表的编制

一、知识要点

职工业绩考核表是用来统计职工业绩表现的数据以及应获得的业绩奖金的记录。其包括的项目有员工编号、姓名、部门、人员类别、生产业绩、销售业绩、业绩奖励合计等。

二、岗位任务

根据表 3-5 建立一张职工业绩考核表。要求:"业绩奖励合计"栏数据为自动生成。

表 3-5　　　　　　　　　　　　职工业绩考核表　　　　　　　　　　　　单位:元

员工编号	姓名	部门	人员类别	生产业绩	销售业绩	业绩奖励合计
1	曾小英	行政部	行政人员			
2	岑丹丹	生产1部	生产人员	700		700

(续表)

员工编号	姓名	部门	人员类别	生产业绩	销售业绩	业绩奖励合计
3	闭慧芳	生产2部	生产人员			
4	邓丽娟	销售部	销售人员		800	800
5	何玲玲	生产3部	生产人员	300		300
6	何 莎	生产2部	生产人员	500		500
7	何雪丽	行政部	行政人员			
8	黄芳萍	行政部	行政人员			
9	黄秋莹	生产1部	生产人员	500		500
10	黄 焱	生产2部	生产人员	300		300
11	黄玉玲	生产1部	生产人员	500		500
12	李金娥	生产3部	生产人员	300		300
13	李思熠	市场部	采购人员			
14	林小群	生产2部	生产人员	300		300
15	凌 恒	销售部	销售人员		500	500
16	凌玉梅	销售部	销售人员		1 000	1 000
17	刘珊凤	财务室	行政人员			
18	刘艺恒	销售部	销售人员		500	500
19	陆兰清	财务室	行政人员			
20	陆晓景	财务室	行政人员			
21	马旋旋	市场部	采购人员			
22	莫小园	生产3部	生产人员	300		300
23	倪明艳	销售部	销售人员		800	800
24	潘春妮	生产1部	生产人员			
25	涂 婕	市场部	采购人员			
26	王 笑	市场部	采购人员			
27	韦露婷	生产2部	生产人员			
28	韦 巧	市场部	采购人员			
29	谢小琼	销售部	管理人员			
30	赵秋连	销售部	销售人员		500	500

三、操作步骤

操作步骤如下：

（1）新建一张"职工业绩考核表"，格式与"职工基本情况表"大体相同，在此不赘述，如图3-20所示。

（2）根据背景资料录入相关数据。单击单元格G3，在公式编辑栏内输入公式"＝E3＋F3"；利用Excel的自动填充功能，计算其他职工业绩奖励合计，如图3-21所示。

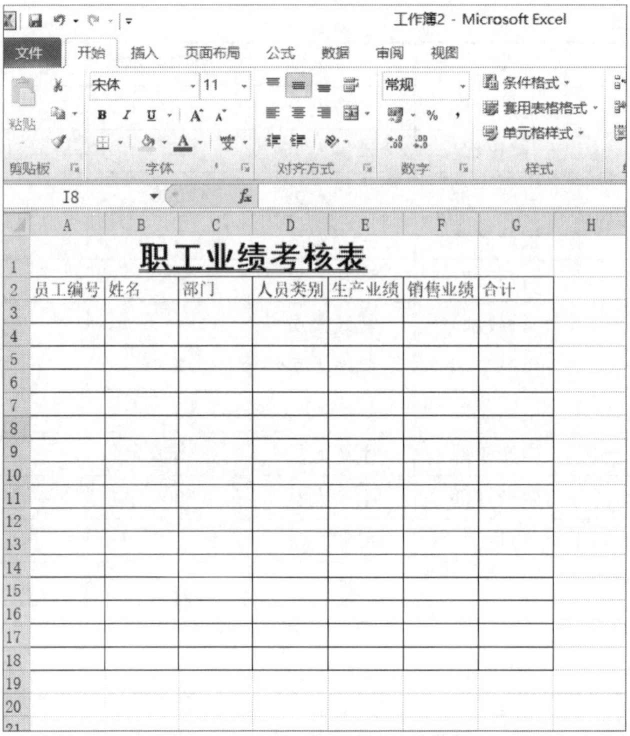

图 3-20 职工业绩考核空表

G32 =E32+F32

	A	B	C	D	E	F	G
1			职工业绩考核表				
2	员工编号	姓名	部门	人员类别	生产业绩	销售业绩	业绩奖励合计
3	1	曾小英	行政部	行政人员			0
4	2	岑丹丹	生产1部	生产人员	700		700
5	3	闭慧芳	生产2部	生产人员			0
6	4	邓丽娟	销售部	销售人员		800	800
7	5	何玲玲	生产3部	生产人员	300		300
8	6	何莎	生产2部	生产人员	500		500
9	7	何雪丽	行政部	行政人员			0
10	8	黄芳萍	行政部	行政人员			0
11	9	黄秋莹	生产1部	生产人员	500		500
12	10	黄焱	生产2部	生产人员	300		300
13	11	黄玉玲	生产1部	生产人员	500		500
14	12	李金娥	生产3部	生产人员	300		300
15	13	李思熠	市场部	采购人员			0
16	14	林小群	生产2部	生产人员	300		300
17	15	凌恒	销售部	销售人员		500	500
18	16	凌玉梅	销售部	销售人员		1000	1000
19	17	刘珊凤	财务室	行政人员			0
20	18	刘艺恒	销售部	销售人员		500	500
21	19	陆兰清	财务室	行政人员			0
22	20	陆晓景	财务室	行政人员			0
23	21	马旋旋	市场部	采购人员			0
24	22	莫小园	生产3部	生产人员	300		300
25	23	倪明艳	销售部	销售人员		800	800
26	24	潘春妮	生产1部	生产人员			0
27	25	涂婕	市场部	采购人员			0
28	26	王笑	市场部	采购人员			0
29	27	韦露婷	生产2部	生产人员			0
30	28	韦巧	市场部	采购人员			0
31	29	谢小琼	销售部	销售人员			0
32	30	赵秋连	销售部	销售人员		500	500
33							

图 3-21 职工业绩考核表

任务3.2 职工薪酬结算单的编制

一、知识要点

职工薪酬结算单是由职工基本工资表、职工福利表、职工考勤记录表、职工业绩考核表中的各项数据组合而成的,但如果逐一录入数据,工作量大而且繁琐,还容易出现错误,因此,可以利用 Excel 的 VLOOKUP 等函数和功能来准确快速完成编制。

二、岗位任务

根据表3-6创建职工薪酬结算单。要求:"工资合计""应发工资""应扣个人所得税""实发工资"均为自动生成。

三、操作步骤

操作步骤如下:

由于职工基本工资表、职工福利表、职工考勤记录表、职工业绩考核表等表中都有合并单元格情况,为了更好能精确的应用各表格中数据,需先对表格进行名称定义。

(1) 选择"职工基本工资表"工作表,并选择单元格区域 A2:G32。

(2) 在"公式"选项卡中点击"定义名称"按钮,系统弹出"新建名称"对话框,如图3-22所示。

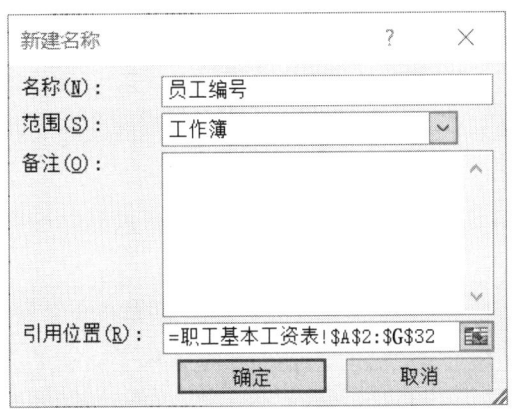

图 3-22 "新建名称"对话框

(3) 在"名称"中输入"职工基本工资表","范围"选择"工作簿","引用位置"为当前内容。(或者点击"引用位置"旁边的" "图标,选择需要的区域。)点击"确定"按钮,完成设置。

(4) 按照步骤(3),完成"职工福利表""职工考勤记录表""职工业绩考核表"表格中的定义名称。

(5) 查看已经定义的名称,可在"公式"选项卡上的"定义名称"中,单击"名称管理器"。在打开的"名称管理器"对话框中,可以查看、编辑或者删除已经定义的名称,如图3-23所示。

表 3-6 职工工资结算单

单位：元

员工编号	姓名	部门	人员类别	基本工资	岗位津贴	生活补贴	住房补贴	业绩奖励	请假扣款	工资合计	养老保险	失业保险	医疗保险	应发工资	应扣个人所得税	实发工资
1	曾小英	行政室	行政人员	3 000	1 500	650	900	0	0	6 050	484	30.25	121	5 414.75	12.442 5	5 402.308
2	岑丹丹	生产1部	生产人员	2 500	800	450	600	700	0	5 050	404	25.25	101	4 519.75	0	4 519.75
3	闫慧芳	生产2部	生产人员	1 500	800	450	600	0	0	3 350	268	16.75	67	2 998.25	0	2 998.25
4	邓丽娟	销售部	销售人员	2 500	800	450	600	800	0	5 150	412	25.75	103	4 609.25	0	4 609.25
5	何玲玲	生产3部	生产人员	2 500	800	450	600	300	100	4 550	364	22.75	91	4 072.25	0	4 072.25
6	何 莎	生产2部	生产人员	3 000	800	450	600	500	50	5 300	424	26.5	106	4 743.5	0	4 743.5
7	何雪丽	行政部	行政人员	3 000	800	550	800	0	10	5 140	411.2	25.7	102.8	4 600.3	0	4 600.3
8	黄芳祥	行政部	行政人员	2 500	800	550	800	0	0	4 650	372	23.25	93	4 161.75	0	4 161.75
9	黄秋莹	生产1部	生产人员	2 500	800	450	600	500	0	4 850	388	24.25	97	4 340.75	0	4 340.75
10	黄 毅	生产2部	生产人员	2 500	800	450	600	300	0	4 650	372	23.25	93	4 161.75	0	4 161.75
11	黄玉玲	生产1部	生产人员	2 500	800	450	600	500	0	4 850	388	24.25	97	4 340.75	0	4 340.75
12	李金娥	生产3部	生产人员	2 000	800	450	600	300	100	4 050	324	20.25	81	3 624.75	0	3 624.75
13	李思熠	市场部	采购人员	2 500	800	450	600	0	0	4 350	348	21.75	87	3 893.25	0	3 893.25
14	林小群	生产2部	生产人员	1 500	800	450	600	300	0	3 650	292	18.25	73	3 266.75	0	3 266.75
15	凌 桓	销售部	销售人员	1 500	800	450	600	500	0	3 850	308	19.25	77	3 445.75	0	3 445.75

(续表)

员工编号	姓名	部门	人员类别	基本工资	岗位津贴	生活补贴	住房补贴	业绩奖励	请假扣款	工资合计	养老保险	失业保险	医疗保险	应发工资	应扣个人所得税	实发工资
16	凌玉梅	销售部	销售人员	3 000	1 000	450	600	1 000	100	5 950	476	29.75	119	5 325.25	9.757 5	5 315.493
17	刘珊凤	财务室	行政人员	1 500	800	550	800	0	0	3 650	292	18.25	73	3 266.75	0	3 266.75
18	刘艺桓	销售部	销售人员	3 000	800	450	600	500	20	5 330	426.4	26.65	106.6	4 770.35	0	4 770.35
19	陆兰清	财务室	行政人员	3 000	800	550	800	0	0	5 150	412	25.75	103	4 609.25	0	4 609.25
20	陆晓景	财务室	行政人员	2 000	800	550	800	0	10	4 140	331.2	20.7	82.8	3 705.3	0	3 705.3
21	马旋旋	市场部	采购人员	2 500	800	450	600	0	20	4 330	346.4	21.65	86.6	3 875.35	0	3 875.35
22	莫小园	生产3部	生产人员	1 500	800	450	600	300	0	3 650	292	18.25	73	3 266.75	0	3 266.75
23	倪明艳	销售部	销售人员	2 500	800	450	600	800	0	5 150	412	25.75	103	4 609.25	0	4 609.25
24	潘春妮	生产1部	生产人员	2 000	800	450	600	0	0	3 850	308	19.25	77	3 445.75	0	3 445.75
25	涂婕	市场部	采购人员	3 000	1 000	450	600	0	0	5 050	404	25.25	101	4 519.75	0	4 519.75
26	王笑	市场部	采购人员	3 000	1 000	550	800	0	100	5 250	420	26.25	105	4 698.75	0	4 698.75
27	韦露婷	生产2部	生产人员	2 000	800	550	800	0	0	4 150	332	20.75	83	3 714.25	0	3 714.25
28	韦巧	市场部	采购人员	3 000	1 000	450	600	0	0	5 050	404	25.25	101	4 519.75	0	4 519.75
29	谢小琼	销售部	管理人员	1 500	800	550	800	0	0	3 650	292	18.25	73	3 266.75	0	3 266.75
30	赵秋连	销售部	销售人员	1 500	800	450	600	500	0	3 850	308	19.25	77	3 445.75	0	3 445.75

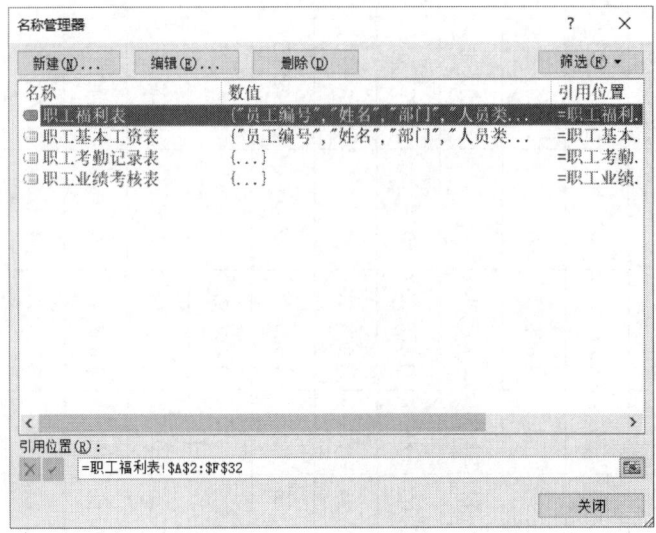

图 3-23 "名称管理器"对话框

（6）新建一张"职工薪酬结算单"，格式与"职工基本情况表"大体相同，在此不赘述，如图 3-24 所示。

图 3-24 职工工资结算单

（7）以"曾小英"的基础工资为例，单击单元格 E3，在"公式"选项卡上"函数库"组中单击"插入函数"，在弹出的"插入函数"对话框中，在"或选择类别"下拉列表中选择"查找与引用"，在"选择函数"中点击"VLOOKUP"函数，点击"确定"按钮，如图 3-25 所示。

（8）系统弹出"函数参数"对话框，根据图示填入相关数据，如图 3-26 所示。其中：

Lookup_value：表示要查找的值。

Table_array：表示要查找的区域。

Col_index_num：表示返回数据在查找区域的第几列数。

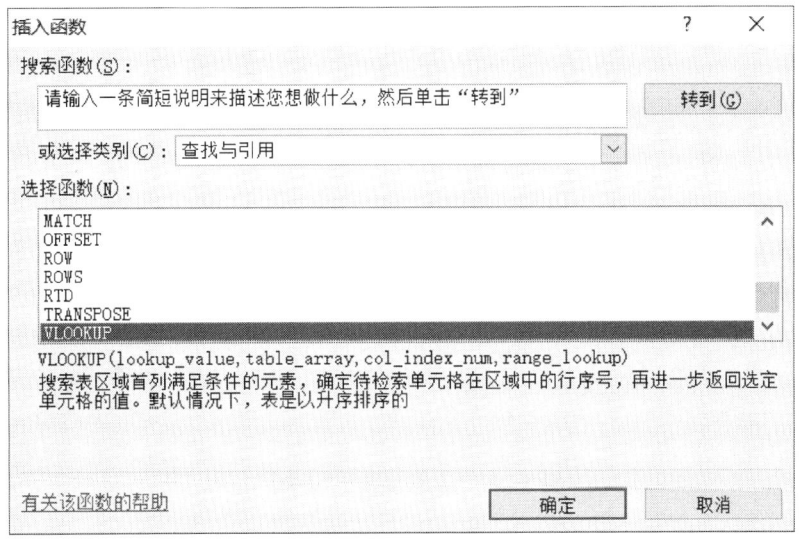

图 3-25 "插入函数"对话框

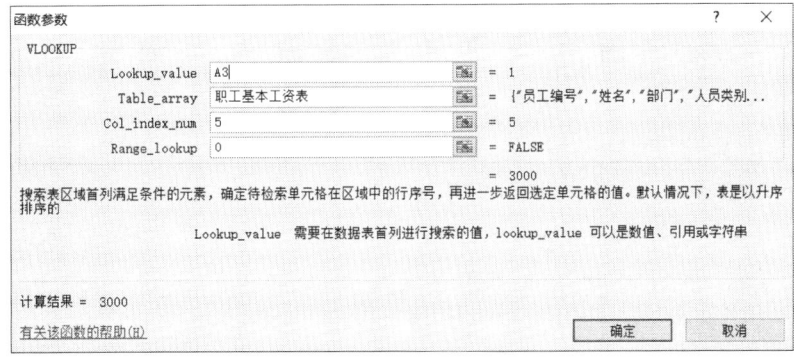

图 3-26 "函数参数"对话框(1)

Range_lookup：表示模糊匹配或精确匹配。

(9) 点击"确定"按钮，即可得出"曾小英"的基本工资。

(10) 利用同样的方法输入单元格区域 F3:J3 的其他数据，如图 3-27 至图 3-31 所示。

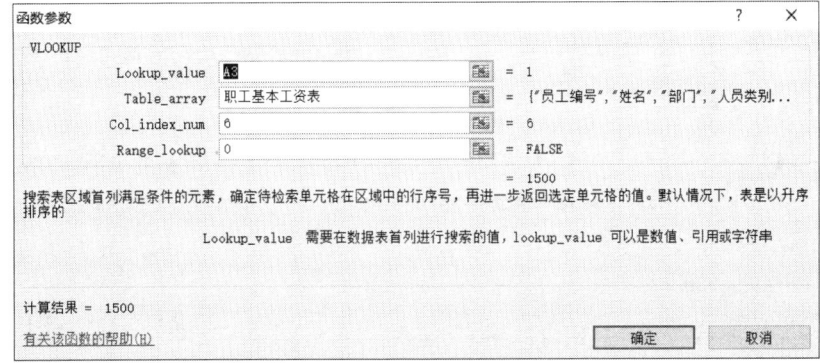

图 3-27 "函数参数"对话框(2)

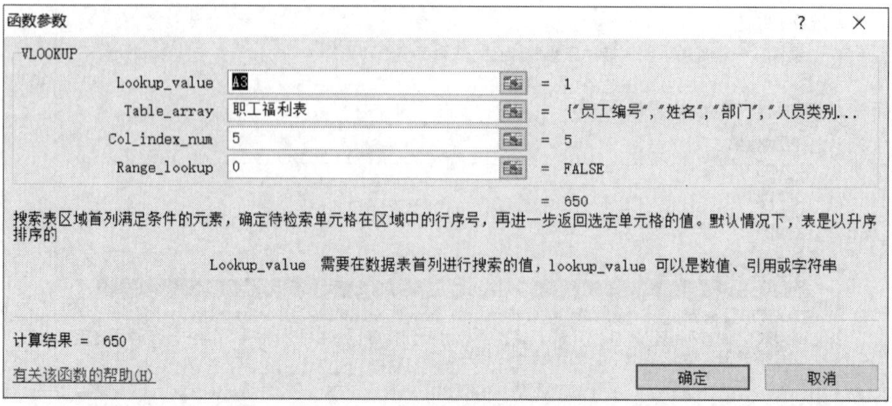

图 3-28 "函数参数"对话框(3)

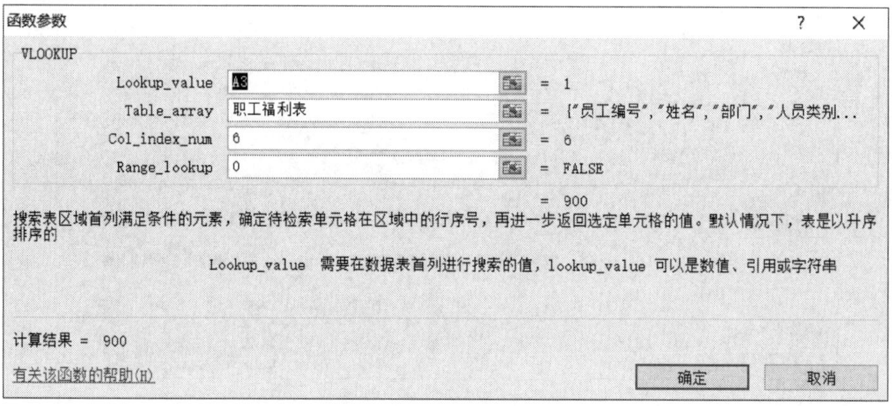

图 3-29 "函数参数"对话框(4)

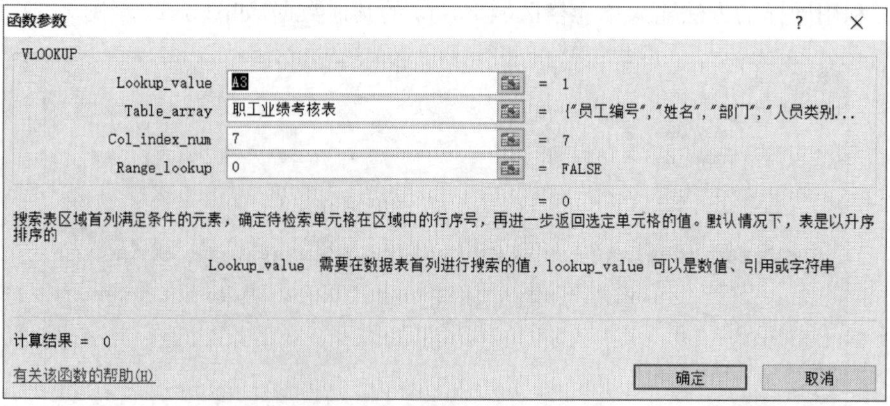

图 3-30 "函数参数"对话框(5)

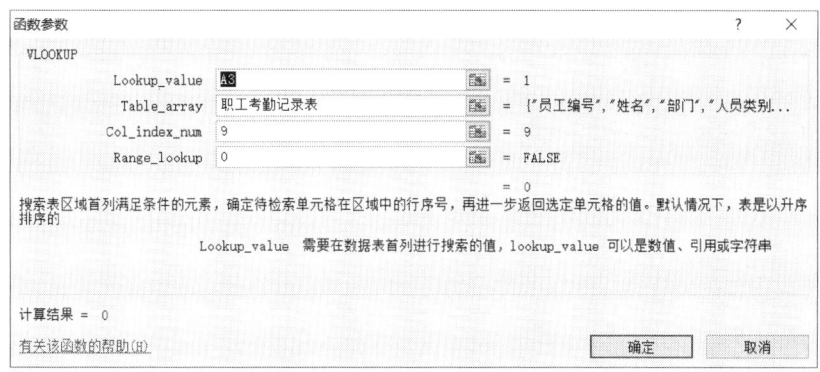

图 3-31 "函数参数"对话框(6)

(11) 利用 Excel 的自动填充功能,计算其他职工的"基本工资""岗位津贴""生活补贴""住房补贴""业绩奖励""请假扣款"等工资项目,如图 3-32 所示。

职工薪酬结算单

员工编号	姓名	部门	人员类别	基本工资	岗位津贴	生活补贴	住房补贴	业绩奖励	请假扣款	工资合计	养老保险	失业保险	医疗保险	应发工资	应扣个人所得税	实发工资
1	曾小英	行政部	行政人员	3000	1500	650	900	0	0							
2	岑丹丹	生产1部	生产人员	2500	800	450	600	700	0							
3	闭慧芳	生产2部	生产人员	1500	800	450	600	0	0							
4	邓丽娟	销售部	销售人员	2500	800	450	600	800	0							
5	何玲玲	生产3部	生产人员	2500	800	450	600	300	100							
6	何莎	生产2部	生产人员	3000	800	450	600	500	50							
7	何雪丽	行政部	行政人员	3000	800	550	800	0	10							
8	黄芳萍	行政部	行政人员	2500	800	550	800	0	0							
9	黄秋莹	生产1部	生产人员	2500	800	450	600	500	0							
10	黄焱	生产2部	生产人员	2500	800	450	600	300	0							
11	黄玉玲	生产1部	生产人员	2500	800	450	600	500	0							
12	李金城	生产3部	生产人员	2000	800	450	600	300	100							
13	李思熠	市场部	采购人员	2500	800	450	600	0	0							
14	林小群	生产2部	生产人员	1500	800	450	600	300	0							
15	凌恒	销售部	销售人员	1500	800	450	600	500	0							
16	凌玉梅	销售部	销售人员	3000	1000	450	600	1000	100							
17	刘珊凤	财务室	行政人员	1500	800	550	800	0	0							
18	刘艺恒	销售部	销售人员	3000	800	450	600	500	20							
19	陆兰清	财务室	行政人员	3000	800	550	800	0	0							

图 3-32 数据录入结果

(12) 点击选择 K 列,在 K 列任意处点击鼠标右键,选择"插入",表格中新增了一列。在 K2 单元格输入"工资合计"。在 K3 单元格输入公式"=E3+F3+G3+H3+I3-J3"。利用 Excel 的自动填充功能,把剩下的员工工资合计数计算出来,如图 3-33 至图 3-35 所示。

图 3-33 "插入"位置

图 3-34 新增一列

员工编号	姓名	部门	人员类别	基本工资	岗位津贴	生活补贴	住房补贴	业绩奖励	请假扣款	工资合计	养老保险	失业保险	医疗保险	应发工资	应扣个人所得税	实发工资
1	曾小英	行政部	行政人员	3000	1500	650	900	0	0	6050						
2	岑丹丹	生产1部	生产人员	2500	800	450	600	700	0	5050						
3	闭慧芳	生产2部	生产人员	1500	800	450	600	0	0	3350						
4	邓丽娟	销售部	销售人员	2500	800	450	600	800	0	5150						
5	何玲玲	生产3部	生产人员	2500	800	450	600	300	100	4550						
6	何莎	生产2部	生产人员	3000	800	450	600	500	50	5300						
7	何雪丽	行政部	行政人员	3000	800	550	800	0	10	5140						
8	黄芳萍	行政部	行政人员	2500	800	550	800	0	0	4650						
9	黄秋莹	生产1部	生产人员	2500	800	450	600	500	0	4850						
10	黄焱	生产2部	生产人员	2500	800	450	600	300	0	4650						
11	黄玉玲	生产1部	生产人员	2500	800	450	600	500	0	4850						
12	李金娥	生产3部	生产人员	2000	800	450	600	300	100	4050						
13	李思烟	市场部	采购人员	2500	800	450	600	0	0	4350						
14	林小群	生产2部	生产人员	1500	800	450	600	300	0	3650						
15	凌恒	销售部	销售人员	1500	800	450	600	500	0	3850						
16	凌玉梅	销售部	销售人员	3000	1000	450	600	1000	100	5950						
17	刘珊凤	财务室	行政人员	1500	800	550	800	0	0	3650						
18	刘艺恒	销售部	销售人员	2500	800	450	600	500	20	5330						
19	陆兰清	财务室	行政人员	3000	800	550	800	0	0	5150						

图 3-35 新增"工资合计"列

（13）新建一张工作表，命名为"社保扣款比例（个人）"，编制一张社保扣款比例表，图 3-36 所示。

社保扣款比例（个人部分）

项目	扣款比例
养老保险	8%
失业保险	0.50%
医疗保险	2%

注：不同地方扣款比例存在差异

图 3-36 "社保扣款比例（个人）"表

（14）根据背景资料，在单元格 L3 输入公式"＝K3 * '社保扣款比例（个人）'! B3"，如图 3-37 所示。（注：各类社保是根据职工上一年的工资收入总额的月平均数作为本年度月缴费基数计算的，现在无上年数据，直接根据本月数据计算。）

图 3-37 公式录入

（15）在利用 Excel 的自动填充功能，计算其他员工养老保险金时，需先固定单元格 B3 的公式中的扣款比例，变成"＝K3 * '社保扣款比例（个人）'! $B$3"，再进行填充。

(16) 输入"失业保险""医疗保险"列数据的方法同"养老保险"列,在此不赘述,如图 3-38 所示。

员工编号	姓名	部门	人员类别	基本工资	岗位津贴	生活补贴	住房补贴	业绩奖励	请假扣款	工资合计	养老保险	失业保险	医疗保险	应发工资	应扣个人所得税	实发工资
1	曾小英	行政部	行政人员	3000	1500	650	900	0	0	6050	484	30.25	121			
2	岑丹丹	生产1部	生产人员	2500	800	450	600	700	0	5050	404	25.25	101			
3	闫慧芳	生产2部	生产人员	1500	800	450	600	0	0	3350	268	16.75	67			
4	邓丽娟	销售部	销售人员	2500	800	450	600	800	0	5150	412	25.75	103			
5	何玲玲	生产3部	生产人员	2500	800	450	600	300	100	4550	364	22.75	91			
6	何莎	生产2部	生产人员	3000	800	450	600	500	50	5300	424	26.5	106			
7	何雪珊	行政部	行政人员	3000	800	550	800	0	10	5140	411.2	25.7	102.8			
8	黄芳萍	行政部	行政人员	2500	800	550	800	0	0	4650	372	23.25	93			
9	黄秋堂	生产1部	生产人员	2500	800	450	600	500	0	4850	388	24.25	97			
10	黄燚	生产2部	生产人员	2500	800	450	600	300	0	4650	372	23.25	93			
11	黄玉玲	生产2部	生产人员	2500	800	450	600	500	0	4850	388	24.25	97			
12	李金嫔	生产3部	生产人员	2000	800	450	600	300	100	4050	324	20.25	81			
13	李思娜	市场部	采购人员	2500	800	450	600	0	0	4350	348	21.75	87			
14	林小群	生产2部	生产人员	1500	800	450	600	300	0	3650	292	18.25	73			
15	凌恒	销售部	销售人员	1500	800	450	600	500	0	3850	308	19.25	77			
16	凌玉梅	销售部	销售人员	3000	1000	450	600	1000	100	5950	476	29.75	119			
17	刘珊凤	财务室	行政人员	1500	800	550	800	0	0	3650	292	18.25	73			
18	刘艺恒	销售部	销售人员	3000	800	450	600	500	20	5330	426.4	26.65	106.6			
19	陆兰兰	财务室	行政人员	3000	800	550	800	0	0	5150	412	25.75	103			
20	陆晓景	财务室	行政人员	2000	800	550	800	0	10	4140	331.2	20.7	82.8			
21	马旋旎	市场部	采购人员	2500	800	450	600	0	20	4330	346.4	21.65	86.6			
22	芙小园	生产3部	生产人员	2500	800	450	600	300	0	3650	292	18.25	73			
23	倪仰艳	销售部	销售人员	2500	800	450	600	800	0	5150	412	25.75	103			
24	潘春妮	生产1部	生产人员	2000	800	450	600	0	0	3850	308	19.25	77			
25	涂婕	市场部	采购人员	3000	1000	450	600	0	0	5050	404	25.25	101			
26	王笑	市场部	采购人员	3000	800	550	800	100	0	5250	420	26.25	105			
27	韦露婷	生产2部	生产人员	2000	800	550	800	0	0	4150	332	20.75	83			
28	韦巧	市场部	采购人员	3000	1000	450	600	0	0	5050	404	25.25	101			
29	谢小炫	销售部	销售人员	1500	800	550	800	0	0	3650	292	18.25	73			
30	赵秋连	销售部	销售人员	1500	800	450	600	500	0	3850	308	19.25	77			

图 3-38 社保项目录入

(17) 单击单元格 O3,在公式编辑栏中输入公式"=K3-L3-M3-N3",直接计算出该员工应发工资。再利用 Excel 的自动填充功能,计算其他员工应发工资,如图 3-39 所示。

员工编号	姓名	部门	人员类别	基本工资	岗位津贴	生活补贴	住房补贴	业绩奖励	请假扣款	工资合计	养老保险	失业保险	医疗保险	应发工资	应扣个人所得税	实发工资
1	曾小英	行政部	行政人员	3000	1500	650	900	0	0	6050	484	30.25	121	5414.75		
2	岑丹丹	生产1部	生产人员	2500	800	450	600	700	0	5050	404	25.25	101	4519.75		
3	闫慧芳	生产2部	生产人员	1500	800	450	600	0	0	3350	268	16.75	67	2998.25		
4	邓丽娟	销售部	销售人员	2500	800	450	600	800	0	5150	412	25.75	103	4609.25		
5	何玲玲	生产3部	生产人员	2500	800	450	600	300	100	4550	364	22.75	91	4072.25		
6	何莎	生产2部	生产人员	3000	800	450	600	500	50	5300	424	26.5	106	4743.5		

图 3-39 计算"应发工资"

(18) 参考知识链接,单击单元格 P3,在公式编辑栏中输入公式"=IF(O3-5000<=0,0,IF(O3-5000<=3000,(O3-5000)*0.03,IF(O3-5000<=12000,(O3-5000)*0.1-210,IF(O3-5000<=25000,(O3-5000)*0.2-1410,IF(O3-5000<=35000,(O3-5000)*0.25-2660,IF(O3-5000<=55000,(O3-5000)*0.3-4410,IF(O3-5000<=80000,(O3-5000)*0.35-7160,(O3-5000)*0.45-15160)))))))",计算出应缴纳的个人所得税。

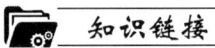

关于个人所得税税率,如表 3-7 所示。

表 3-7 个人所得税税率表一
（综合所得适用）

级数	全年应纳税所得额	税率
1	不超过 36 000 元的	3%
2	超过 36 000 元至 144 000 元的部分	10%
3	超过 144 000 元至 300 000 元的部分	20%
4	超过 300 000 元至 420 000 元的部分	25%
5	超过 420 000 元至 660 000 元的部分	30%
6	超过 660 000 元至 960 000 元的部分	35%
7	超过 960 000 元的部分	45%

此表来源于国家税务总局网站：https://fgk.chinatax.gov.cn/zcfgk/c100009/c5193028/content.html

相关等级的速算扣除数如表 3-8 所示。

表 3-8 速算扣除数

级数	预扣预缴应纳税所得额	预扣率	速算扣除数
1	不超过 36 000 元的	3%	0
2	超过 36 000 元至 144 000 元的部分	10%	2 520
3	超过 144 000 元至 300 000 元的部分	20%	16 920
4	超过 300 000 元至 420 000 元的部分	25%	31 920
5	超过 420 000 元至 660 000 元的部分	30%	52 920
6	超过 660 000 元至 960 000 元的部分	35%	85 920
7	超过 960 000 元的部分	45%	181 920

（19）利用填充功能，计算所有员工的应缴纳个人所得税，如图 3-40 所示。

图 3-40 计算"个人所得税"

(20) 单击单元格 Q3，在公式编辑栏中录入公式"＝O3－P3"，即可得出"实发工资"；利用自动填充功能，计算出所有员工的实发工资，如图 3-41 所示。

员工编号	姓名	部门	人员类别	基本工资	岗位津贴	生活补贴	住房补贴	业绩奖励	请假扣款	工资合计	养老保险	失业保险	医疗保险	应发工资	应扣个人所得税	实发工资
1	曾小英	行政部	行政人员	3000	1500	650	900	0	0	6050	484	30.25	121	5414.75	12.4425	5402.308
2	岑丹丹	生产1部	生产人员	2500	800	450	600	700	0	5050	404	25.25	101	4519.75	0	4519.75
3	闫慧芳	生产2部	生产人员	1500	800	450	600	0	0	3350	268	16.75	67	2998.25	0	2998.25
4	邓丽娟	销售部	销售人员	2500	800	450	600	800	0	5150	412	25.75	103	4609.25	0	4609.25
5	何玲玲	生产3部	生产人员	2500	800	450	600	300	100	4550	364	22.75	91	4072.25	0	4072.25
6	何莎	生产1部	生产人员	3000	800	450	600	500	50	5300	424	26.5	106	4743.5	0	4743.5
7	何雪丽	行政部	行政人员	3000	800	550	800	0	10	5140	411.2	25.7	102.8	4600.3	0	4600.3
8	黄芳萍	行政部	行政人员	2500	800	550	800	0	0	4650	372	23.25	93	4161.75	0	4161.75
9	黄秋莹	生产1部	生产人员	2500	800	450	600	500	0	4850	388	24.25	97	4340.75	0	4340.75
10	黄焱	生产2部	生产人员	2500	800	450	600	300	0	4650	372	23.25	93	4161.75	0	4161.75
11	黄玉玲	生产2部	生产人员	2500	800	450	600	500	0	4850	388	24.25	97	4340.75	0	4340.75
12	李金娥	生产3部	生产人员	2000	800	450	600	300	100	4050	324	20.25	81	3624.75	0	3624.75
13	李思瑶	市场部	采购人员	2500	800	450	600	0	0	4350	348	21.75	87	3893.25	0	3893.25
14	林小群	生产1部	生产人员	1500	800	450	600	300	0	3650	292	18.25	73	3266.75	0	3266.75
15	凌恒	销售部	销售人员	1500	800	450	600	500	0	3850	308	19.25	77	3445.75	0	3445.75
16	凌玉梅	销售部	销售人员	3000	1000	450	600	1000	100	5950	476	29.75	119	5325.25	9.7575	5315.493
17	刘珊风	财务室	行政人员	1500	800	550	800	0	0	3650	292	18.25	73	3266.75	0	3266.75
18	刘艺恒	销售部	销售人员	3000	800	450	600	500	20	5330	426.4	26.65	106.6	4770.35	0	4770.35
19	陆兰清	财务室	行政人员	3000	800	550	800	0	0	5150	412	25.75	103	4609.25	0	4609.25
20	陆晓景	财务室	行政人员	2000	800	550	800	0	10	4140	331.2	20.7	82.8	3705.3	0	3705.3
21	马旎旎	市场部	采购人员	2500	800	450	600	0	20	4330	346.4	21.65	86.6	3875.35	0	3875.35
22	莫小园	生产3部	生产人员	1500	800	450	600	300	0	3650	292	18.25	73	3266.75	0	3266.75
23	倪明艳	销售部	销售人员	2500	800	450	600	800	0	5150	412	25.75	103	4609.25	0	4609.25
24	潘春妮	生产1部	生产人员	2000	800	450	600	0	0	3850	308	19.25	77	3445.75	0	3445.75
25	涂婕	市场部	采购人员	3000	1000	450	600	0	0	5050	404	25.25	101	4519.75	0	4519.75
26	王笑	市场部	采购人员	3000	1000	550	800	0	100	5250	420	26.25	105	4698.75	0	4698.75
27	韦露婷	生产2部	生产人员	2000	800	550	800	0	0	4150	332	20.75	83	3714.25	0	3714.25
28	韦巧	市场部	采购人员	3000	1000	450	600	0	0	5050	404	25.25	101	4519.75	0	4519.75
29	谢小琼	销售部	销售人员	1500	800	550	800	0	0	3650	292	18.25	73	3266.75	0	3266.75
30	赵秋连	销售部	销售人员	1500	800	450	600	500	0	3850	308	19.25	77	3445.75	0	3445.75

图 3-41 完整职工结算单

任务 3.3　工资薪酬汇总图表的编制

活动 3.3.1　工资薪酬汇总表的编制

一、知识要点

工资薪酬汇总表是对工资数据进行分析的表格。将相同类型的数据统计出来，这就是数据的分类和汇总。

二、岗位任务

编制工资薪酬汇总表（见表 3-9），要求：汇总出各个部门的工资。

三、操作步骤

操作步骤如下：

（1）将"职工薪酬结算单"工作表复制一份新表，具体操作前已述及，在此不赘述。将新表的名称改为"职工薪酬汇总表"。

表 3-9　　　　　　　　　　　　　　　　工资总额汇总表

职工薪酬汇总表

员工编号	姓名	部门	人员类别	基本工资	岗位津贴	生活补贴	住房补贴	业绩奖励	请假扣款	工资合计	养老保险	失业保险	医疗保险	应发工资	应扣个人所得税	实发工资
17	刘珊凤	财务室	行政人员	1500	800	550	800	0	0	3650	292	18.25	73	3266.75	0	3266.75
19	陆兰清	财务室	行政人员	3000	800	550	800	0	0	5150	412	25.75	103	4609.25	0	4609.25
20	陆晓泉	财务室	行政人员	2000	800	550	800	0	10	4140	331.2	20.7	82.8	3705.3	0	3705.3
		财务室 汇总		6500	2400	1650	2400	0	10	12940	1035.2	64.7	258.8	11581.3	0	11581.3
1	曾小英	行政部	行政人员	3000	1500	650	900	0	0	6050	484	30.25	121	5414.75	12.4425	5402.308
7	何雪丽	行政部	行政人员	3000	800	550	800	0	10	5140	411.2	25.7	102.8	4600.3	0	4600.3
8	黄芳萍	行政部	行政人员	2500	800	550	800	0	0	4650	372	23.25	93	4161.75	0	4161.75
		行政部 汇总		8500	3100	1750	2500	0	10	15840	1267.2	79.2	316.8	14176.8	12.4425	14164.36
2	岑丹丹	生产1部	生产人员	2500	800	450	600	700	0	5050	404	25.25	101	4519.75	0	4519.75
9	黄玉莹	生产1部	生产人员	2500	800	450	600	500	0	4850	388	24.25	97	4340.75	0	4340.75
11	黄玉玲	生产1部	生产人员	2500	800	450	600	500	0	4850	388	24.25	97	4340.75	0	4340.75
24	潘春妮	生产1部	生产人员	2000	800	450	600	0	0	3850	308	19.25	77	3445.75	0	3445.75
		生产1部 汇总		9500	3200	1800	2400	1700	0	18600	1488	93	372	16647	0	16647
3	阎慧芳	生产2部	生产人员	1500	800	450	600	0	0	3350	268	16.75	67	2998.25	0	2998.25
6	何莎	生产2部	生产人员	3000	800	450	600	500	50	5300	424	26.5	106	4743.5	0	4743.5
10	黄淼	生产2部	生产人员	2500	800	450	600	300	0	4650	372	23.25	93	4161.75	0	4161.75
14	林小群	生产2部	生产人员	1500	800	450	600	300	0	3650	292	18.25	73	3266.75	0	3266.75
27	韦露婷	生产2部	生产人员	2000	800	550	800	0	0	4150	332	20.75	83	3714.25	0	3714.25
		生产2部 汇总		10500	4000	2350	3200	1100	50	21100	1688	105.5	422	18884.5	0	18884.5
5	何玲玲	生产3部	生产人员	2500	800	450	600	300	100	4550	364	22.75	91	4072.25	0	4072.25
12	李金娥	生产3部	生产人员	2000	800	450	600	300	100	4050	324	20.25	81	3624.75	0	3624.75
22	莫小圆	生产3部	生产人员	1500	800	450	600	300	0	3650	292	18.25	73	3266.75	0	3266.75
		生产3部 汇总		6000	2400	1350	1800	900	200	12250	980	61.25	245	10963.75	0	10963.75
13	李思煜	市场部	采购人员	2500	800	450	600	0	0	4350	348	21.75	87	3893.25	0	3893.25
21	马旋旋	市场部	采购人员	2500	800	450	600	0	20	4330	346.4	21.65	86.6	3875.35	0	3875.35
25	滦婕	市场部	采购人员	3000	1000	450	600	0	0	5050	404	25.25	101	4519.75	0	4519.75
26	王笑	市场部	采购人员	3000	1000	550	800	0	100	5250	420	26.25	105	4698.75	0	4698.75
28	韦巧	市场部	采购人员	3000	1000	450	600	0	0	5050	404	25.25	101	4519.75	0	4519.75
		市场部 汇总		14000	4600	2350	3200	0	120	24030	1922.4	120.15	480.6	21506.85	0	21506.85
4	邓丽娟	销售部	销售人员	2500	800	450	600	0	0	5150	412	25.75	103	4609.25	0	4609.25
15	凌恒	销售部	销售人员	1500	800	450	600	500	0	3850	308	19.25	77	3445.75	0	3445.75
16	凌玉梅	销售部	销售人员	3000	1000	450	600	1000	100	5950	476	29.75	119	5325.25	9.7575	5315.493
18	刘艺恒	销售部	销售人员	3000	800	450	600	500	20	5330	426.4	26.65	106.6	4770.35	0	4770.35
23	倪明艳	销售部	销售人员	2500	800	450	600	0	0	5150	412	25.75	103	4609.25	0	4609.25
29	谢小琼	销售部	销售人员	1500	800	550	800	0	0	3650	292	18.25	73	3266.75	0	3266.75
30	赵秋连	销售部	销售人员	1500	800	450	600	500	0	3850	308	19.25	77	3445.75	0	3445.75
		销售部 汇总		15500	5800	3250	4400	4100	120	32930	2634.4	164.65	658.6	29472.35	9.7575	29462.59
		总计		70500	25500	14500	19900	7800	510	137690	11015.2	688.45	2753.8	123232.6	22.2	246420.7

(2) 单击表格区域内任何一个单元格,在"开始"选项卡上"编辑"组中单击"排序和筛选",再选择"自定义排序",在弹出的对话框中"主要关键字"选择"部门","排序依据"选择"数值","次序"选择"升序",单击"确定"按钮,如图 3-42 和图 3-43 所示。

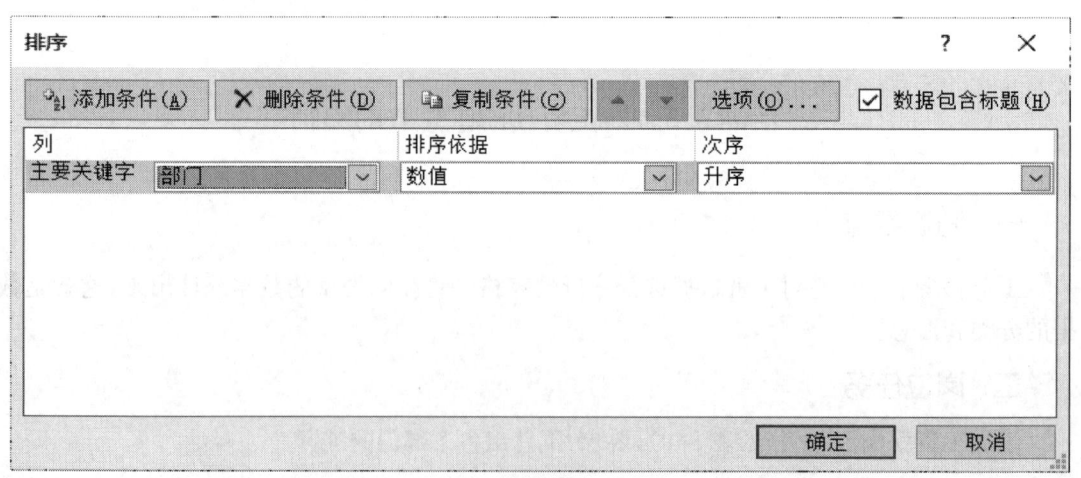

图 3-42 "排序"对话框

(3) 单击数据清单中任意一个非空单元格,在"数据"选项卡"分级显示"组中单击"分类汇总",系统弹出"分类汇总"对话框。在弹出的对话框中进行设置,"分类字段"设为"部门","汇总方式"设为"求和","选定汇总项"选择"基本工资""岗位工资""生活补贴""住房补贴""业绩

图 3-43 职工薪酬汇总表

奖励""请假扣款""工资合计",单击"确定"按钮。企业也可根据自身需要选择不同的分类汇总,如图 3-44 所示。

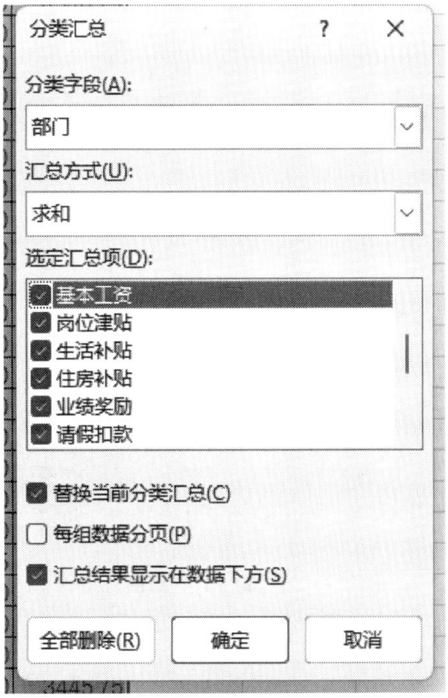

图 3-44 "分类汇总"对话框

(4) 表格最左边的"－"号为隐藏按钮,单击此按钮,可以隐藏本级的明细数据,则"－"号变为"＋"号。也可直接点击表格左上方的 1 2 3 分级按钮,选择适当的层级。如图 3-45 所示。

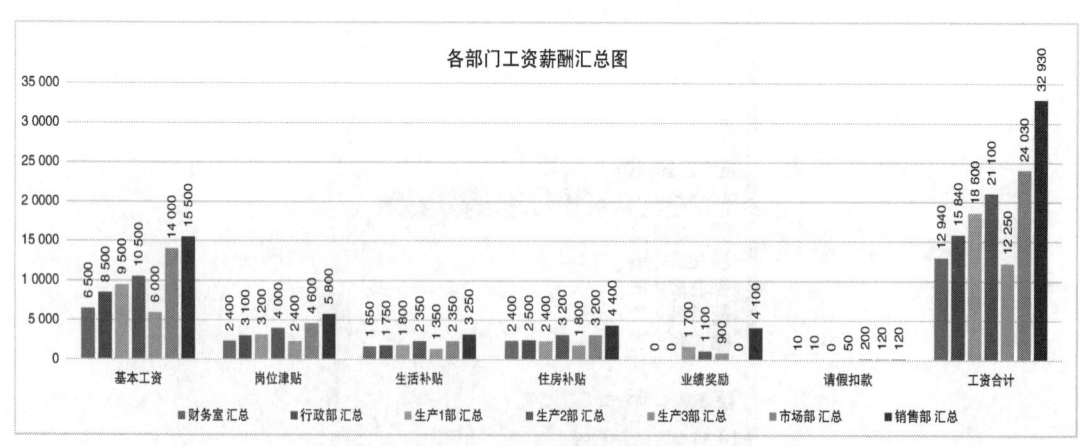

图 3-45 隐藏后的汇总表

活动 3.3.2 工资薪酬汇总图的编制

一、知识要点

工资薪酬汇总图可以把工资薪酬汇总数据表更直观地表现出来。

二、岗位任务

编制各部门工资薪酬汇总图,如图 3-46 所示。

图 3-46 各部门工资薪酬汇总图

三、操作步骤

操作步骤如下:

(1) 打开"职工薪酬汇总表",选择 2 级展开模式,选择单元格区域为:C2:K39,按下"Ctrl

+G"组合键,打开"定位"对话框,点击"定位条件"按钮,打开"定位条件"对话框,选择"可见单元格",单击"确定"按钮。如图 3-47 和图 3-48 所示,复制选择的单元格。

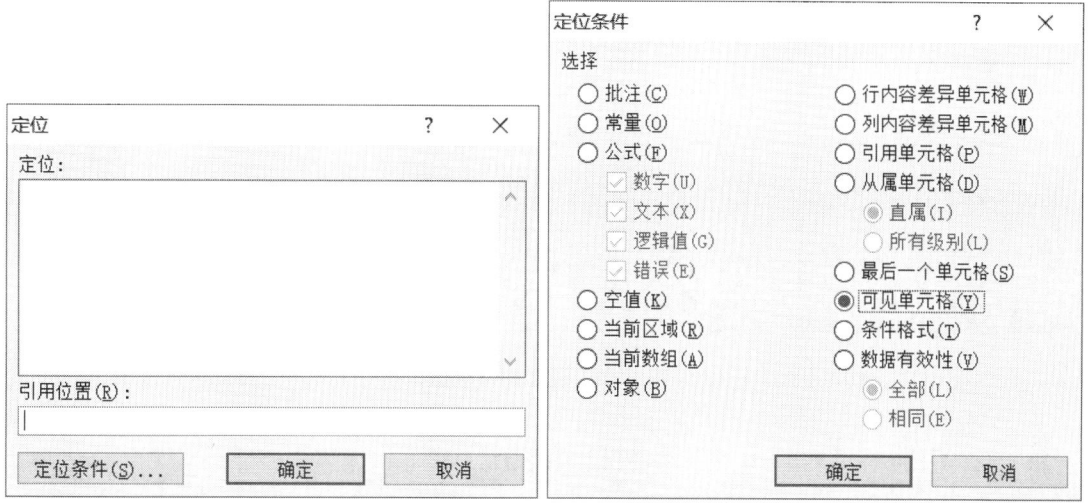

图 3-47　定位对话框　　　　　　　　　图 3-48　定位对话框

(2) 新建一个工作表,将表格标签改为"图表",将鼠标定位在单元格 A2,点击鼠标右键选择"粘贴"。加入表头"各部门工资薪酬汇总图数据",删除 B 列,并进行简单的格式设置,即可形成一张新的汇总表格,如图 3-49 所示。

部门	基本工资	岗位津贴	生活补贴	住房补贴	业绩奖励	请假扣款	工资合计
财务室 汇总	6500	2400	1650	2400	0	10	12940
生产1部 汇总	9500	3200	1800	2400	1700	0	18600
生产2部 汇总	10500	4000	2350	3200	1100	50	21100
生产3部 汇总	6000	2400	1350	1800	900	200	12250
市场部 汇总	14000	4600	2350	3200	0	120	24030
销售部 汇总	15500	5800	3250	4400	4100	120	32930
行政部 汇总	8500	3100	1750	2500	0	10	15840

图 3-49　各部门工资薪酬汇总图数据

(3) 选择单元格区域 A2:H9,单击"插入"选项卡,选择"图表"工具组中的"柱形图",选择"二维柱形图",即可插入图表,更改图表标题,如图 3-50 和图 3-51 所示。

(4) 点击图表,点击"图标设计"选项卡,选择"图标布局"组中的"添加图表元素"按钮,在下拉框中选择"数据标签"/"数据标签外",为柱形图添加数值,如图 3-52 所示。

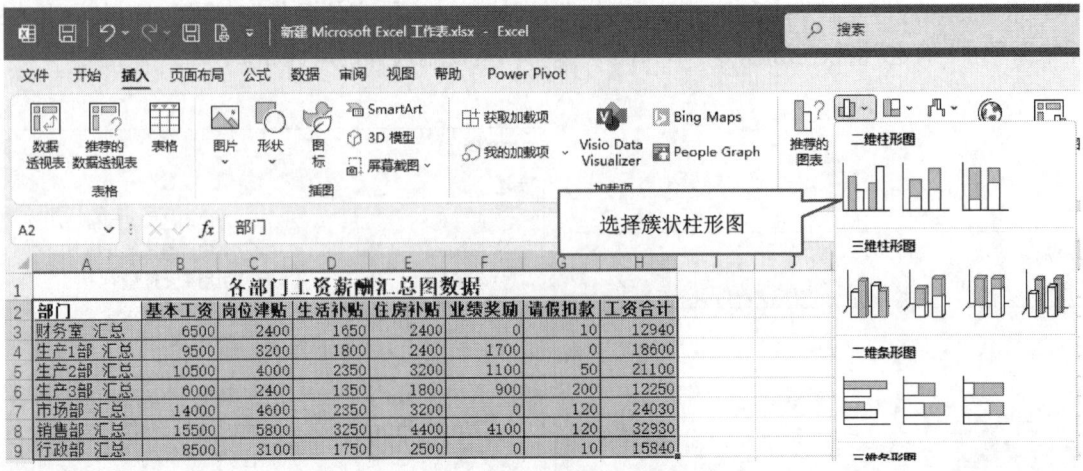

图 3-50 柱形图下拉框

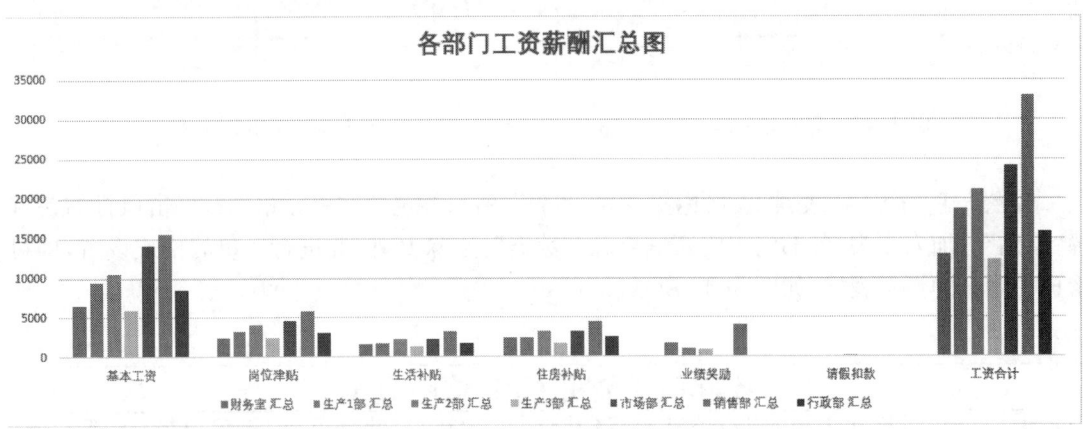

图 3-51 二维柱形图

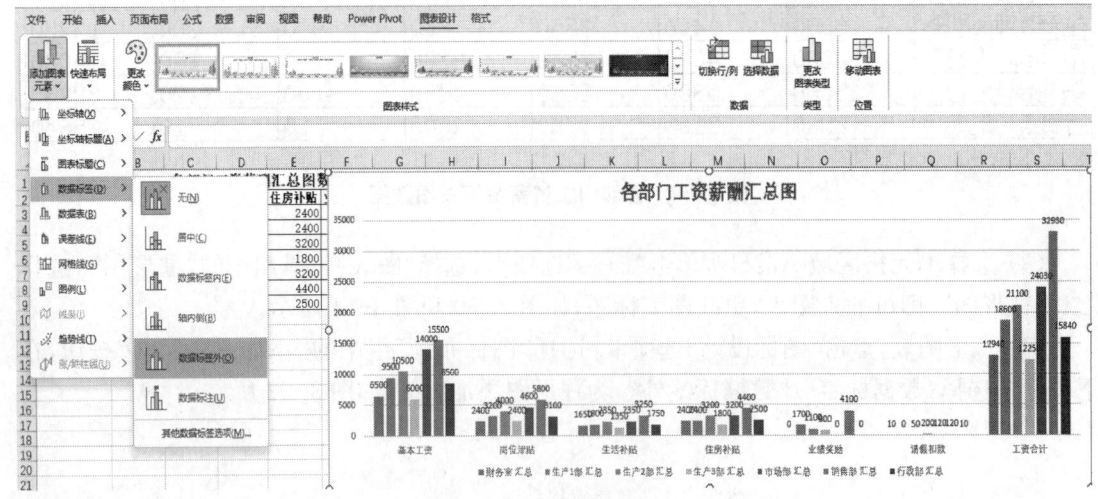

图 3-52 添加数据标签

模块测试

参考答案

A企业的职工基本情况一览表及其他涉及工资结算的表格如表 3-10 至表 3-16 所示。

表 3-10　　　　　　　　　　　　职工基本情况一览表

员工编号	姓名	性别	部门	人员类别	入职时间	银行账号
1	李前程	男	行政办公室	管理人员	2000/9/7	6212262100001678261
2	谭惠敏	女	一车间	生产人员	2000/9/7	6212262100001678287
3	覃桢	女	一车间	生产人员	2000/9/7	6212262100001678283
4	杨雪凤	女	销售部	销售人员	2001/9/6	6212262100001678270
5	刘慧倩	女	一车间	生产人员	2008/9/1	6212262100001678285
6	孔凡梅	男	一车间	生产人员	2008/9/1	6212262100001678288
7	苏开薇	女	行政办公室	管理人员	2008/9/1	6212262100001678266
8	梁诗敏	女	行政办公室	管理人员	2008/9/1	6212262100001678262
9	许丽敏	女	一车间	生产人员	2002/9/10	6212262100001678286
10	卓少华	男	一车间	生产人员	2002/9/10	6212262100001678282
11	付璇	女	一车间	生产人员	2002/9/10	6212262100001678280
12	谢桂英	男	一车间	生产人员	2002/9/10	6212262100001678284
13	韦柳	女	采购部	采购人员	2002/9/10	6212262100001678276
14	梁建萍	男	一车间	生产人员	2003/8/30	6212262100001678281
15	黄绪文	男	销售部	销售人员	2003/8/30	6212262100001678273
16	零翠萍	女	销售部	销售人员	2003/8/30	6212262100001678274
17	黄清丽	女	财务部	管理人员	2003/8/30	6212262100001678263
18	李露	男	销售部	销售人员	2003/8/30	6212262100001678272
19	曾德伟	男	财务部	管理人员	2003/8/30	6212262100001678265
20	梁敏莉	男	财务部	管理人员	2003/8/30	6212262100001678264
21	梁北妹	女	采购部	采购人员	2009/8/28	6212262100001678277
22	陈芳	女	一车间	生产人员	2009/8/28	6212262100001678290
23	谢映红	男	销售部	销售人员	2009/8/28	6212262100001678275
24	谢秦花	女	一车间	生产人员	2009/8/28	6212262100001678289

（续表）

员工编号	姓名	性别	部门	人员类别	入职时间	银行账号
25	张艳丽	男	采购部	采购人员	2009/8/28	6212262100001678279
26	周日娇	男	采购部	管理人员	2009/8/28	6212262100001678267
27	黄彩艳	女	生产车间	管理人员	2009/8/28	6212262100001678268
28	韦莹	男	采购部	采购人员	2006/7/1	6212262100001678278
29	刘春芳	女	销售部	管理人员	2010/9/1	6212262100001678269
30	卢玉婷	女	销售部	销售人员	2013/9/7	6212262100001678271

表3-11　　职工基本工资表　　单位：元

员工编号	姓名	部门	人员类别	基本工资	岗位津贴	合计
1	李前程	行政办公室	管理人员	3 000	1 500	4 500
2	谭惠敏	一车间	生产人员	2 500	800	3 300
3	覃桢	一车间	生产人员	1 500	800	2 300
4	杨雪凤	销售部	销售人员	2 500	800	3 300
5	刘慧倩	一车间	生产人员	2 500	800	3 300
6	孔凡梅	一车间	生产人员	3 000	800	3 800
7	苏开薇	行政办公室	管理人员	3 000	800	3 800
8	梁诗敏	行政办公室	管理人员	2 500	800	3 300
9	许丽敏	一车间	生产人员	2 500	800	3 300
10	卓少华	一车间	生产人员	2 500	800	3 300
11	付璇	一车间	生产人员	2 500	800	3 300
12	谢桂英	一车间	生产人员	2 000	800	2 800
13	韦柳	采购部	采购人员	2 500	800	3 300
14	梁建萍	一车间	生产人员	1 500	800	2 300
15	黄绪文	销售部	销售人员	1 500	800	2 300
16	零翠萍	销售部	销售人员	3 000	1 000	4 000
17	黄清丽	财务部	管理人员	1 500	800	2 300
18	李露	销售部	销售人员	3 000	800	3 800
19	曾德伟	财务部	管理人员	3 000	800	3 800
20	梁敏莉	财务部	管理人员	2 000	800	2 800
21	梁北妹	采购部	采购人员	2 500	800	3 300
22	陈芳	一车间	生产人员	1 500	800	2 300

(续表)

员工编号	姓名	部门	人员类别	基本工资	岗位津贴	合计
23	谢映红	销售部	销售人员	2 500	800	3 300
24	谢秦花	一车间	生产人员	2 000	800	2 800
25	张艳丽	采购部	采购人员	3 000	1 000	4 000
26	周日娇	采购部	管理人员	3 000	1 000	4 000
27	黄彩艳	生产车间	管理人员	2 000	800	2 800
28	韦 莹	采购部	采购人员	3 000	1 000	4 000
29	刘春芳	销售部	管理人员	1 500	800	2 300
30	赵秋连	销售部	销售人员	1 500	800	2 300

表 3-12　　　　　　　　　　　　　　职工福利表　　　　　　　　　　　　　　单位：元

员工编号	姓名	部门	人员类别	生活补贴	住房补贴	合计
1	李前程	行政办公室	管理人员	650	900	1 550
2	谭惠敏	一车间	生产人员	450	600	1 050
3	覃 桢	一车间	生产人员	450	600	1 050
4	杨雪凤	销售部	销售人员	450	600	1 050
5	刘慧倩	一车间	生产人员	450	600	1 050
6	孔凡梅	一车间	生产人员	450	600	1 050
7	苏开薇	行政办公室	管理人员	550	800	1 350
8	梁诗敏	行政办公室	管理人员	550	800	1 350
9	许丽敏	一车间	生产人员	450	600	1 050
10	卓少华	一车间	生产人员	450	600	1 050
11	付 璇	一车间	生产人员	450	600	1 050
12	谢桂英	一车间	生产人员	450	600	1 050
13	韦 柳	采购部	采购人员	450	600	1 050
14	梁建萍	一车间	生产人员	450	600	1 050
15	黄绪文	销售部	销售人员	450	600	1 050
16	零翠萍	销售部	销售人员	450	600	1 050
17	黄清丽	财务部	管理人员	550	800	1 350
18	李 露	销售部	销售人员	450	600	1 050
19	曾德伟	财务部	管理人员	550	800	1 350

(续表)

员工编号	姓名	部门	人员类别	生活补贴	住房补贴	合计
20	梁敏莉	财务部	管理人员	550	800	1 350
21	梁北妹	采购部	采购人员	450	600	1 050
22	陈 芳	一车间	生产人员	450	600	1 050
23	谢映红	销售部	销售人员	450	600	1 050
24	谢秦花	一车间	生产人员	450	600	1 050
25	张艳丽	采购部	采购人员	450	600	1 050
26	周日娇	采购部	管理人员	550	800	1 350
27	黄彩艳	生产车间	管理人员	550	800	1 350
28	韦 莹	采购部	采购人员	450	600	1 050
29	刘春芳	销售部	管理人员	550	800	1 350
30	赵秋连	销售部	销售人员	450	600	1 050

表 3-13　　　　　　　　　　职工考勤记录表　　　　　　　　金额单位：元

员工编号	姓名	部门	人员类别	病假天数（天）	病假扣款金额	事假天数（天）	事假扣款金额	请假扣款小计
1	李前程	行政办公室	管理人员					
2	谭惠敏	一车间	生产人员					
3	覃 桢	一车间	生产人员					
4	杨雪凤	销售部	销售人员					
5	刘慧倩	一车间	生产人员			1	100	100
6	孔凡梅	一车间	生产人员	5	50			50
7	苏开薇	行政办公室	管理人员	1	10			10
8	梁诗敏	行政办公室	管理人员					
9	许丽敏	一车间	生产人员					
10	卓少华	一车间	生产人员					
11	付 璇	一车间	生产人员					
12	谢桂英	一车间	生产人员			1	100	100
13	韦 柳	采购部	采购人员					

(续表)

员工编号	姓名	部门	人员类别	病假天数（天）	病假扣款金额	事假天数（天）	事假扣款金额	请假扣款小计
14	梁建萍	一车间	生产人员					
15	黄绪文	销售部	销售人员					
16	零翠萍	销售部	销售人员			1	100	100
17	黄清丽	财务部	管理人员					
18	李露	销售部	销售人员	2	20			20
19	曾德伟	财务部	管理人员					
20	梁敏莉	财务部	管理人员	1	10			10
21	梁北妹	采购部	采购人员	2	20			20
22	陈芳	一车间	生产人员					
23	谢映红	销售部	销售人员					
24	谢秦花	一车间	生产人员					
25	张艳丽	采购部	采购人员					
26	周日娇	采购部	管理人员			1	100	100
27	黄彩艳	生产车间	管理人员					
28	韦莹	采购部	采购人员					
29	刘春芳	销售部	管理人员					
30	赵秋连	销售部	销售人员					

表3-14　　　　　　　　　　　职工业绩考核表　　　　　　　　　　　单位：元

员工编号	姓名	部门	人员类别	生产业绩	销售业绩	业绩奖励合计
1	李前程	行政办公室	管理人员			
2	谭惠敏	一车间	生产人员	700		700
3	覃桢	一车间	生产人员			
4	杨雪凤	销售部	销售人员		800	800
5	刘慧倩	一车间	生产人员	300		300
6	孔凡梅	一车间	生产人员	500		500
7	苏开薇	行政办公室	管理人员			
8	梁诗敏	行政办公室	管理人员			

(续表)

员工编号	姓名	部门	人员类别	生产业绩	销售业绩	业绩奖励合计
9	许丽敏	一车间	生产人员	500		500
10	卓少华	一车间	生产人员	300		300
11	付 璇	一车间	生产人员	500		500
12	谢桂英	一车间	生产人员	300		300
13	韦 柳	采购部	采购人员			
14	梁建萍	一车间	生产人员	300		300
15	黄绪文	销售部	销售人员		500	500
16	零翠萍	销售部	销售人员		1 000	1 000
17	黄清丽	财务部	管理人员			
18	李 露	销售部	销售人员		500	500
19	曾德伟	财务部	管理人员			
20	梁敏莉	财务部	管理人员			
21	梁北妹	采购部	采购人员			
22	陈 芳	一车间	生产人员	300		300
23	谢映红	销售部	销售人员		800	800
24	谢秦花	一车间	生产人员			
25	张艳丽	采购部	采购人员			
26	周日娇	采购部	管理人员			
27	黄彩艳	生产车间	管理人员			
28	韦 莹	采购部	采购人员			
29	刘春芳	销售部	管理人员			
30	赵秋连	销售部	销售人员		500	500

表 3-15　　　　　　　　　　社保扣款比例(个人部分)

项　目	扣款比例
养老保险	8%
失业保险	0.20%
医疗保险	2%

注：不同地方扣款比例存在差异。

表 3-16　　　　　　　　　　　　　个人所得税税率表

级数	全年应纳税所得额	换算成月收入为	税率	速算扣除数
1	不超过 36 000 元的	≤3 000 元	3%	0
2	超过 36 000 元至 144 000 元的部分	>3 000 元，≤12 000 元	10%	2 520
3	超过 144 000 元至 300 000 元的部分	>12 000 元，≤25 000 元	20%	16 920
4	超过 300 000 元至 420 000 元的部分	>25 000 元，≤35 000 元	25%	31 920
5	超过 420 000 元至 660 000 元的部分	>35 000 元，≤55 000 元	30%	52 920
6	超过 660 000 元至 960 000 元的部分	>55 000 元，≤80 000 元	35%	85 920
7	超过 960 000 元的部分	>80 000 元	45%	181 920

要求：根据所给的 A 企业职工相关资料，对该企业的职工工资结算单、职工工资汇总表进行相关设置。

模块 4

工资薪酬管理(下)
——数据透视表的应用

[考核目标]
1. 认知数据透视表。
2. 认知数据透视图。
3. 认知切片器。

[实践目标]
1. 掌握运用 Excel 软件制作数据透视表。
2. 掌握运用 Excel 软件制作数据透视图。
3. 掌握运用 Excel 软件生成切片器,制作交互式数据看板。

[思政目标]
1. 培养求真务实、实践创新、精益求精的工匠精神。
2. 培养诚实守信、追求卓越等优秀品质。

[知识点思维导图]

工资薪酬管理(下) ├ 工资薪酬数据透视表的编制
├ 工资薪酬数据透视图的制作
└ 切片器的创建

任务 4.1　工资薪酬数据透视表的编制

一、知识要点

数据透视表是一种交互式的表,可以进行某些计算,如求和与计数等。所进行的计算与数据跟数据透视表中的排列有关。之所以称为数据透视表,是因为可以动态地改变它们的版面布置,以便按照不同方式分析数据,也可以重新安排行号、列标和页字段。每一次改变版面布置时,数据透视表会立即按照新的布置重新计算数据。另外,如果原始数据发生更改,则可以更新数据透视表。

二、岗位任务

依据任务 4.1 数据源(可扫描本页中的二维码获取)分别统计各部门薪资发放金额、1~6 月薪资发放总金额及各薪资项目发放金额情况,通过制作数据透视表分析各部门各个月份的薪资发放金额、各个月份的薪资发放总金额及各个月份各薪资项目的发放金额情况。

数据源

三、操作步骤

操作步骤如下:

(1) 打开任务 4.1(可扫描本页中的二维码获取),该文件有两个工作表,工作表名称分别为"数据源"和"数据透视表",如图 4-1 和图 4-2 所示。

部门	月份	项目	金额
行政部	1	津贴	48510
行政部	1	底薪	59700
行政部	1	提成	6000
行政部	1	加班费	24000
行政部	2	津贴	26730
行政部	2	底薪	79600
行政部	2	提成	13200
行政部	2	加班费	22000
行政部	3	津贴	29700
行政部	3	底薪	75620
行政部	3	提成	9600
行政部	3	加班费	15000
行政部	4	津贴	21780
行政部	4	底薪	79600
行政部	4	提成	6600
行政部	4	加班费	13500
行政部	5	津贴	40590
行政部	5	底薪	91540
行政部	5	提成	9000
行政部	5	加班费	22500
行政部	6	津贴	46530
行政部	6	底薪	45770
行政部	6	提成	12600
行政部	6	加班费	24500
市场部	1	津贴	42570
市场部	1	底薪	43780

图 4-1 "数据源"工作表

(2) 打开"数据源"工作表,该工作表为某企业各部门 1~6 月薪资发放数据表,单击表格内任一单元格,单击菜单栏上的"插入"按钮,选择"数据透视表"选项,系统弹出"创建数据透视表"对话框,如图 4-3 所示。

图 4-2 "数据透视表"工作表

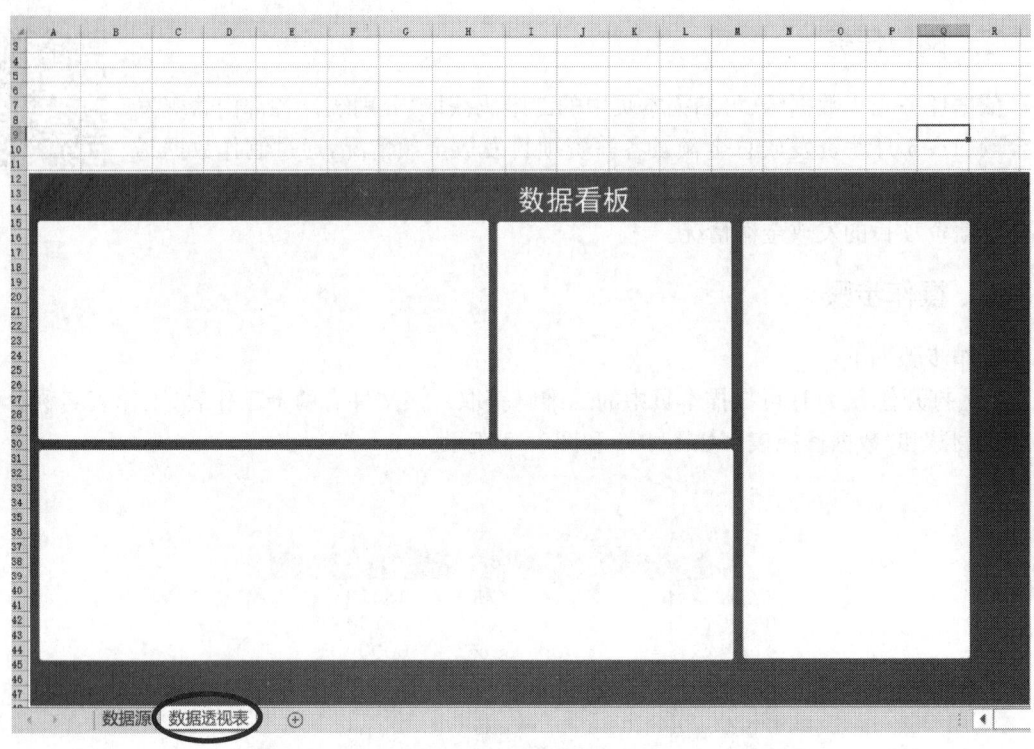

图 4-3 "创建数据透视表"对话框

（3）在"创建数据透视表"对话框中，"选择放置数据透视表的位置"选项选择"现有工作表"，在"位置"输入框中单击，如图 4-4 所示。

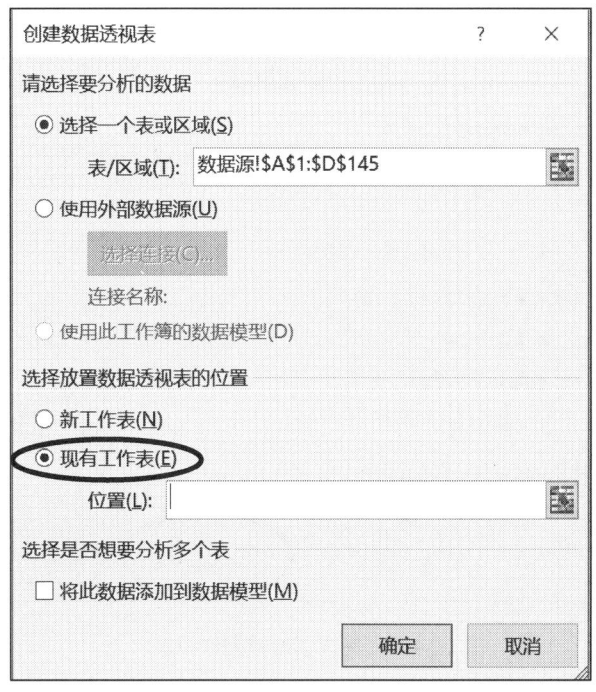

图 4-4　选择放置数据透视表位置

（4）选择"数据透视表"工作表，在该工作表中单击 A1 单元格，此时在"创建数据透视表"的输入框中显示"数据透视表！＄A＄1"，单击"确定"按钮，完成数据透视表的创建，如图 4-5 至图 4-7 所示。

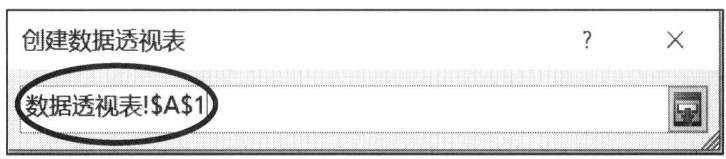

图 4-5　创建数据透视表位置

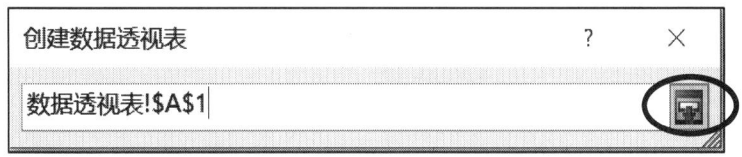

图 4-6　创建数据透视表引用位置

（5）单击"确定"按钮后，在"数据透视表"工作表中系统自动创建空白数据透视表及数据透视表字段。在"数据透视表"工作表中，创建的空白数据透视表位于工作表的左侧，数据透视表字段位于工作表的右侧，如图 4-8 所示。

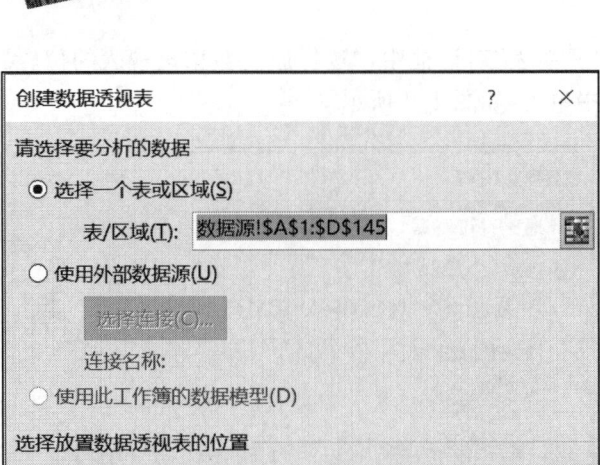

图 4-7 完成创建数据透视表

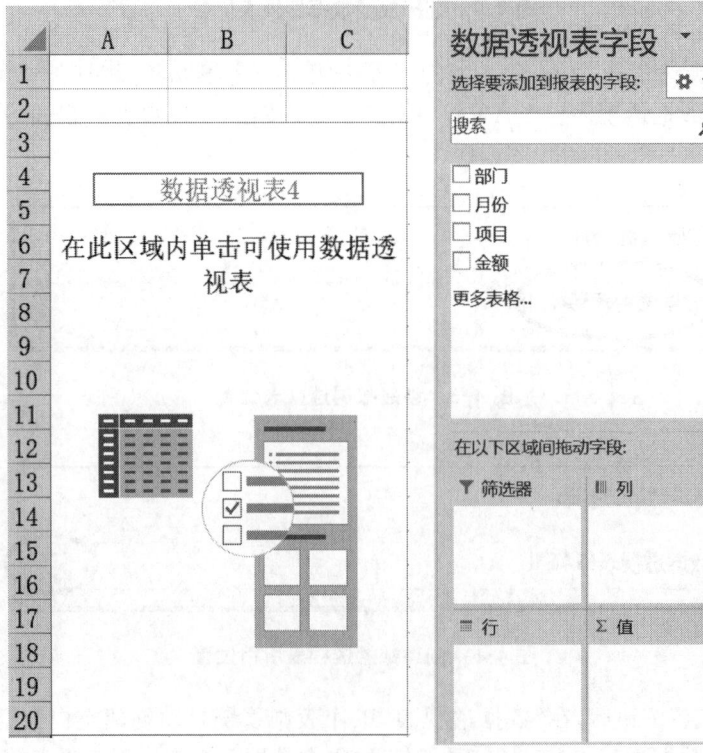

图 4-8 空白数据透视表及数据透视表字段

(6) 在"数据透视字段"列表中,将"部门"字段向下拖动到"行"区域,将"金额"字段向下拖动到"值"区域,数据透视表自动汇总统计各部门的薪资发放金额,此时完成各部门薪资发放金额统计表,如图 4-9 和图 4-10 所示。

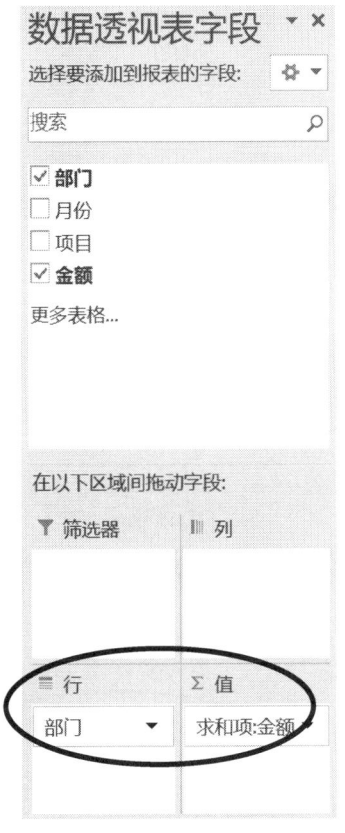

行标签	求和项:金额
生产1部	830410
生产2部	764840
生产3部	777420
市场部	793560
销售部	814390
行政部	824170
总计	4804790

图 4-9　数据透视表字段　　　　图 4-10　数据透视表 1

(7) 选中"A1:B8"单元格区域,按住"Ctrl"+"C"键,单击 D1 单元格,按住"Ctrl"+"V"键,复制生成一张相同的数据透视表,在"数据透视字段"列表中,将"部门"字段从"行"区域往上拖回到列表区域,将"月份"字段向下拖动到"行"区域,"金额"字段仍保留在"值"区域,保持不动,数据透视表自动汇总统计 1~6 月薪资发放金额,此时完成 1~6 月薪资发放总金额统计表,如图 4-11 和图 4-12 所示。

(8) 在第 2 个透视表 1~6 月薪资发放总金额统计表中发现月份前面均出现加号,如何去除加号呢? 选中"D2"单元格,单击鼠标右键,在弹出的对话框中选择"取消组合"选项,则所有月份前面的加号均取消掉了。

(9) 选中"D1:E8"单元格区域,按住"Ctrl"+"C"键,单击 G1 单元格,按住"Ctrl"+"V"键,复制生成一张相同的数据透视表,在"数据透视字段"列表中,将"月份"字段从"行"区域往上拖回到列表区域,将"项目"字段向下拖动到"行"区域,"金额"字段仍保留在"值"区域,保持不动,数据透视表自动汇总统计各薪资项目发放金额,此时完成各薪资项目发放金额统计表。如图 4-13 和图 4-14 所示。

通过以上操作，完成了分析各部门各个月份的薪资发放金额、各个月份的薪资发放总金额及各个月份各薪资项目的发放金额情况的数据透视表。

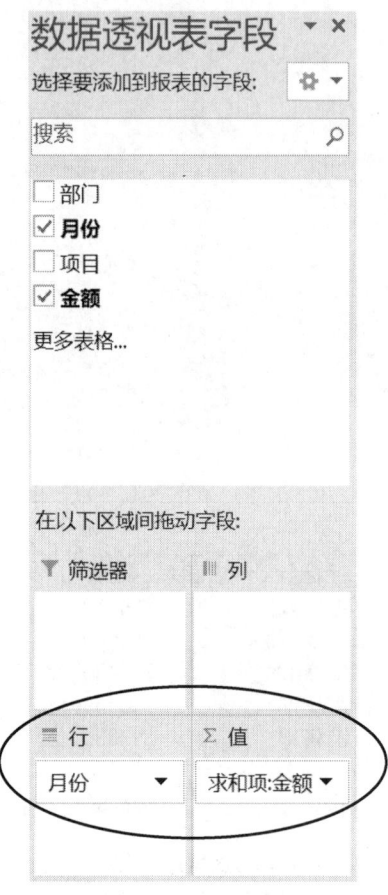

图 4-11　数据透视表字段　　　　　　图 4-13　数据透视表字段

行标签	求和项:金额
1	774510
2	826080
3	755430
4	794180
5	853040
6	801550
总计	4804790

图 4-12　数据透视表 2

行标签	求和项:金额
底薪	2513370
加班费	644000
津贴	1294920
提成	352500
总计	4804790

图 4-14　数据透视表 3

任务 4.2　工资薪酬数据透视图的制作

一、知识要点

数据透视图，是在数据透视表的基础上，通过对数据透视表中的汇总数据绘制可视化图形，添加可视化效果来对数据透视表进行补充的一种形式，借助数据透视表和数据透视图，用户可对企业中的关键数据做出明智决策。数据透视表和数据透视图的区别在于数据透视图报表，比数据透视表，更形象生动直观。在 Excel 中，点击选中数据透视表后，再点击插入图形，即可得到数据透视图。

二、岗位任务

依据任务 4.1 制作的三个数据透视表分别制作三个数据透视图，以添加可视化效果来对数据透视表做图示展示的补充表现形式，以更为直观、生动的图示形象来展示和分析各部门各个月份的薪资发放金额、各个月份的薪资发放总金额及各个月份各薪资项目的发放金额情况。

三、操作步骤

前面学习了数据透视表，完成了数据的筛选和统计，要想使数据分析实现可视化，需要根据数据透视表创建的数据，绘制成图表，通过制作数据透视图来实现。

操作步骤如下：

（1）在"数据透视表"中，选中"A1:B8"单元格区域，单击菜单栏上的"插入"按钮，选择"图表"选项，选择"条形图"中的"簇状条形图"，单击"确定"按钮，系统自动生成一张数据透视图。将"各部门薪资发放统计"数据透视图拖动到下方"数据看板"中第一栏最左侧的白色方框中，可通过拖动鼠标调整大小及位置，直到将"各部门薪资发放统计"数据透视图完全放置在"数据看板"中第一栏最左侧的白色方框内。双击标题"汇总"，将其修改为"各部门薪资发放统计"，如图 4-15 所示。

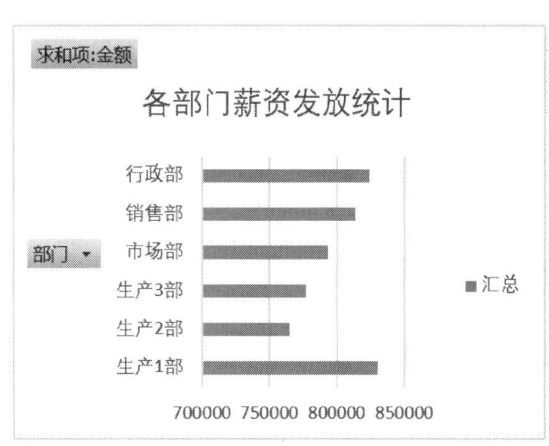

图 4-15　各部门薪资发放统计

（2）在"数据透视表"中，选中"D1:E8"单元格区域，单击菜单栏上的"插入"按钮，选择"图表"选项，选择"饼图"，单击"确定"按钮，系统自动生成一张数据透视图。将"1～6月薪资发放金额统计"数据透视图拖动到下方"数据看板"中第一栏中间的白色方框中，可通过拖动鼠标调整大小及位置，直到将"1～6月薪资发放金额统计"数据透视图完全放置在"数据看板"中第一栏中间的白色方框内，双击标题"汇总"，将其修改为"1～6月薪资发放金额统计"，如图 4-16 所示。

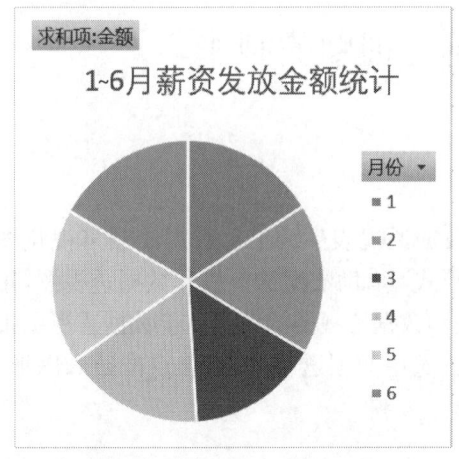

图 4-16　1~6 月薪资发放金额统计

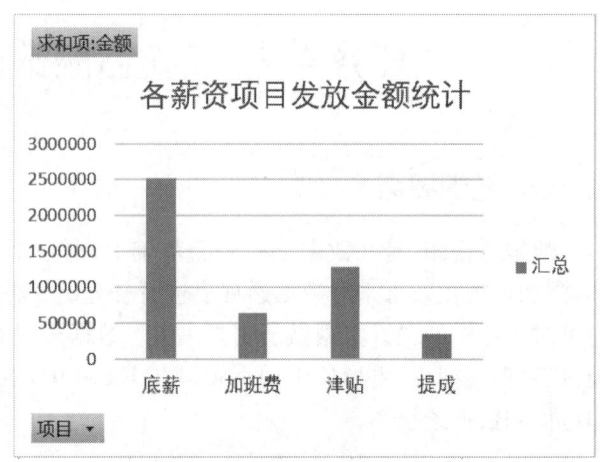

图 4-17　各薪资项目发放金额统计

（3）在"数据透视表"中，选中"G1:H6"单元格区域，单击菜单栏上的"插入"按钮，选择"图表"选项，选择"柱形图"，单击"确定"按钮，系统自动生成一张数据透视图，将"各薪资项目发放金额统计"数据透视图拖动到下方"数据看板"中第二栏长条形白色方框中，可通过拖动鼠标调整大小及位置，直到将"各薪资项目发放金额统计"数据透视图完全放置在"数据看板"中第二栏长条形的白色方框内，双击标题"汇总"，将其修改为"各薪资项目发放金额统计"，如图 4-17 所示。

通过上面的操作，依据任务 4.1 和任务 4.2 制作了三个数据透视表和三个数据透视图，以图表的形式来展示和分析各部门各个月份的薪资发放金额、各个月份的薪资发放总金额及各个月份各薪资项目的发放金额情况，且将三个数据透视图分别放置入数据看板当中相对应的白色方框当中，如图 4-18 所示。想要制作成交互式动态数据看板还需要生成切片器进行报表连接设置才能完成。

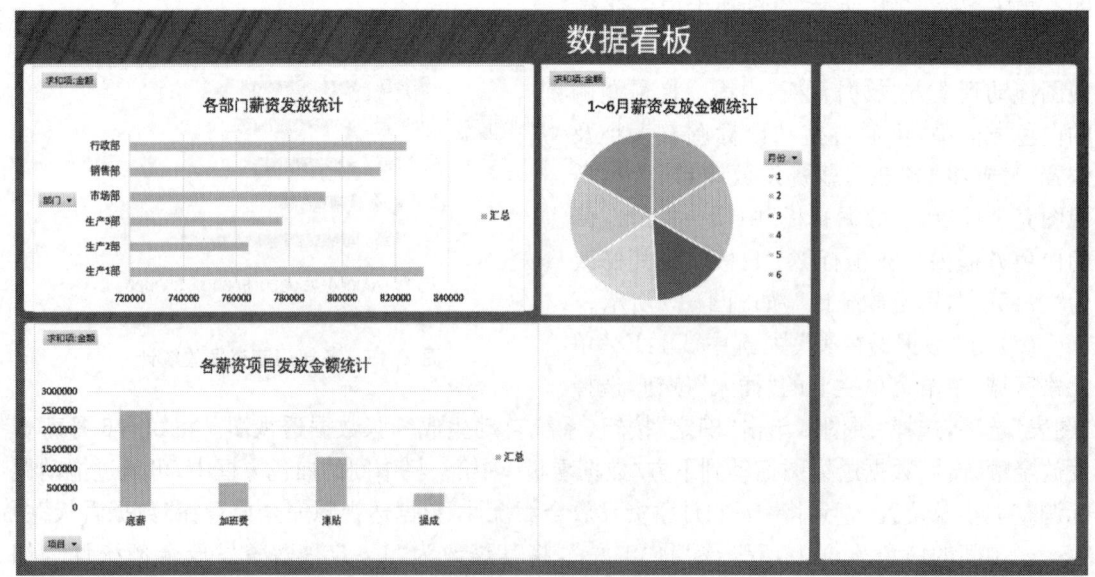

图 4-18　数据看板

任务4.3 切片器的创建

一、知识要点

切片器在数据透视表和数据透视图的应用方面起到筛选的功能,比如选择"2月"这个按钮,则系统可以自动筛选出2月份相关的数据资料,可以说,它是制作动态图表的"遥控器"控件。

二、岗位任务

依据任务4.1、任务4.2创建的数据透视表和数据透视图,生成切片器,制作交互式动态数据看板。

三、操作步骤

操作步骤如下:

(1) 在"数据透视表"中,单击选中"1~6月薪资发放金额统计"的透视图,单击菜单栏上的"插入"按钮,选择"切片器"选项,系统弹出"插入切片器"对话框,勾选"月份"选项,单击"确定"按钮,系统自动生成"月份切片器",如图4-19和图4-20所示。将生成的"月份切片器"拖动入"数据看板"的最右侧的白色方框内,可通过拖动鼠标调整大小及位置,直到将"月份切片器"完全放置在"数据看板"中最右侧的白色方框内,如图4-21所示。

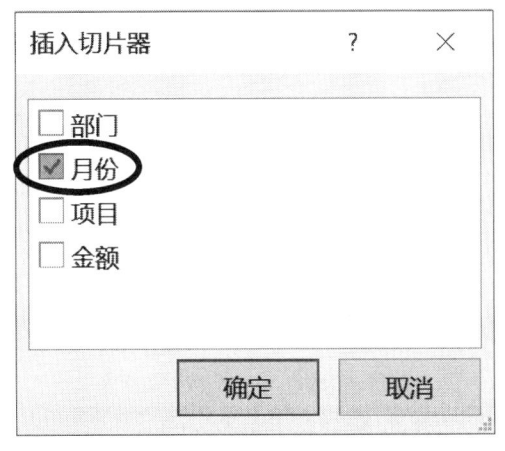

图4-19 "插入切片器"对话框

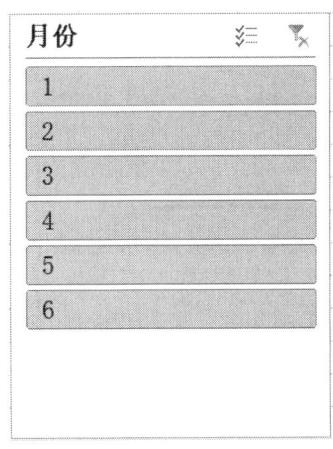

图4-20 "月份"切片器

(2) 生成"月份切片器"后,接下来需要对透视图进行相应的数据关联,也就是说要制作出一个类似于"遥控器"控件的东西,只要选择"遥控器"上相对应的月份,系统就会自动筛选出该月份相应的数据资料。

选中"月份切片器",单击鼠标右键,在弹出的对话框中选择"报表连接"选项,系统弹出"数据透视表连接"对话框,勾选"数据透视表1"和"数据透视表3",单击"确定"按钮,完成"月份切片器"的报表连接设置,如图4-22和图4-23所示。

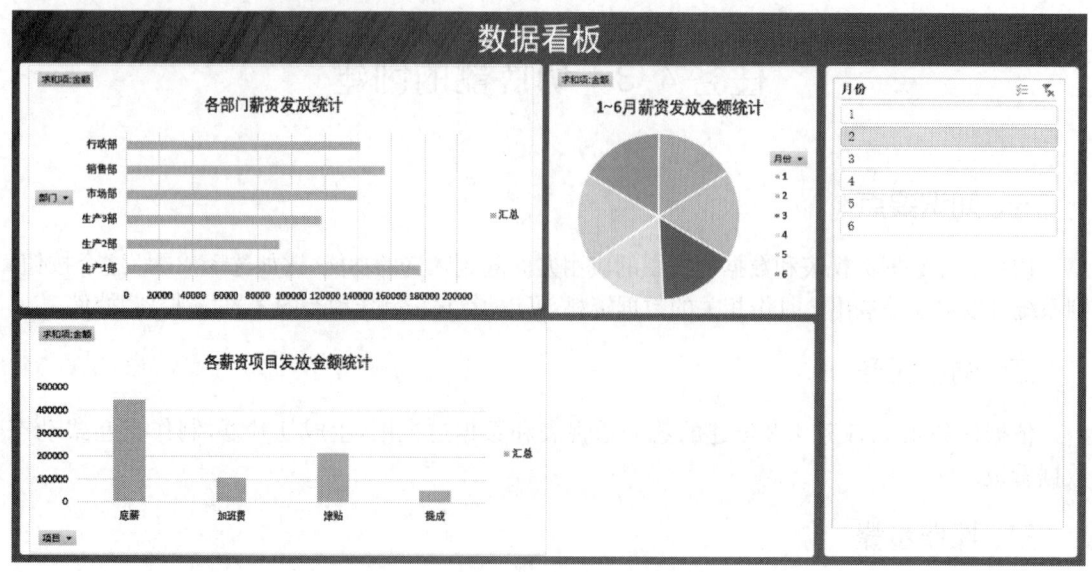

图 4-21 数据看板

图 4-22 报表连接

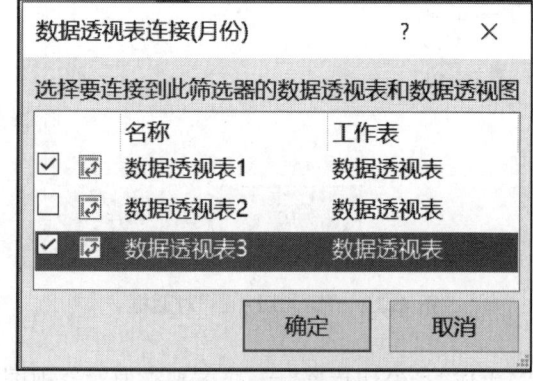

图 4-23 数据透视表连接

在上面的操作中为何不勾选"数据透视表 2"呢？这是因为"数据透视表 1"统计的是各部门薪资发放金额的情况，"数据透视表 3"统计的是各薪资项目发放金额的情况，这两个数据透视表只要添加一个"月份"维度就可以进行数据的关联了。但"数据透视表 2"统计的是各月份薪资发放总金额的情况，因而不再需要跟"月份"维度相关联了，否则只展示一个月份的图表实在没什么数据分析的意义。

（3）单击"月份切片器"的不同月份，可动态查看到"各部门薪资发放统计"和"各薪资项目发放金额统计"数据透视表和数据透视图发生相应的数据变化。由数据透视表、数据透视图和"月份切片器"共同组成了一个实时查看的交互式动态数据看板。当选择"月份切片器"上的3月份，则"各部门薪资发放统计"和"各薪资项目发放金额统计"数据透视表和数据透视图的数据变化如图 4-24 所示。当选择"月份切片器"上的5月份，则"各部门薪资发放统计"和"各薪资项目发放金额统计"数据透视表和数据透视图的数据变化如图 4-25 所示。通过切换"月份切片器"上的月份，可以动态、实时查看该月份的数据资料。

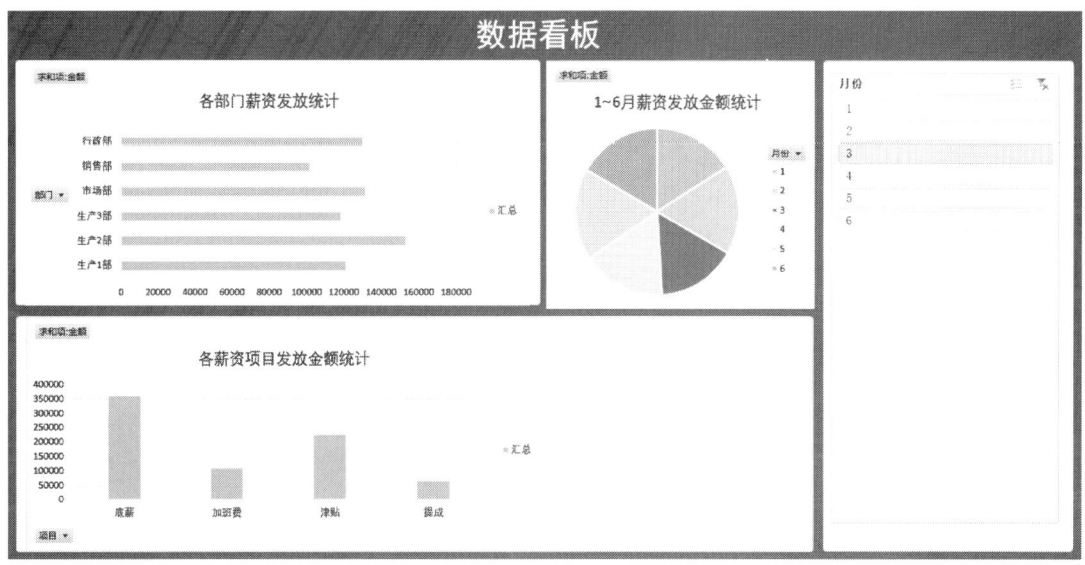

图 4-24　3 月份交互式动态数据看板

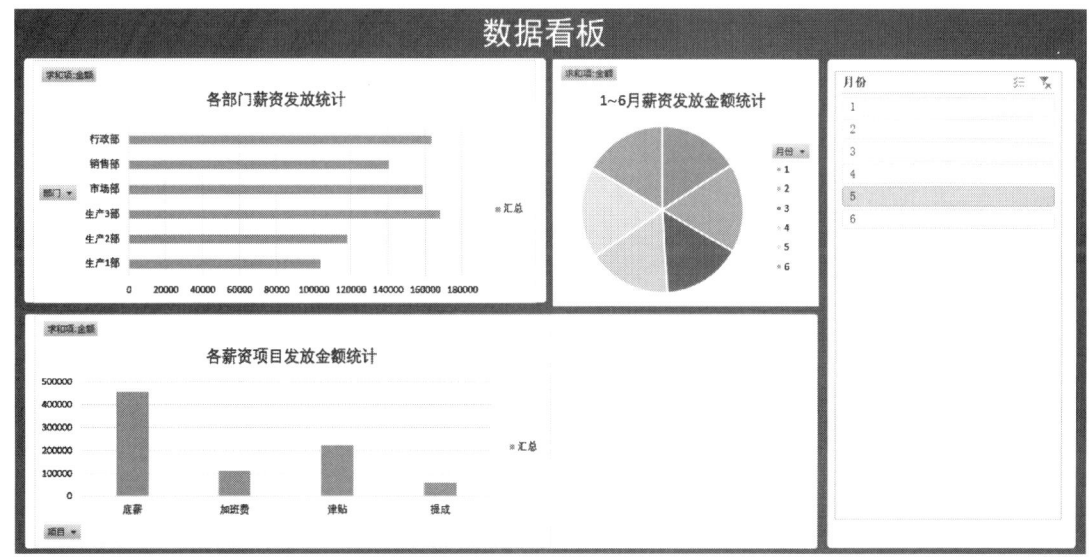

图 4-25　5 月份交互式动态数据看板

模 块 测 试

模块测试
数据资料

根据模块测试数据资料(可扫描本页中的二维码获取),分别统计各个销售小组各个月份的总销售额、1~6月各个月份的总销售额及各个月份各项产品的总销售额情况。通过制作数据透视表和数据透视图,动态分析各销售小组的总销售额、各个月份的总销售额及各项产品的销售总额情况。依据创建的数据透视表和数据透视图,制作交互式动态数据看板。

模块 5

固定资产管理

[考核目标]
1. 认知固定资产登记簿的基本格式和内容。
2. 认知固定资产卡片的基本格式和内容。
3. 运用 Excel 表格功能建立固定资产管理的相关表格。
4. 运用 Excel 函数计算计提固定资产折旧额。
5. 综合运用 Excel 表格进行固定资产管理提高工作效率。

[实践目标]
1. 掌握运用 Excel 表格制作固定资产登记簿的方法。
2. 掌握运用 Excel 表格制作固定资产卡片账的方法。
3. 掌握 Excel 数据验证和 SLN、SYD、DDB 等 Excel 函数应用。
4. 掌握案例中的相关操作。

[思政目标]
1. 引导学生形成严谨细致的工作能力和工作作风。
2. 引导学生形成善于思考的职业素养。
3. 培养学生求真务实的职业道德品质。

[知识点思维导图]

```
                          ┌─ 固定资产登记簿的编制
                          │
                          │                    ┌─ 直线法计提折旧
                          ├─ 固定资产折旧方法 ──┤─ 年数总和法计提折旧
                          │                    └─ 双倍余额递减法计提折旧
      固定资产管理 ───────┤
                          │                         ┌─ 固定资产的增加
                          ├─ 固定资产增减变动管理 ──┤─ 固定资产的调拨
                          │                         └─ 固定资产的减少
                          │
                          └─ 固定资产卡片管理
```

任务 5.1　固定资产登记簿的编制

一、知识要点

固定资产登记簿是进行固定资产明细核算的账簿,包括资产编号、固定资产名称、规格型号、使用部门、使用状态、增加方式、减少方式、开始使用日期、预计使用年限、原值、预计净残值率、净残值、折旧方法等具体项目信息。

二、岗位任务

利用 Excel 软件的电子表格处理功能,根据表 5-1 的固定资产项目信息制作完成固定资产登记簿账表。

三、操作步骤

操作步骤如下:

(1) 打开一个新的 Excel 工作簿,将这个工作簿更名为"固定资产管理"。将新工作表 sheet1 更名为"固定资产登记簿"。

(2) 在单元格 A1,输入"固定资产登记簿"作为该表格名称,并选择单元格区域 A1:P1,点击"合并后居中"按钮,并通过字体、字号突出显示。点选单元格 A3 拖拽至单元格 P10,设置《固定资产登记簿》的表格线,如图 5-1 所示。

图 5-1　固定资产登记簿表格线

(3) 在单元格 B2 输入"制表单位:",在单元格 I2 输入"折旧计提基准日:",单元格 J2 使用"Today"函数,获取当前日期,或者手动录入日期,本次实训以日期为:2023-8-18,为例。在单元格 N2 输入"制表人:",如图 5-2 所示。

表 5-1

固定资产项目信息

制表单位：　　　　　　　　折旧计提基准日：2023-8-18　　　　　　　　制表人：李一

资产编号	固定资产名称	规格型号	使用部门	使用状态	增加方式	减少方式	开始使用日期	预计使用年限	原值	预计净残值率	净残值	折旧方法	已计提月份	折旧年份	本月计提额
001	复印机	佳能	行政部	在用	购入		2016-10-28	8	￥28 000.00	2.00%	￥560.00	直线法	81	7	
002	小轿车	奥迪 A4	销售部	在用	购入		2018-08-05	10	￥280 000.00	5.00%	￥14 000.00	年数总和法	60	5	
003	台式电脑	DELL	财务部	在用	购入		2017-08-08	6	￥5 600.00	1.00%	￥56.00	双倍余额递减法	72	6	
004	笔记本电脑	HUAWEI	行政部	在用	购入		2022-07-02	6	￥4 800.00	1.00%	￥48.00	双倍余额递减法	13	2	
005	办公楼	500 平方米	行政部	在用	自建		2011-05-16	50	￥600 000.00	5.00%	￥30 000.00	直线法	147	13	
006	打印机	佳能	销售部	在用	调拨		2020-06-06	6	￥3 500.00	2.00%	￥70.00	年数总和法	38	4	
007	传真机	惠普	行政部	在用	购入		2021-12-05	6	￥6 000.00	1.00%	￥60.00	双倍余额递减法	20	2	

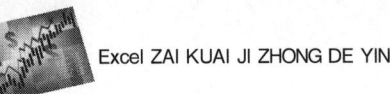

图 5-2　固定资产登记簿表头信息

（4）在工作表单元格区域 A3:P3 分别输入"资产编号""固定资产名称""规格型号""使用部门""使用状态""增加方式""减少方式""开始使用日期""预计使用年限""原值""预计净残值率""净残值""折旧方法""已计提月份""折旧年份""本月计提额"等固定资产管理的属性字段，如图 5-3 所示。

图 5-3　固定资产属性字段

（5）对各属性字段单元格进行相应的格式处理。其中，"资产编号"所在的 A 列设置为文本格式，如图 5-4 所示。

"使用部门"字段，点选"数据"功能菜单，"数据验证"，验证条件为允许"序列"，在数据来源处输入"行政部,财务部,销售部,生产 1 部,生产 2 部"，点选"确定"，设置单元格为"行政部,财务部,销售部,生产 1 部,生产 2 部"的数据验证方式，如图 5-5 所示。

同样的方法设置其他单元格。

图 5-4　设置资产编号单元格格式

图 5-5　设置使用部门单元格格式

"使用状态"字段设置为"在用,季节性停用,停用"的数据验证;

"增加方式"字段设置为"自建,购入,调拨,捐赠"数据验证;

"减少方式"字段设置为"出售,报废,调拨,投资"的数据验证;

"折旧方法"字段设置为"直线法,年数总和法,双倍余额递减法"的数据验证方式;"开始使用日期"字段设置为日期格式;

"原值""净残值""本月计提额"设置为货币格式;

"预计净残值率"设置为百分比格式。

(6) 录入各项固定资产项目信息,参考表 5-1。

以 001 号资产为例，如图 5-6 所示。

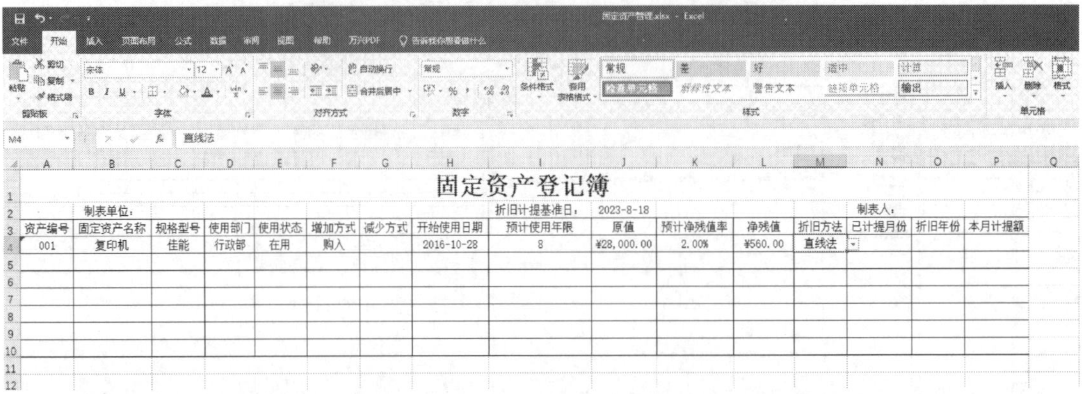

图 5-6　录入 001 号固定资产信息

(7) 在单元格 N4，输入"＝INT(DAYS360(H4，$J$2,0)/30)"，计算"已计提月份"的值。其中，"DAYS360 函数"用于计算开始日期单元格 H4 到结束日期单元格 J2 的间隔天数，除以 30 计算间隔月数，使用 INT()函数取整，计算结果为 81，如图 5-7 所示。

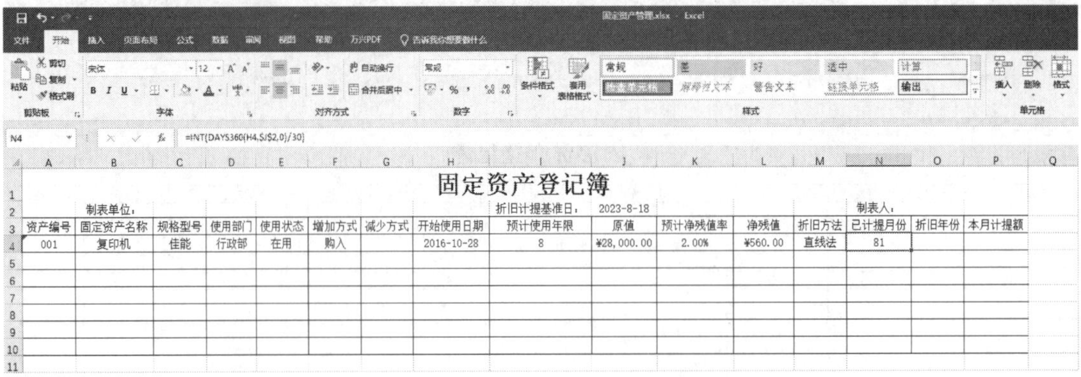

图 5-7　已计提月份计算公式

(8) 在单元格 O4，输入"＝IF(MOD(N4/12,1)＝0,N4/12,INT(N4/12＋1))"，计算出"折旧年份"的值为 7。其中，"MOD"为取余数的函数，如果 MOD(N4/12,1)＝0，则折旧年份的值正好为 N4 除以 12，否则为 N4 除 12 加 1 后取整，如图 5-8 所示。

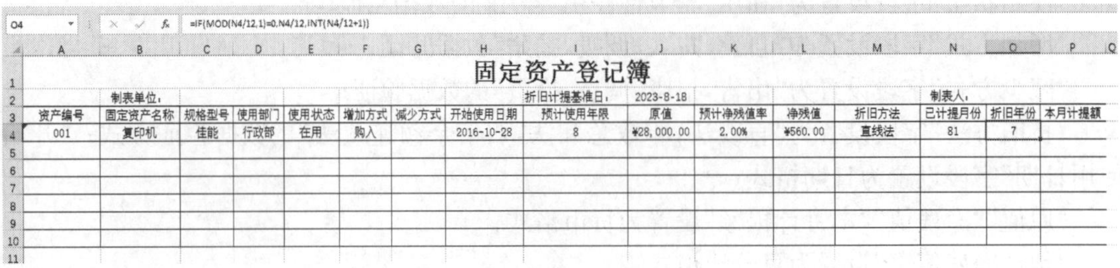

图 5-8　折旧年份计算公式

(9) 余下六项固定资产的数据信息以同样的方法输入。

(10) 在单元格 O2 输入制表人姓名"李一"。

任务 5.2　固定资产折旧方法

活动 5.2.1　直线法计提折旧

一、知识要点

直线法又称年限平均法,是指根据固定资产的原值、预计净残值和预计清理费用,按照预计使用年限平均计算折旧的一种方法。其计算公式如下:

$$年折旧额=(固定资产-残值)\div 使用年限$$
$$年折旧率=(1-预计净残值率)\div 预计使用年限\times 100\%$$
$$月折旧率=年折旧率\div 12$$
$$月折旧额=固定资产原值\times 月折旧率$$

Excel 中可使用 SLN 函数来计算。其语法为:SLN(cost,salvage,life),其中,第一个参数 Cost 为固定资产原值,第二个参数 Salvage 为净残值,第三个参数 Life 为预计使用年限。SLN 函数返回固定资产在一个期间的线性折旧值,因此,使用 SLN 函数计算出每个月份或年份的折旧额相等。

二、岗位任务

利用 SLN 函数(直线法)为 001 号固定资产计提折旧,如表 5-2 所示。

表 5-2　　　　　　　　　　001 号固定资产信息
固定资产登记簿

制表单位:　　　　　　折旧计提基准日:2023-8-19　　　　　　制表人:李一

资产编号	固定资产名称	规格型号	使用部门	使用状态	增加方式	减少方式	开始使用日期	预计使用年限	原值	预计净残值率	净残值	折旧方法	已计提月份	折旧年份	本月提额
001	复印机	佳能	行政部	在用	购入		2016-10-28	8	￥28 000.00	2.00%	￥560.00	直线法	81	7	

三、操作步骤

操作步骤如下:

(1) 在固定资产登记簿上增加一列"本年折旧额",设置单元格格式为货币格式;将光标移动到单元格 P4,输入"=SLN(J4,L4,I4)",计算出"本年折旧额"的值为￥3,430.00。其中,SLN 函数的第一个参数 Cost 为固定资产原值(28 000 元),第二个参数 Salvage 为净残值

(560元),第三个参数 Life 为预计使用年限(8年),如图5-9所示。

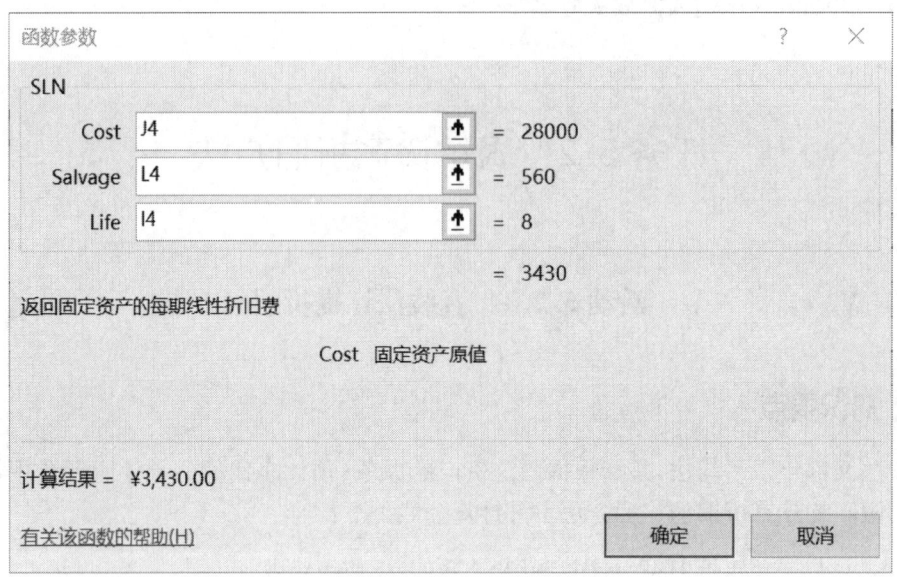

图5-9　SLN函数

(2)"本月计提额"等于"本年折旧额"除以12,在单元格 Q4 输入"＝P4/12",计算结果为¥285.83,如图5-10所示。

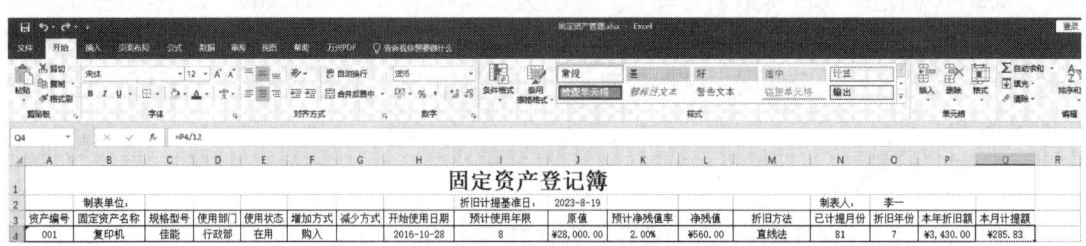

图5-10　计算本月计提折旧额

活动 5.2.2　年数总和法计提折旧

一、知识要点

年数总和法计提折旧是指将固定资产的原价减去预计净残值后的余额,乘以一个逐年递减的分数计算每年折旧额,这个分数的分子代表固定资产尚可使用寿命,分母代表固定资产预计使用寿命逐年数字总和。

公式如下：

年折旧率＝尚可使用年限÷预计使用寿命的年数总和×100％

年折旧额＝(固定资产原价－预计净残值)×年折旧率

$$月折旧率 = 年折旧率 \div 12$$
$$月折旧额 = 年折旧额 \div 12$$

年数总和法计提折旧可以使用 SYD 函数来计算,其语法为:SYD(cost,salvage,life,per),其中,Cost 资产原值,Salvage 资产预计净残值,Life 资产的使用寿命,per 当前折旧年份(期间),必须与 life 使用相同的单位。

二、岗位任务

利用 SYD 函数(年数总和法)为 002 号固定资产计提折旧,如表 5-3 所示。

表 5-3　　　　　　　　　　002 号固定资产信息
固定资产登记簿
制表单位:　　　　　　折旧计提基准日:2023-8-19　　　　　　制表人:李一

资产编号	固定资产名称	规格型号	使用部门	使用状态	增加方式	减少方式	开始使用日期	预计使用年限	原值	预计净残值率	净残值	折旧方法	已计提月份	折旧年份	本月计提额
002	小轿车	奥迪A4	销售部	在用	购入		2018-08-05	10	¥280 000.00	5.00%	¥14 000.00	年数总和法	60	5	

三、操作步骤

操作步骤如下:

(1) 将光标移动到单元格 P5,输入"=SYD(J5,L5,I5,O5)",计算出"本年折旧额"的值为 ¥29,018.18。其中,SYD 函数的第一个参数 Cost 为固定资产原值(280 000 元),第二个参数 Salvage 为净残值(14 000 元),第三个参数 Life 为预计使用年限(10 年),第四个参数 Per 为当前折旧年份(5 年),如图 5-11 所示。

图 5-11　SYD 函数

(2)选中单元格 Q4 向下拖拽复印公式,或在单元格 Q5 输入"=P5/12",计算结果为¥2 418.18,如图 5-12 所示。

图 5-12 计算本月计提折旧额

活动 5.2.3 双倍余额递减法计提折旧

一、知识要点

双倍余额递减法是在不考虑固定资产预计净残值的情况下,根据每期固定资产原价减去累计折旧后的金额和双倍的直线法折旧率计算固定资产折旧的一种方法。计算公式如下:

年折旧率=2/预计使用寿命(年)×100%

年折旧额=(资产原值-已提累计折旧)×年折旧率

月折旧额=年折旧额/12

由于每年年初固定资产净值没有扣除预计净残值,应用这种方法计算折旧额时必须注意不能使固定资产的净值降低到预计净残值以下。因此,在采用双倍余额递减法计算折旧的固定资产,在其折旧年限内的最后两年,将固定资产净值扣除预计净残值后的余额平均摊销。

双倍余额递减法计提折旧额可以使用 DDB 函数来计算。DDB 函数以加速比率计算折旧,第一阶段的折旧额最高,在后继阶段中会逐渐减少,最后两年则改用直线法计算折旧额。

二、岗位任务

利用 DDB 函数(双倍余额递减法)为 003 号、004 号固定资产计提折旧,如表 5-4 所示。

表 5-4　　　　　　　　　003、004 号固定资产信息

固定资产登记簿

制表单位:　　　　　　折旧计提基准日:2023-8-19　　　　　　制表人:李一

资产编号	固定资产名称	规格型号	使用部门	使用状态	增加方式	减少方式	开始使用日期	预计使用年限	原值	预计净残值率	净残值	折旧方法	已计提月份	折旧年份	本月计提额
003	台式电脑	DELL	财务部	在用	购入		2017-08-08	6	¥5 600.00	1.00%	¥56.00	双倍余额递减法	72	6	

（续表）

资产编号	固定资产名称	规格型号	使用部门	使用状态	增加方式	减少方式	开始使用日期	预计使用年限	原值	预计净残值率	净残值	折旧方法	已计提月份	折旧年份	本月计提额
004	笔记本电脑	HUAWEI	行政部	在用	购入		2022-07-02	6	¥4 800.00	1.00%	¥48.00	双倍余额递减法	13	2	

三、操作步骤

操作步骤如下：

（1）建立一个独立计算器，用于每一项使用双倍余额递减法的固定资产项目进行年折旧额计算；在 S 列和 T 列制作一个双倍余额递减法计算器，先设置好相应的计算器框架及单元格格式，如图 5-13 所示。

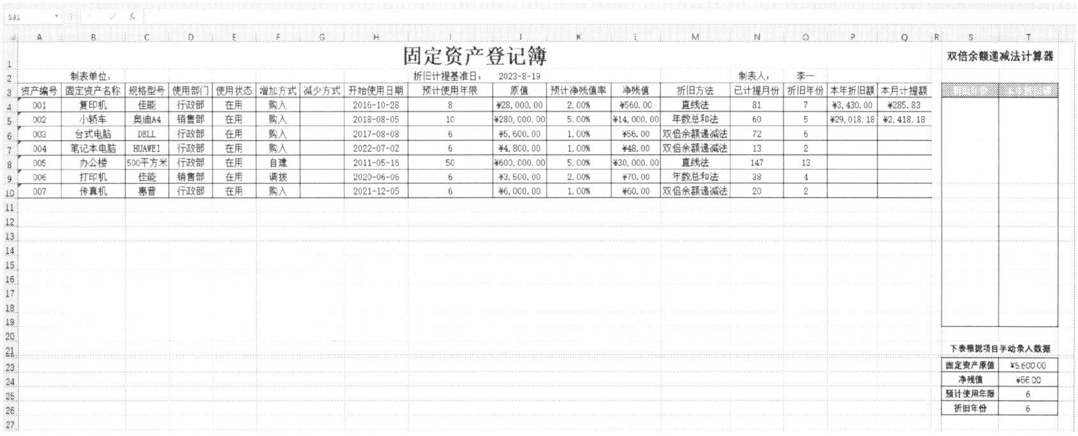

（2）在单元格 T23 填入 003 号固定资产原值 5 600 元，单元格 T24 填入该项固定资产净残值 56 元，单元格 T25 填入预计使用年限 6 年，单元格 T26 填入当前的折旧年份为 6，如图 5-14 所示。

（3）填列"折旧年份"。从单元格 S4 开始应分别填入 0，1，2，……

图 5-13 双倍余额递减法计算器

图 5-14 计算器录入固定资产信息

知识链接

其中第 0 年为固定资产新增的当月,投入使用的次月为第 1 年的开始。需要使用函数公式实现折旧年份的自动填列,可用 ROW 函数来获取单元格所在的行号。当前折旧年份应为 0,当 ROW 函数的参数留空为获取当前行号。

(4) 在单元格 S4 输入公式"＝ROW()－ROW($S$4)"。

(5) 为了仅显示本项固定资产实际折旧年份以内的数值。使用 if 函数,在单元格 S4 输入"＝IF((ROW()－ROW($S$4))＞$T$26,"",ROW()－ROW($S$4))",向下拖拽则仅显示折旧年份以内的数值,本项固定资产折旧年份为 6,6 以上的数值不再显示,如图 5-15 所示。

(6) 在单元格 T5 输入"＝IF($T$25－S5＞＝2,DDB($T$23,$T$24,$T$25,S5,2),IF($T$25－S5＞＝1,($T$23－SUM($T$4:T4)－$T$24)/2,T4))",第 1 年的"本年折旧额"计算结果为￥1,866.67,如图 5-16 所示。

图 5-15　设置折旧年份公式

图 5-16　设置本年折旧额公式

知识链接

计算"本年折旧额"。本项固定资产的折旧年限为 6 年,按照双倍余额递减法的要求,前面 4 年应该使用 DDB 函数(即双倍余额递减法)计算年折旧额,后面两年转换为直线法(即年限平均法)计算年折旧额。由于当月新增的固定资产当月不计提折旧,下月开始计提,所以,第 0 年的年折旧额为 0,第 1 年的年才开始有折旧额。该固定资产前 4 年都可直接使用 DDB 函数计算出折旧额,如图 5-17 所示。而第 5、第 6 年则需要换成直线法计算折旧额,在单元格

T5、T6 输入“＝$T$23－SUM($T$4:T4)－$T$24)/2”。为了判断当年折旧年份是否为折旧年限内最后两年，所以加入了 IF 函数，最终单元格 T5 输入的公式为＝IF($T$25－S5＞＝2,DDB($T$23,$T$24,$T$25,S5,2),IF($T$25－S5＞＝1,($T$23－SUM($T$4:T4)－$T$24)/2,T4))。

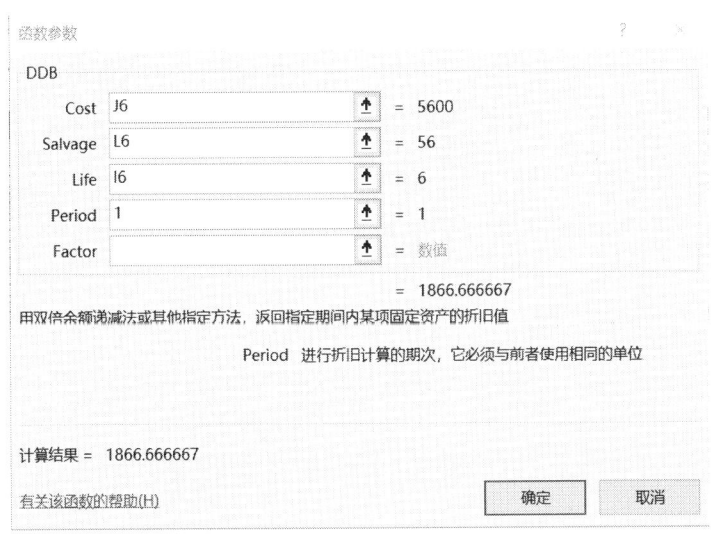

图 5-17　DDB 函数

(7) 由于该固定资产从第七年开始没有数据，需要增加一个 IF 函数进行逻辑判断，当“折旧年份”为空值，其对应“本年折旧额”显示为空。则单元格 T5 公式应更正为“＝IF(S5＝"","",IF($T$25－S5＞＝2,DDB($T$23,$T$24,$T$25,S5,2),IF($T$25－S5＞＝1,($T$23－SUM($T$4:T4)－$T$24)/2,T4)))”，向下拖拽填充，如图 5-18 所示。

固定资产登记簿

制表单位：　　折旧计提基准日：2023-8-19　　制表人：李一

资产编号	固定资产名称	规格型号	使用部门	使用状态	增加方式	减少方式	开始使用日期	预计使用年限	原值	预计净残值率	净残值	折旧方法	已计提月份	折旧年份	本年折旧额	本月计提额
001	复印机	佳能	行政部	在用	购入		2016-10-28	8	¥28,000.00	2.00%	¥560.00	直线法	81	7	¥3,430.00	¥285.83
002	小轿车	奥迪A4	销售部	在用	购入		2018-08-05	10	¥280,000.00	5.00%	¥14,000.00	年数总和法	60	5	¥29,018.18	¥2,418.18
003	台式电脑	DELL	财务部	在用	购入		2017-08-08	6	¥5,600.00	1.00%	¥56.00	双倍余额递减法	72	6		
004	笔记本电脑	HUAWEI	行政部	在用	购入		2022-07-02	6	¥4,800.00	1.00%	¥48.00	双倍余额递减法	13	2		
005	办公楼	500平方米	行政部	在用	自建		2011-05-16	50	¥600,000.00	5.00%	¥30,000.00	直线法	147	13		
006	打印机	佳能	销售部	在用	调拨		2020-06-06	6	¥3,500.00	2.00%	¥70.00	年数总和法	38	4		
007	传真机	惠普	行政部	在用	购入		2021-12-05	6	¥6,000.00	1.00%	¥60.00	双倍余额递减法	20	2		

双倍余额递减法计算器

0	
1	¥1,866.67
2	¥1,244.44
3	¥829.63
4	¥553.09
5	¥525.09
6	¥525.09

下表根据项目手动录入数据

固定资产原值	¥5,600.00
净残值	¥56.00
预计使用年限	6
折旧年份	6

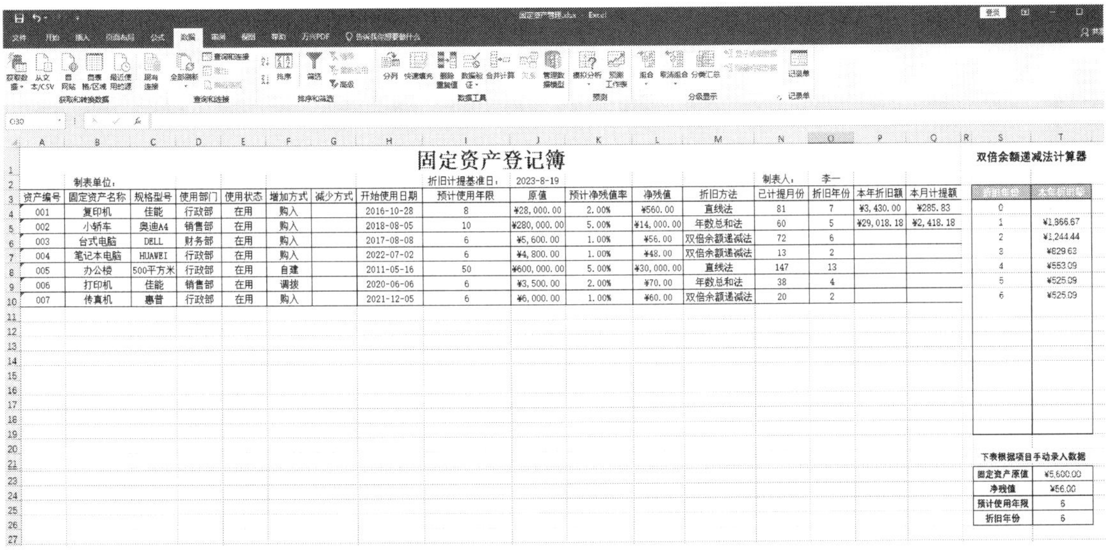

图 5-18　设置折旧额公式

(8) 使用双倍余额递减法计算器,得到 003 号固定资产的第 6 年的"本年折旧额"为 525.09 元,在单元格 P6 输入 525.09,单元格 Q6 输入"＝P6/12",如图 5-19 所示。

图 5-19 计算本月折旧额

(9) 将 004 号固定资产直接输入到计算器,可以计算出本年折旧额 1 066.67 元,本月计提额为 88.89 元,如图 5-20 所示。

图 5-20 双倍余额递减法计算本月计提折旧额

任务 5.3 固定资产增减变动管理

活动 5.3.1 固定资产的增加

一、知识要点

固定资产的增加是根据需要将购入或以其他方式增加的固定资产的信息添加到固定资产登记簿中的操作。

二、岗位任务

2023 年 8 月 18 日,公司销售部门购入 1 台复印一体机,型号为 HP-01,使用状态为在用,预计可以使用 8 年,原值为 8 800 元,净残值率为 1.00%,使用直线法计提折旧。要求:在固定资产登记簿上新增此项固定资产。

三、操作步骤

操作步骤如下:

(1) 在"功能区"点选"插入",点击鼠标右键,然后选择"自定义功能区",打开设置对话框,如图 5-21 所示。

图 5-21 自定义功能区

(2) 选择"不在功能区中的命令",拖动滚动条找到"记录单",在右侧对话框选择"数据"选项卡,增加新建组,重命名为"记录单",点选"添加",再点选"确定",这样就在"数据"选项卡中增加了"记录单"功能,如图 5-22 所示。

(3) 将光标移动到单元格 A3,按鼠标左键拖动到单元格 Q10,选中单元格区域 A3:Q10,按下"CTR+T"快捷键,对话框点选"确定",将表格转换成超级表格,如图 5-23 所示。

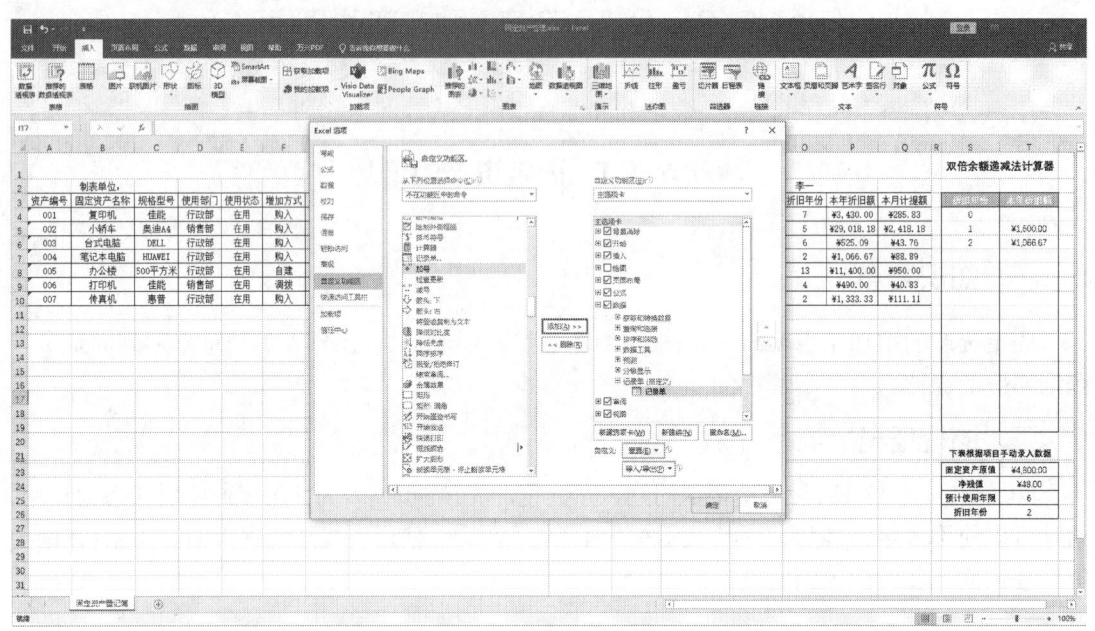

图 5-22　添加记录单

图 5-23　建立超级表格

（4）将光标移动到"固定资产登记簿"表格内的任一单元格上，在功能区点选"数据"，切换到数据选项卡，点选"记录单"，弹出记录单的操作界面，点选"新建"，在"资产编号:"输入"008"，"固定资产名称:"输入"复印机"，"规格型号:"输入"HP-01"，"使用部门:"输入"销售部"，"使用状态"输入"在用"，"增加方式:"输入"购入"，"开始使用日期:"输入"2023-8-18"，"预计使用年限:"输入"8"，"原值:"输入"8 800"，"预计净残值率:"输入"1‰"，"折旧方法:"输入"直线法"，"本年折旧额:"输入"0"，点选"关闭"选项，如图 5-24 所示。

（5）本月计提额自动显示计算结果为"0"，从下月开始计提折旧，如图 5-25 所示。

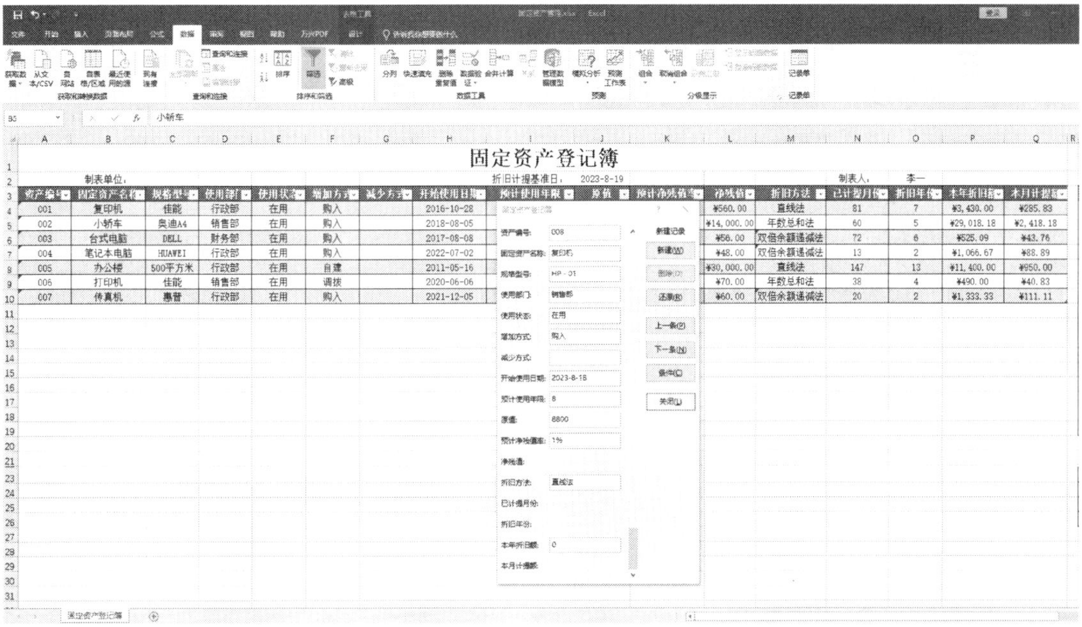

图 5-24　记录单对话框

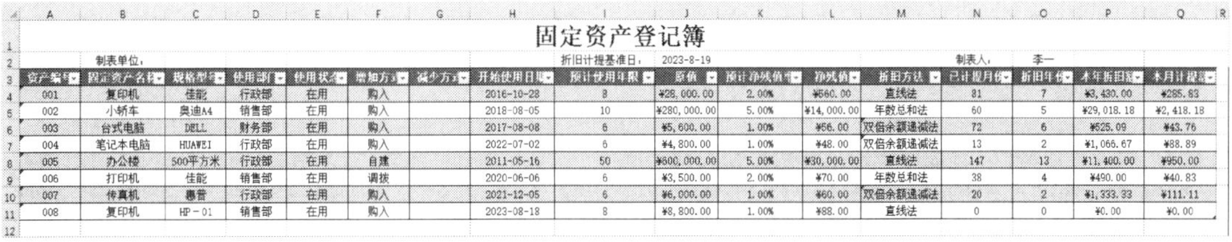

固定资产登记簿

制表单位：　　折旧计提基准日：2023-8-19　　制表人：李一

资产编号	固定资产名称	规格型号	使用部门	使用状态	增加方式	减少方式	开始使用日期	预计使用年限	原值	预计净残值率	净残值	折旧方法	已计提月份	折旧年份	本年折旧额	本月计提额
001	复印机	佳能	行政部	在用	购入		2016-10-28	8	¥28,000.00	2.00%	¥560.00	直线法	81	7	¥3,430.00	¥285.83
002	小轿车	奥迪A4	销售部	在用	购入		2018-08-05	10	¥280,000.00	5.00%	¥14,000.00	年数总和法	60	5	¥29,018.18	¥2,418.18
003	台式电脑	DELL	财务部	在用	购入		2017-08-08	6	¥5,600.00	1.00%	¥56.00	双倍余额递减法	72	6	¥525.09	¥43.76
004	笔记本电脑	HUAWEI	行政部	在用	购入		2022-07-02	6	¥4,800.00	1.00%	¥48.00	双倍余额递减法	13	2	¥1,066.67	¥88.89
005	办公楼	500平方米	行政部	在用	自建		2011-05-16	50	¥600,000.00	5.00%	¥30,000.00	直线法	147	13	¥11,400.00	¥950.00
006	打印机	佳能	销售部	在用	调拨		2020-06-06	6	¥3,500.00	2.00%	¥70.00	年数总和法	38	4	¥490.00	¥40.83
007	传真机	惠普	行政部	在用	购入		2021-12-05	6	¥6,000.00	1.00%	¥60.00	双倍余额递减法	20	2	¥1,333.33	¥111.11
008	复印机	HP－01	销售部	在用	购入		2023-08-18	8	¥8,800.00	1.00%	¥88.00	直线法	0	0	¥0.00	¥0.00

图 5-25　新增固定资产项目

活动 5.3.2　固定资产的调拨

一、知识要点

固定资产的调拨是指将固定资产从一个部门调拨到另一个部门的操作。

二、岗位任务

2023 年 8 月 19 日，将 003 号固定资产台式电脑从财务部门调拨到销售部门。在“固定资产登记簿”中完成调拨固定资产信息登记。

三、操作步骤

操作步骤如下：

(1) 将光标移动到固定资产登记簿内任一单元格，在功能区点选“数据”，切换到数据选项卡,点选"记录单",弹出记录单的操作界面,点选"条件"选项,在"资产编号:"对话框输入"003",回车,如图 5-26 所示。("记录单"可在"文件"—"选项"—"自定义功能区"调出。)

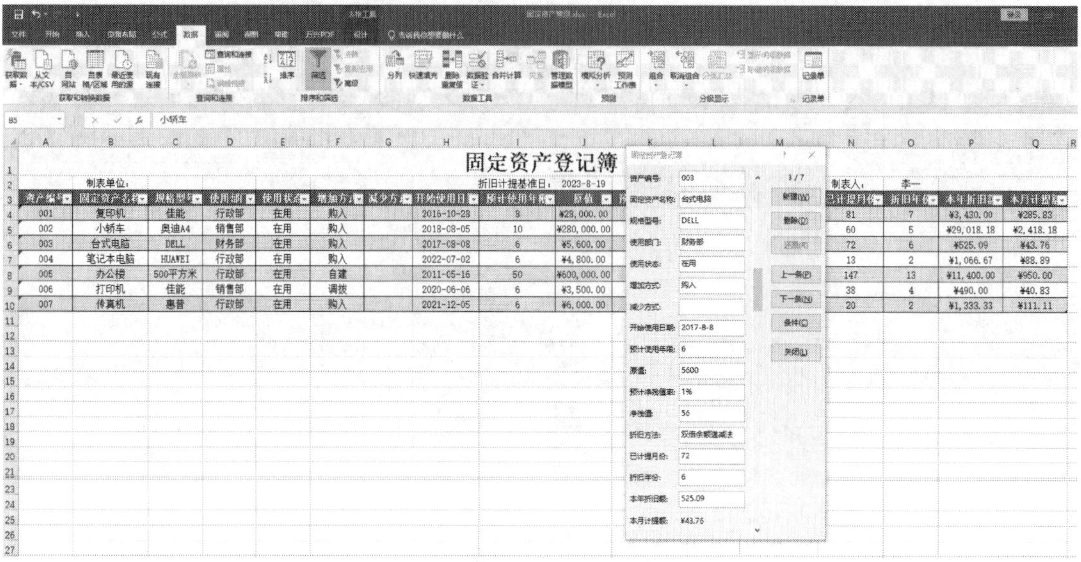

图 5-26 记录单对话框

(2)在记录单上调出 003 号固定资产信息,将"使使用部门:"的"财务部"更改为"销售部","增加方式:"更改为"调拨",点选"关闭"选项,如图 5-27 所示。

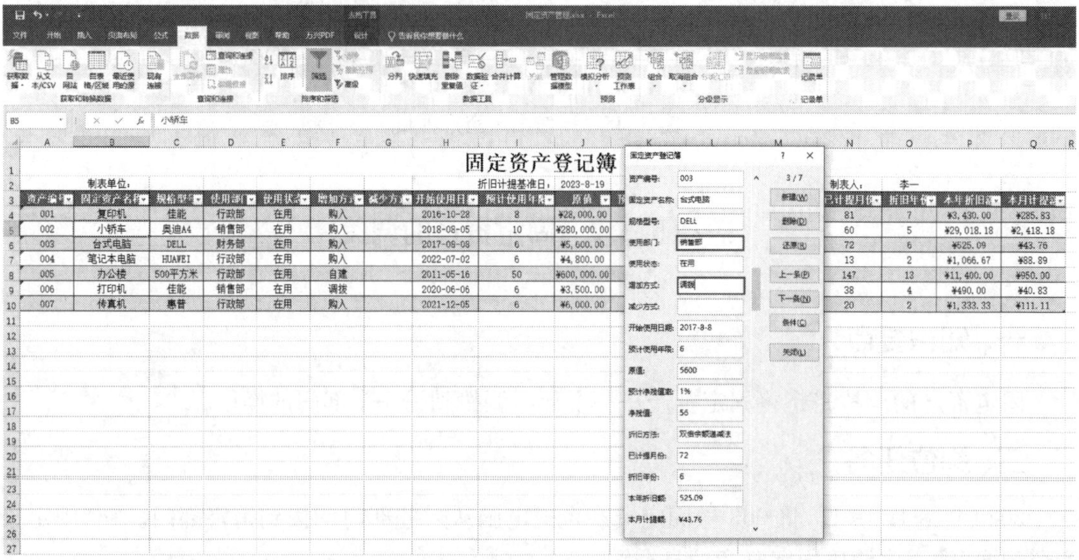

图 5-27 修改记录单对话框信息

(4)003 号固定资产相关信息发生变化,该项固定资产的调拨记录更新完成,如图 5-28 所示。

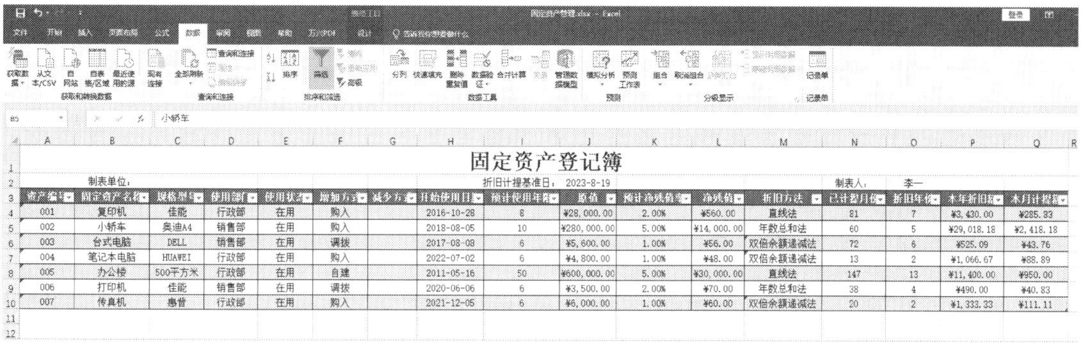

图 5-28　固定资产调拨

活动 5.3.3　固定资产的减少

一、知识要点

固定资产的减少是指由于出售、损毁、报废等原因,将固定资产从固定资产登记簿中删除的操作。

二、岗位任务

003 号固定资产台式电脑已无法正常使用,作报废处理。

三、操作步骤

(1) 将光标移动到固定资产登记簿内任一单元格,在功能区点选"数据",切换到数据选项卡,点选"记录单",弹出记录单的操作界面,点选"条件"选项,在"资产编号"对话框输入"003",回车,在记录单上调出 003 号固定资产信息,在"减少方式"对话框填入"报废",点选"关闭"选项,如图 5-29 所示。

图 5-29　记录单录入减少方式

(2) 003 号固定资产已作报废处理，如图 5-30 所示。

固定资产登记簿

制表单位： 折旧计提基准日：2023-8-19 制表人：李一

资产编号	固定资产名称	规格型号	使用部门	使用状态	增加方式	减少方式	开始使用日期	预计使用年限	原值	预计净残值率	净残值	折旧方法	已计提月份	折旧年份	本年折旧额	本月计提额
001	复印机	佳能	行政部	在用	购入		2015-10-28	8	¥28,000.00	2.00%	¥560.00	直线法	81	7	¥3,430.00	¥285.83
002	小轿车	奥迪A4	销售部	在用	购入		2018-08-05	10	¥280,000.00	5.00%	¥14,000.00	年数总和法	60	5	¥29,018.18	¥2,418.18
003	台式电脑	DELL	销售部	在用	调拨	报废	2017-08-08	6	¥5,600.00	1.00%	¥56.00	双倍余额递减法	72	6	¥525.09	¥43.76
004	笔记本电脑	HUAWEI	行政部	在用	购入		2022-07-02	6	¥4,800.00	1.00%	¥48.00	双倍余额递减法	13	2	¥1,066.67	¥88.89
005	办公楼	500平方米	行政部	在用	自建		2011-05-16	50	¥600,000.00	5.00%	¥30,000.00	直线法	147	13	¥11,400.00	¥950.00
006	打印机	佳能	销售部	在用	调拨		2020-06-06	6	¥3,500.00	2.00%	¥70.00	年数总和法	38	4	¥490.00	¥40.83
007	传真机	惠普	行政部	在用	购入		2021-12-05	6	¥6,000.00	1.00%	¥60.00	双倍余额递减法	20	2	¥1,333.33	¥111.11

图 5-30 固定资产项目报废处理

任务 5.4 固定资产卡片管理

一、知识要点

固定资产登卡片是单独管理某项固定资产项目内容的卡片式账簿，其项目内容包括卡片编号、固定资产编号、固定资产名称、使用状态、折旧方法、本月计提折旧额等内容。

二、岗位任务

本次任务，利用 Excel 软件的电子表格及函数功能，完成表 5-5 的固定资产卡片账簿制作，在表 5-6 中完成折旧额的计算，实现固定资产登记簿上固定资产项目的动态跟踪管理。

表 5-5 固定资产卡片

卡片编号	2018002	当前月份	2023 年 8 月	本月计提折旧额	¥2 418.18
资产编号	002	固定资产名称	小轿车		
使用部门	销售部	规格型号	奥迪 A4	增加方式	购入
使用状态	在用	开始使用日期	2018-08-05	预计使用年限	10
原值	¥280 000.00	预计净残值率	5.00%	净残值	¥14 000.00
折旧方法	年数总和法	已计提月数	60	第几年	5

表 5-6 折旧额计算

年份	年折旧率	年折旧额	月折旧率	月折旧额	累计折旧	净值
0						¥280 000.00
1	17.27%	¥48 363.64	1.44%	¥4 030.30	¥48 363.64	¥231 636.36
2	15.55%	¥43 527.27	1.30%	¥3 627.27	¥91 890.91	¥188 109.09
3	13.82%	¥38 690.91	1.15%	¥3 224.24	¥130 581.82	¥149 418.18
4	12.09%	¥33 854.55	1.01%	¥2 821.21	¥164 436.36	¥115 563.64

(续表)

年份	年折旧率	年折旧额	月折旧率	月折旧额	累计折旧	净值
5	10.36%	¥29 018.18	0.86%	¥2 418.18	¥193 454.55	¥86 545.45

三、操作步骤

操作步骤如下：

（1）打开"固定资产管理.xlsx"工作簿，在左下角增加一个工作表，将新增工作表更名为"固定资产卡片"。

（2）在固定资产卡片工作表中建立一个固定资产卡片的账表框架，并将"卡片编号""资产编号""使用部门""使用状态""当前月份""本月计提折旧额"等固定资产信息字段及用于折旧额计算的"年份""年折旧率""年折旧额""月折旧率""月折旧额""累计折旧""净值"等信息字段录入账表的相应位置，并将各单元格设置好相应单元格格式，如图5-31所示。

图5-31 固定资产卡片框架

(3)将光标移动到单元格 F4,输入"＝Today()",取当前日期(实训中以 2023-8-19 为例),通过日期格式设置保留"年月"作为当前月份的数值,如图 5-32 所示。

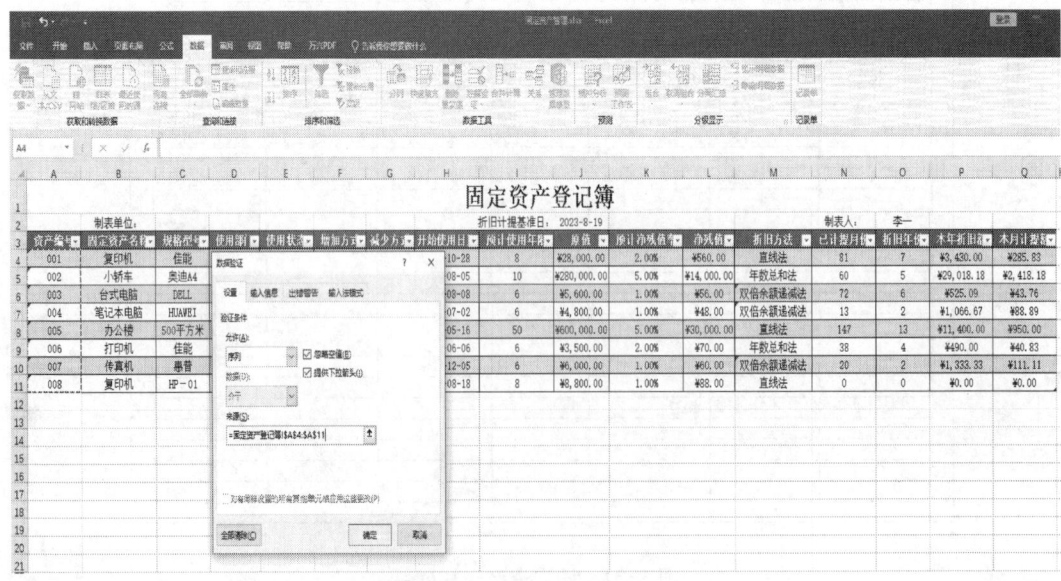

图 5-32 获取当前月份

(4)将光标移动到单元格 D5,在功能区点选"数据",选择"数据验证"选项,设置验证条件为允许"序列",来源"＝固定资产登记簿！＄A＄4:＄A＄11",点选"确定",如图 5-33 所示。这样就可以点击单元格 D5 选择任一资产编号,比如 001,如图 5-34 所示。

图 5-33 数据验证对话框

模块 5 固定资产管理 | 163

图 5-34 资产编号数据验证

（5）将光标移动到单元格 F5，插入 VLOOKUP 函数，如图 5-35 所示。

图 5-35 VLOOKUP 函数

使用 Vlookup 函数以单元格 D5 的资产编号为关键字到固定资产登记簿工作表中检索获取第 2 列资产项目"固定资产名称"的信息，如图 5-36 所示。

图 5-36　获取固定资产名称信息

（6）在单元格 D6 输入"＝VLOOKUP（＄D＄5,固定资产登记簿！＄A＄4：＄Q＄11,4,0）"，获取"使用部门"的信息，如图 5-37 所示。

图 5-37　获取固定资产使用部门信息

(7) 同样的方法,通过修改 VLOOKUP 函数第三个参数"Col_index_num"数值获取到"规格型号""增加方式""使用状态""原值""折旧方法""开始使用日期""预计净残值率""已计提月数""预计使用年限""净残值"、当前折旧年份"第几年"以及"本月计提折旧额"等固定资产信息,如图 5-38 所示。

图 5-38 获取固定资产其他信息项

(8) 在单元格 D4 输入"=YEAR(F7)&D5"。(以固定资产开始使用年份和资产编号作为卡片编号),如图 5-39 所示。

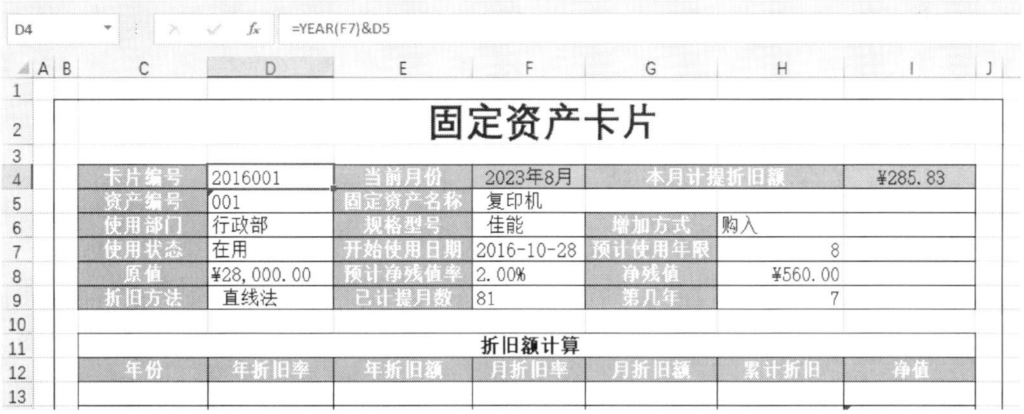

图 5-39 生成卡片编号

(9) 在单元格 C13 输入"=IF(ROW()−ROW(\$C\$13)<=\$H\$9,ROW()−ROW(\$C\$13),"")",向下填充至单元格 C33,如图 5-40 所示。

(10) 设置"年折旧额"。第 0 年的年折旧额为 0,在单元格 E14 输入"=IF(C14="","",IF(\$D\$9="直线法",SLN(\$D\$8,\$H\$8,\$H\$7),IF(\$D\$9="年数总和法",SYD

图 5-40 设置折旧年份数列

($D$8,$H$8,$H$7,C14),IF($H$7-C14>=2,DDB($D$8,$H$8,$H$7,C14,2),IF($H$7-C14>=1,($D$8-SUM($E13:E14)-$H$8)/2,E13)))))",向下填充至单元格 E33,如图 5-41 所示。

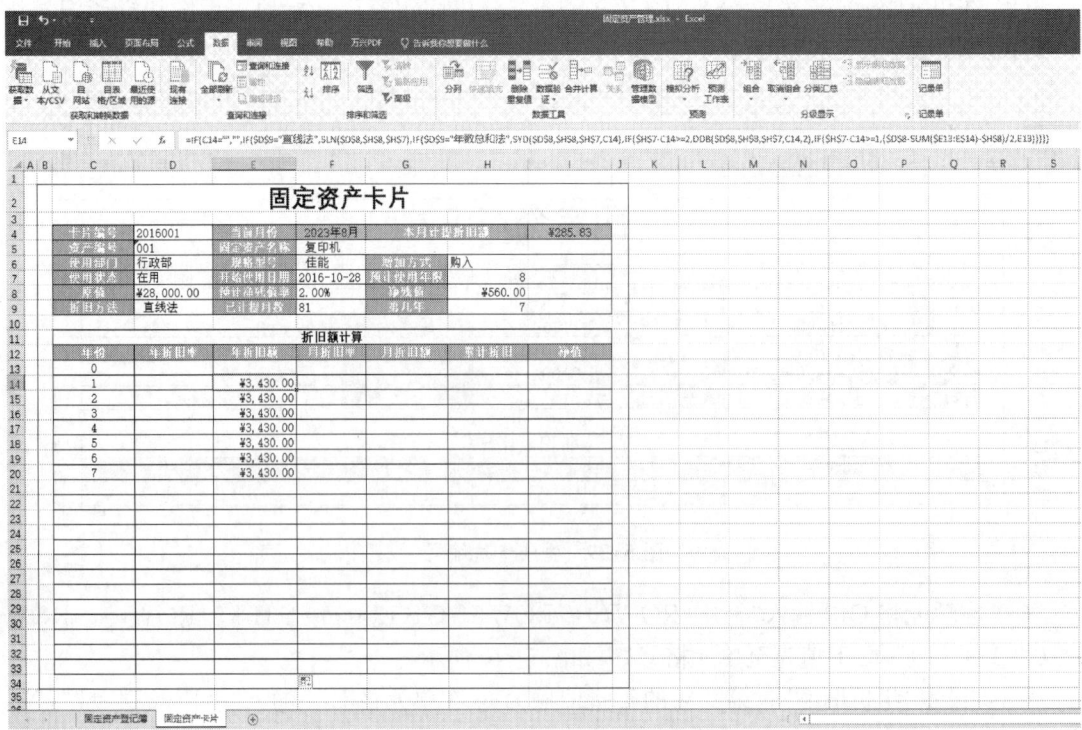

图 5-41 年折旧额分类计算公式

知识链接

使用 IF 函数对单元格 D9 的值作相应的逻辑判断，按“直线法”“年数总和法”“双倍余额递减法”分类计算固定资产项目年折旧额。如果 $D$9="直线法"，适用 SLN($D$8，$H$8，$H$7)计算年折旧额；如果 $D$9="年数总和法"，适用 SYD($D$8，$H$8，$H$7，C14)计算年折旧额；否则，应该采用双倍余额递减法计算年折旧额。采用双倍余额递减法计提折旧，需要分两个阶段采用不同方法计算年折旧额，前面的年份适用 DDB($D$8，$H$8，$H$7，C14，2)计算年折旧额，最后两年用($D$8－SUM($E13：E$14)－$H$8)/2 公式，转为直线法计算年折旧额。同时，增加一个 IF 函数判断单元格 C14 单位是否为空，如果单元格 C14 的值为空，则为未来的折旧年份，显示空值。

(11) 在单元格 D14 输入“=IF(C14="","",E14/$D$8)”。

其中，年折旧率“=E14/$D$8”。IF 函数的逻辑判断单元格 C14 是否为空，为空则显示空值，向下填充，如图 5-42 所示。

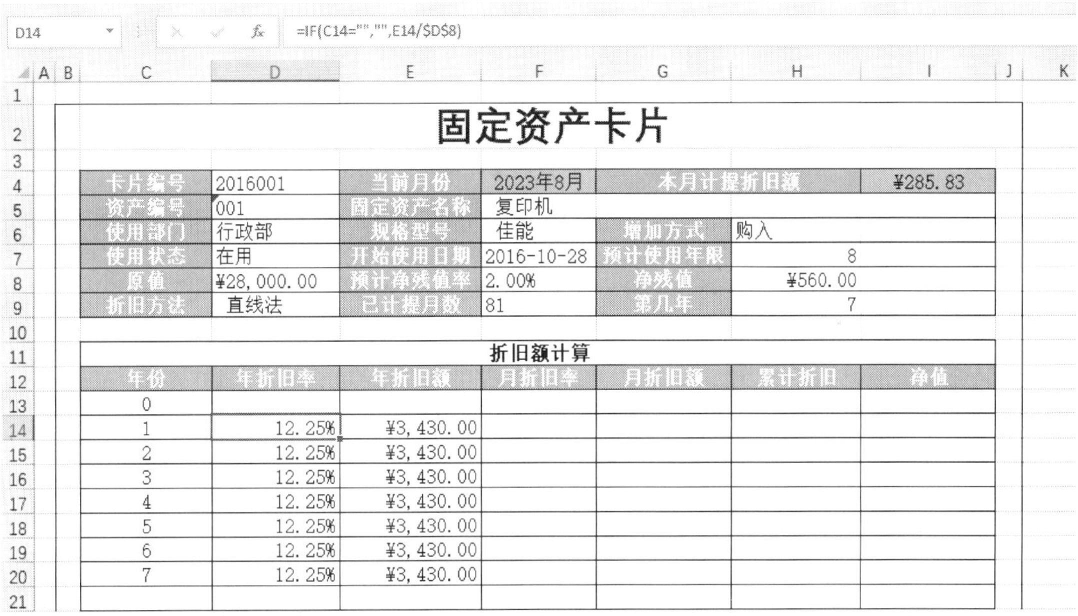
D14 =IF(C14="","",E14/$D$8)

固定资产卡片

卡片编号	2016001	当前月份	2023年8月	本月计提折旧额		¥285.83
资产编号	001	固定资产名称	复印机			
使用部门	行政部	规格型号	佳能	增加方式	购入	
使用状态	在用	开始使用日期	2016-10-28	预计使用年限	8	
原值	¥28,000.00	预计净残值率	2.00%	净残值	¥560.00	
折旧方法	直线法	已计提月数	81	第几年	7	

折旧额计算

年份	年折旧率	年折旧额	月折旧率	月折旧额	累计折旧	净值
0						
1	12.25%	¥3,430.00				
2	12.25%	¥3,430.00				
3	12.25%	¥3,430.00				
4	12.25%	¥3,430.00				
5	12.25%	¥3,430.00				
6	12.25%	¥3,430.00				
7	12.25%	¥3,430.00				

图 5-42 年折旧率计算公式

(12) 在单元格 F14 输入“=IF(C14="","",D14/12)”。该公式增加一个单元格 C14 是否为空的判断，并向下填充至表格底，如图 5-43 所示。

(13) 在单元格 G14 输入“=IF(C14="","",E14/12)”。该公式增加一个单元格 C14 是否为空的判断，并向下填充至表格底，如图 5-44 所示。

(14) 在单元格 H14“累计折旧”计算公式为“=H13+E14”，输入“=IF(C14="","",H13+E14)”，向下填充至表格底，如图 5-45 所示。

(15) 在单元格 I13 输入“=D8”；单元格 I14 输入公式“=IF(C14="","",$I$13－H14)”，向下填充至表格底，如图 5-46 所示。

图 5-43　月折旧率计算公式

图 5-44　月折旧额计算公式

H14 =IF(C14="","",H13+E14)

固定资产卡片

卡片编号	2016001	当前月份	2023年8月	本月计提折旧额	¥285.83
资产编号	001	固定资产名称	复印机		
使用部门	行政部	规格型号	佳能	增加方式	购入
使用状态	在用	开始使用日期	2016-10-28	预计使用年限	8
原值	¥28,000.00	预计净残值率	2.00%	净残值	¥560.00
折旧方法	直线法	已计提月数	81	第几年	7

折旧额计算

年份	年折旧率	年折旧额	月折旧率	月折旧额	累计折旧	净值
0						
1	12.25%	¥3,430.00	1.02%	¥285.83	¥3,430.00	
2	12.25%	¥3,430.00	1.02%	¥285.83	¥6,860.00	
3	12.25%	¥3,430.00	1.02%	¥285.83	¥10,290.00	
4	12.25%	¥3,430.00	1.02%	¥285.83	¥13,720.00	
5	12.25%	¥3,430.00	1.02%	¥285.83	¥17,150.00	
6	12.25%	¥3,430.00	1.02%	¥285.83	¥20,580.00	
7	12.25%	¥3,430.00	1.02%	¥285.83	¥24,010.00	

图 5-45　累计折旧计算公式

I14 =IF(C14="","",$I$13-H14)

固定资产卡片

卡片编号	2016001	当前月份	2023年8月	本月计提折旧额	¥285.83
资产编号	001	固定资产名称	复印机		
使用部门	行政部	规格型号	佳能	增加方式	购入
使用状态	在用	开始使用日期	2016-10-28	预计使用年限	8
原值	¥28,000.00	预计净残值率	2.00%	净残值	¥560.00
折旧方法	直线法	已计提月数	81	第几年	7

折旧额计算

年份	年折旧率	年折旧额	月折旧率	月折旧额	累计折旧	净值
0						¥28,000.00
1	12.25%	¥3,430.00	1.02%	¥285.83	¥3,430.00	¥24,570.00
2	12.25%	¥3,430.00	1.02%	¥285.83	¥6,860.00	¥21,140.00
3	12.25%	¥3,430.00	1.02%	¥285.83	¥10,290.00	¥17,710.00
4	12.25%	¥3,430.00	1.02%	¥285.83	¥13,720.00	¥14,280.00
5	12.25%	¥3,430.00	1.02%	¥285.83	¥17,150.00	¥10,850.00
6	12.25%	¥3,430.00	1.02%	¥285.83	¥20,580.00	¥7,420.00
7	12.25%	¥3,430.00	1.02%	¥285.83	¥24,010.00	¥3,990.00

图 5-46　固定资产净值计算公式

(16) 在单元格 D5 选择不同的资产编号,固定资产卡片上正常显示编号对应固定资产项目的折旧信息,如图 5-47 所示。

图 5-47　固定资产卡片

模 块 测 试

参考答案

（1）固定资产登记簿包括哪些主要项目？如何在 Excel 工作表中实现？

（2）如何在固定资产登记簿中用记录单来新增固定资产？

（3）固定资产登记簿中资产编号 005、006、007 三项固定资产应如何使用 Excel 折旧函数计算本月计提折旧额？

（4）固定资产的增减变动管理包括哪些主要内容？如何在 Excel 工作表中实现？

模块 6

往来账款管理

[考核目标]
1. 认知往来账款在企业经济业务活动中的表现。
2. 认知运用 Excel 表格功能建立往来业务的样式框架。
3. 认知运用 Excel 表格实现系统、有序、快速地开展工作,提高工作效率。

[实践目标]
1. 掌握运用 Excel 表格功能建立快速了解往来账款情况的操作方法。
2. 掌握运用 Excel 表格实现往来账款管理系统工作簿的制作。
3. 掌握有关函数的应用、不同类型图表的制作和编辑、回顾数据名称的定义等基本操作方法。

[思政目标]
1. 培养学生诚实守信的道德品质。
2. 引导学生形成按时还款、及时催款的职业意识。
3. 引导学生形成善用图表、公式,培养学生高效率的工作作风,提高实践动手能力。

[知识点思维导图]

往来账款管理
- 应收账款的管理
  - 往来客户表的创建
  - 应收款项表的创建
  - 应收账款账龄的设置
  - 应收账款账龄分析表的创建
  - 坏账准备的计提
  - 应收款账期金额分析图的创建
- 应付账款的管理
  - 供应商往来表的创建
  - 应付款项表的创建
  - 应付账款账龄的设置
  - 应付账款账龄分析表的创建
  - 应付款账期金额分析图的创建

任务 6.1　应收款项的管理

活动 6.1.1　往来客户表的创建

一、知识要点

应收账款是指企业因销售商品、产品或提供劳务等原因,应向购货客户或接受劳务的客户收取的款项或代垫的运杂费等。

二、岗位任务

根据表 6-1 的相关信息,在 Excel 中建立一张往来客户表,如图 6-1 所示。

表 6-1　　　　　　　　　　　　　客户信息表

客户代码	客户名称	地址	联系人	联系电话
c01	金优超市	北京市海淀区北京学院南路 33 号	刘荣	15202725870
c02	广丰商场	上海市普陀区枣阳路 436 号	朱宜欣	13154966989
c03	荣千实业	广州市越秀区观绿路 11 号	王妙睿	15917529591
c04	润发房产	苏州市姑苏区白塔西路 106 号	宋合	15766610555
c05	和裕大厦	上海市静安区陕西北路 105 号	马福如	13816503668
c06	汇久商场	杭州市平海路 38 号	陈雅慧	18657566331

往来客户表

客户代码	客户名称	地址	联系人	联系电话
C01	金优超市	北京市海淀区北京学院南路33号	刘荣	15202725870
C02	广丰商场	上海市普陀区枣阳路436号	朱宜欣	13154966989
C03	荣千实业	广州市越秀区观绿路11号	王妙睿	15917529591
C04	润发房产	苏州市姑苏区白塔西路106号	宋合	15766610555
C05	和裕大厦	上海市静安区陕西北路105号	马福如	13816503668
C06	汇久商场	杭州市平海路38号	陈雅慧	18657566331

图 6-1　往来客户表

三、操作步骤

操作步骤如下:
(1) 新建一个工作簿,在此工作簿中把"Sheet1"重命名为"往来客户表"。
(2) 在工作簿中的"往来客户表"中,选择单元格区域 A1:E1,单击"合并后居中",输入"往来客户表"。

(3) 在单元格区域 A2:E2 分别输入"客户代码""客户名称""地址""联系人""联系电话",对齐方式选择"居中""垂直居中",完成后效果如图 6-2 所示。

	A	B	C	D	E
1	往来客户表				
2	客户代码	客户名称	地址	联系人	联系电话
3					
4					
5					

图 6-2　往来客户表头编制

(4) 根据表 6-1 的内容,输入相应的客户代码、客户名称、地址、联系人、联系电话,如图 6-3 所示。

	A	B	C	D	E
1	往来客户表				
2	客户代码	客户名称	地址	联系人	联系电话
3	C01	金优超市	北京市海淀区北京学院南路33号	刘荣	15202725870
4	C02	广丰商场	上海市普陀区枣阳路436号	朱宜欣	13154966989
5	C03	荣千实业	广州市越秀区观绿路11号	王妙睿	15917529591
6	C04	润发房产	苏州市姑苏区白塔西路106号	宋合	15766610555
7	C05	和裕大厦	上海市静安区陕西北路105号	马福如	13816503668
8	C06	汇久商场	杭州市平海路38号	陈雅慧	18657566331

图 6-3　往来客户效果图

活动 6.1.2　应收款项表的创建

一、知识要点

应收款项表包括客户代码、客户名称、应收金额、收款期限、到期日等项目。

二、岗位任务

某企业发生的应收款业务如下:

(1) 向容千实业赊销一批商品,含税价款为 10 600 元,货款尚未收到,收款期限为 180 天,开票日期为 2022 年 1 月 1 日,发票号为 T6216。

(2) 向金优超市赊销一批商品,含税价款为 25 000 元,已收货款 7 000 元,收款期限为 30 天,开票日期为 2022 年 6 月 8 日,发票号为 L2178。

(3) 向容千实业赊销一批商品,含税价款为 30 000 元,货款尚未收到,收款期限为 180 天,开票日期为 2022 年 10 月 9 日,发票号为 K2903。

(4) 向和裕大厦赊销一批商品,含税价款为 10 000 元,已收货款 500 元,收款期限为 150 天,开票日期为 2023 年 2 月 14 日,发票号为 F8440。

(5) 向广丰商场赊销一批商品,含税价款为 48 000 元,已收货款 9 000 元,收款期限为 180 天,开票日期为 2023 年 4 月 16 日,发票号为 C1156。

(6) 向汇久商场赊销一批商品,含税价款为 17 000 元,已收货款 5 000 元,收款期限为 90 天,开票日期为 2023 年 4 月 20 日,发票号为 J9105。

(7) 向润发房产赊销一批商品,含税价款为 500 元,货款尚未收到,收款期限为 10 天,开票日期为 2023 年 5 月 27 日,发票号为 Y5392。

(8) 向润发房产赊销一批商品,含税价款为 4 000 元,货款尚未收到,收款期限为 40 天,开票日期为 2023 年 6 月 10 日,发票号为 P3799。

要求:建立一张应收款项表,设置好相关公式后,"客户名称""未收金额""到期日"会自动显示,如图 6-4 所示。

应收款项表

客户代码	客户名称	发票号码	应收金额	已收金额	未收金额	开票日期	收款期限	到期日
C03	荣千实业	T6216	¥10,600.00	¥0.00	¥10,600.00	2022/1/1	180	2022/6/30
C01	金优超市	L2178	¥25,000.00	¥7,000.00	¥18,000.00	2022/6/8	30	2022/7/8
C03	荣千实业	K2903	¥30,000.00	¥0.00	¥30,000.00	2022/10/9	180	2023/4/7
C05	和裕大厦	F8440	¥10,000.00	¥500.00	¥9,500.00	2023/2/14	150	2023/7/14
C02	广丰商场	C1156	¥48,000.00	¥9,000.00	¥39,000.00	2023/4/16	180	2023/10/13
C06	汇久商场	J9105	¥17,000.00	¥5,000.00	¥12,000.00	2023/4/20	90	2023/7/19
C04	润发房产	Y5392	¥500.00	¥0.00	¥500.00	2023/5/27	10	2023/6/6
C04	润发房产	P3799	¥4,000.00	¥0.00	¥4,000.00	2023/6/10	40	2023/7/20

图 6-4 应收款项表

三、操作步骤

操作步骤如下:

(1) 在相同的工作簿中把"Sheet2"重命名为"应收款项表"。

(2) 选中单元格区域 A1:I1,单击工具栏的"合并后居中"按钮,输入"应收款项表",设置其字号。

(3) 在 A2:I2 单元格分别输入"客户代码""客户名称""发票号码""应收金额""已收金额""未收金额""开票日期""收款期限""到期日"。

(4) 选中 D:F 列,单击鼠标右键选择"设置单元格格式",在弹出的"设置单元格格式"对话框中选择"数字"选项卡,在"分类"中选择"货币"格式;按住键盘"Ctrl"键,选中 G 和 I 列,同理选择"日期"格式。

(5) 根据"往来客户表"和岗位任务中的应收款业务已知信息,填写"客户代码""发票号码""应收金额""已收金额""开票日期""收款期限"栏目,其余栏目通过设置公式实现自动化。

(6) 单击单元格 B3,应用 VLOOKUP 函数,提取"往来客户表"中的客户名称,函数参数的"Lookup_value"设置为"A3","Table_array"设置为"往来客户表!A:E","Col_index_num"设置为"2","Range_lookup"设置为 0,如图 6-5 所示,即"B3=VLOOKUP(A3,往来客户表!

A:E,2,0)"。

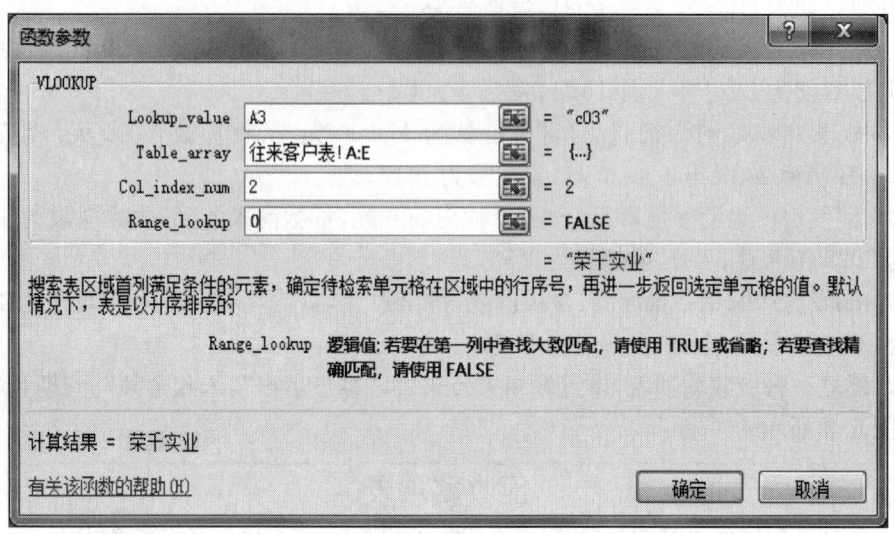

图 6-5 VLOOKUP 函数

(7) 利用自动填充功能将 B 列其他单元格的数据引入。

(8) 单击单元格 F3,在公式编辑栏中输入公式"=D3-E3"(未收金额=应收金额-已收金额),按回车键,则在单元格 F3 计算出未收金额。

(9) 利用自动填充功能将 F 列其他客户的未收金额计算出来,如图 6-6 所示。

	A	B	C	D	E	F	G	H	I
1	应收款项表								
2	客户代码	客户名称	发票号码	应收金额	已收金额	未收金额	开票日期	收款期限	到期日
3	C03	荣千实业	T6216	¥10,600.00	¥0.00	¥10,600.00	2022/1/1	180	
4	C01	金优超市	L2178	¥25,000.00	¥7,000.00	¥18,000.00	2022/6/8	30	
5	C03	荣千实业	K2903	¥30,000.00	¥0.00	¥30,000.00	2022/10/9	180	
6	C05	和裕大厦	F8440	¥10,000.00	¥500.00	¥9,500.00	2023/2/14	150	
7	C02	广丰商场	C1156	¥48,000.00	¥9,000.00	¥39,000.00	2023/4/16	180	
8	C06	汇久商场	J9105	¥17,000.00	¥5,000.00	¥12,000.00	2023/4/20	90	
9	C04	润发房产	Y5392	¥500.00	¥0.00	¥500.00	2023/5/27	10	
10	C04	润发房产	P3799	¥4,000.00	¥0.00	¥4,000.00	2023/6/10	40	

图 6-6 计算未收金额

(10) 单击单元格 I3,在公式编辑栏中输入公式"=G3+H3"(到期日=开票日期+收款期限),按回车键,则单元格 I3 便显示到期日期。

(11) 使用自动填充功能将 I 列所有客户应收账款的到期日计算出来,如图 6-7 所示。

模块 6　往来账款管理

	A	B	C	D	E	F	G	H	I
					应收款项表				
1	客户代码	客户名称	发票号码	应收金额	已收金额	未收金额	开票日期	收款期限	到期日
3	C03	荣千实业	T6216	¥10,600.00	¥0.00	¥10,600.00	2022/1/1	180	2022/6/30
4	C01	金优超市	L2178	¥25,000.00	¥7,000.00	¥18,000.00	2022/6/8	30	2022/7/8
5	C03	荣千实业	K2903	¥30,000.00	¥0.00	¥30,000.00	2022/10/9	180	2023/4/7
6	C05	和裕大厦	F8440	¥10,000.00	¥500.00	¥9,500.00	2023/2/14	150	2023/7/14
7	C02	广丰商场	C1156	¥48,000.00	¥9,000.00	¥39,000.00	2023/4/16	180	2023/10/13
8	C06	汇久商场	J9105	¥17,000.00	¥5,000.00	¥12,000.00	2023/4/20	90	2023/7/19
9	C04	润发房产	Y5392	¥500.00	¥0.00	¥500.00	2023/5/27	10	2023/6/6
10	C04	润发房产	P3799	¥4,000.00	¥0.00	¥4,000.00	2023/6/10	40	2023/7/20

图 6-7　计算到期日

活动 6.1.3　应收账款账龄的设置

一、知识要点

应收账款账龄分析是依据企业每一笔应收账款的账龄划分账龄组来进行的,当不同顾客拖欠的多笔应收账款中存在多种账龄时,所拖欠的应收账款就可能会被划分为不同的账龄组。

二、岗位任务

在应收款项表里增加应收账款账龄分析功能,效果如图 6-8 所示。

客户代码	客户名称	发票号码	应收金额	已收金额	未收金额	开票日期	收款期限	到期日	是否到期	未到期	0~60 天	61~120 天	121~365 天	366 天以上
C03	荣千实业	T6216	¥10,600.00	¥0.00	¥10,600.00	2022/1/1	180	2022/6/30	是	--	--	--	--	¥10,600.00
C01	金优超市	L2178	¥25,000.00	¥7,000.00	¥18,000.00	2022/6/8	30	2022/7/8	是	--	--	--	¥18,000.00	--
C03	荣千实业	K2903	¥30,000.00	¥0.00	¥30,000.00	2022/10/9	180	2023/4/7	是	--	--	¥30,000.00	--	--
C05	和裕大厦	F8440	¥10,000.00	¥500.00	¥9,500.00	2023/2/14	150	2023/7/14	否	¥9,500.00	--	--	--	--
C02	广丰商场	C1156	¥48,000.00	¥9,000.00	¥39,000.00	2023/4/16	180	2023/10/13	否	¥39,000.00	--	--	--	--
C06	汇久商场	J9105	¥17,000.00	¥5,000.00	¥12,000.00	2023/4/20	90	2023/7/19	否	¥12,000.00	--	--	--	--
C04	润发房产	Y5392	¥500.00	¥0.00	¥500.00	2023/5/27	10	2023/6/6	是	--	¥500.00	--	--	--
C04	润发房产	P3799	¥4,000.00	¥0.00	¥4,000.00	2023/6/10	40	2023/7/20	否	¥4,000.00	--	--	--	--
			应收款合计:							¥64,500.00	¥500.00	¥30,000.00	¥18,000.00	¥10,600.00
							今天日期:	2023/7/5						

图 6-8　应收账款账龄分析

三、操作步骤

操作步骤如下:

(1) 在"应收款项表"中增加设置账龄区间的表头,即分别在单元格 J2、K2、L2、M2、N2、O2 中输入"是否到期""未到期""0～60 天""61～120 天""121～365 天""366 天以上",并选中单元格区域 A1:O1 重新对"应收款项表"进行"合并后居中"操作,如图 6-9 所示。

应收款项表

	A	B	C	D	E	F	G	H	I	J	K	L	M	N	O
1							应收款项表								
2	客户代码	客户名称	发票号码	应收金额	已收金额	未收金额	开票日期	收款期限	到期日	是否到期	未到期	0-60天	61-120天	121-365天	366天以上
3	C03	荣千实业	T6216	¥10,600.00	¥0.00	¥10,600.00	2022/1/1	180	2022/6/30						
4	C01	金优超市	L2178	¥25,000.00	¥7,000.00	¥18,000.00	2022/6/8	30	2022/7/8						
5	C03	荣千实业	K2903	¥30,000.00	¥0.00	¥30,000.00	2022/10/9	180	2023/4/7						
6	C05	和裕大厦	F8440	¥10,000.00	¥500.00	¥9,500.00	2023/2/14	150	2023/7/14						
7	C02	广丰商场	C1156	¥48,000.00	¥9,000.00	¥39,000.00	2023/4/16	180	2023/10/13						
8	C06	汇久商场	J9105	¥17,000.00	¥5,000.00	¥12,000.00	2023/4/20	90	2023/7/19						
9	C04	润发房产	Y5392	¥500.00	¥0.00	¥500.00	2023/5/27	10	2023/6/6						
10	C04	润发房产	P3799	¥4,000.00	¥0.00	¥4,000.00	2023/6/10	40	2023/7/20						

图 6-9　设置账龄区间

（2）选中单元格区域 A11:J11，单击工具栏的"合并后居中"按钮（" 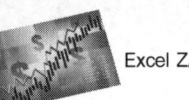 "图标），输入"应收款合计："。

（3）单击单元格 I12，输入"今天日期："。假设当前日期为 2023/7/5，将其输入到 J12 单元格并设置相应格式，如图 6-10 所示。

	A	B	C	D	E	F	G	H	I	J	K	L	M	N	O
1							应收款项表								
2	客户代码	客户名称	发票号码	应收金额	已收金额	未收金额	开票日期	收款期限	到期日	是否到期	未到期	0-60天	61-120天	121-365天	366天以上
3	C03	荣千实业	T6216	¥10,600.00	¥0.00	¥10,600.00	2022/1/1	180	2022/6/30						
4	C01	金优超市	L2178	¥25,000.00	¥7,000.00	¥18,000.00	2022/6/8	30	2022/7/8						
5	C03	荣千实业	K2903	¥30,000.00	¥0.00	¥30,000.00	2022/10/9	180	2023/4/7						
6	C05	和裕大厦	F8440	¥10,000.00	¥500.00	¥9,500.00	2023/2/14	150	2023/7/14						
7	C02	广丰商场	C1156	¥48,000.00	¥9,000.00	¥39,000.00	2023/4/16	180	2023/10/13						
8	C06	汇久商场	J9105	¥17,000.00	¥5,000.00	¥12,000.00	2023/4/20	90	2023/7/19						
9	C04	润发房产	Y5392	¥500.00	¥0.00	¥500.00	2023/5/27	10	2023/6/6						
10	C04	润发房产	P3799	¥4,000.00	¥0.00	¥4,000.00	2023/6/10	40	2023/7/20						
11							应收款合计：								
12									今天日期：	2023/7/5					

图 6-10　输入当前日期

（4）判断应收款项是否到期。利用 IF 函数，判定各个客户的应收款项是否到期。如果到期日小于当前日期，则说明应收款项已经到期；如果到期日大于当前日期，则说明该应收款项还未到期。单击单元格 J3，在公式编辑栏中输入"＝IF(I3＜$J$12,"是","否")"，按回车键后显示应收款项是否到期。

（5）使用自动填充功能填充 J 列，判断各个客户的应收款项是否到期，如图 6-11 所示。

	A	B	C	D	E	F	G	H	I	J	K	L	M	N	O
1							应收款项表								
2	客户代码	客户名称	发票号码	应收金额	已收金额	未收金额	开票日期	收款期限	到期日	是否到期	未到期	0-60天	61-120天	121-365天	366天以上
3	C03	荣千实业	T6216	¥10,600.00	¥0.00	¥10,600.00	2022/1/1	180	2022/6/30	是	—	—	—	—	¥10,600.00
4	C01	金优超市	L2178	¥25,000.00	¥7,000.00	¥18,000.00	2022/6/8	30	2022/7/8	是	—	—	—	¥18,000.00	—
5	C03	荣千实业	K2903	¥30,000.00	¥0.00	¥30,000.00	2022/10/9	180	2023/4/7	是	—	—	—	¥30,000.00	—
6	C05	和裕大厦	F8440	¥10,000.00	¥500.00	¥9,500.00	2023/2/14	150	2023/7/14	否	¥9,500.00				
7	C02	广丰商场	C1156	¥48,000.00	¥9,000.00	¥39,000.00	2023/4/16	180	2023/10/13	否	¥39,000.00				
8	C06	汇久商场	J9105	¥17,000.00	¥5,000.00	¥12,000.00	2023/4/20	90	2023/7/19	否	¥12,000.00				
9	C04	润发房产	Y5392	¥500.00	¥0.00	¥500.00	2023/5/27	10	2023/6/6	是	—	¥500.00	—	—	—
10	C04	润发房产	P3799	¥4,000.00	¥0.00	¥4,000.00	2023/6/10	40	2023/7/20	否	¥4,000.00				
11							应收款合计：								
12									今天日期：	2023/7/5					

图 6-11　判断应收款是否到期

（6）选中 K:O 列，设置其单元格格式为"货币"。

（7）单击单元格 K3，在公式编辑栏内输入公式"＝IF($J$12-I3＜0,F3,"－－")"。

（8）单击单元格 L3，在公式编辑栏内输入公式"＝IF(AND($J$12-I3＞0,$J$12-I3＜=60),F3,"－－")"。

（9）单击单元格 M3，在公式编辑栏内输入公式"＝IF(AND($J$12－I3＞60,$J$12－I3＜＝120),F3,"－－")"。

（10）单击单元格 N3，在公式编辑栏内输入公式"＝IF(AND($J$12－I3＞120,$J$12－I3＜＝365),F3,"－－")"。

（11）单击单元格 O3，在公式编辑栏内输入公式"＝IF($J$12－I3＞365,F3,"－－")"。

IF 函数的含义在于，若满足账龄判断条件，则返回值为该笔应收账款的金额；若不满足条件，则返回值为"－－"。

（12）继续使用 IF 函数将其他应收账款分别进行账龄的分类，将设置好公式的当列单元格利用 Excel 的自动填充功能往下进行拖拉，完成后如图 6-12 所示。

图 6-12　应收账款账龄分类

（13）单击单元格 K11，在公式编辑栏输入公式"＝SUM(K3:K10)"，按回车键，单元格 K11 即显示为未到期的应收账款相加之和。

（14）利用 Excel 的自动填充功能将单元格 K11 的公式填充到单元格 L11、M11、N11、O11，使对应不同账龄区间的应收款相加，得出相应数额，如图 6-13 所示。

图 6-13　应收款汇总

活动 6.1.4　应收账款账龄分析表的创建

一、知识要点

应收账款账龄分析是在应收账款的日常管理中，企业通过所掌握的每个客户的应收账款的账龄，并依据账龄的长短来合理制定应收账款的催收制度和进行坏账准备提取的行为。

二、岗位任务

在工作簿中，建立一张"应收账款账龄分析表"，如图 6-14 所示。

三、操作步骤

操作步骤如下：

（1）在同工作簿中新增一张工作表，重命名为"应收账款账龄分析表"。选择单元格区域 A1:C1，单击工具栏的"合并后居中"按钮，输入"应收账款账龄分析表"并放大字体。分别在单元格 A3、B3、C3 中输入"账龄""应收款金额""百分率"。

（2）选择"应收款项表"工作表中的单元格区域 K2:O2，单击鼠标右键进行复制。

（3）单击"应收账款账龄分析表"工作表中单元格 A4，单击鼠标右键，选择"选择性粘贴"，在弹出的对话框中，"粘贴"选择"数值"，"运算"选择"无"，并在"转置"前的方框内打钩，这样就将账龄区域垂直复制到单元格区域 A4:A8，如图 6-15 所示。

（4）输入应收账款金额，方法同步骤（2）（3）。单击单元格 A9，输入"合计"，在单元格 B9 的公式编辑栏内输入"=SUM(B4:B8)"。

（5）选中单元格区域 B4:B9，单击鼠标右键，单击"设置单元格格式"，将单元格格式调整为"货币"，"小数位数"为"2"，如图 6-16 所示。同理适用于所有任务活动中带有金额单元格的格式设置，往后不赘述。

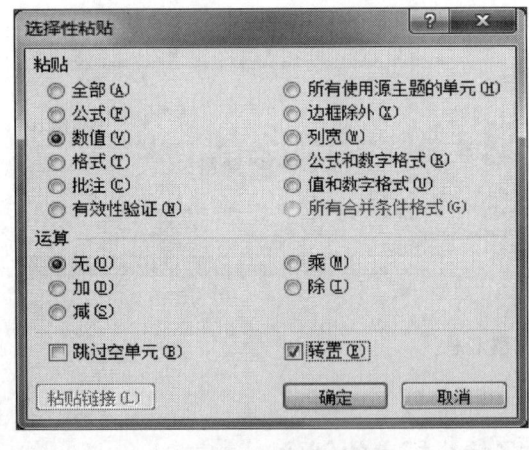

图 6-15　选择性粘贴　　　　图 6-16　应收款合计

（6）单击单元格 C4，在公式编辑栏内输入公式"=B4/$B$9"，按回车键后即显示结果，如图 6-17 所示。应收账款账龄分析主要是分析不同账龄的应收款金额在应收款合计金额中所占的比例，因此，应收账款账龄分析表内的"百分率"一栏为不同账龄区内的应收款金额占应收款合计金额的比例。

(7) 运用 Excel 自动填充功能，将单元格区域 C5:C9 填充，计算出相应账龄应收款百分比。

(8) 选中单元格区域 C4:C9，单击鼠标右键，选择“设置单元格格式”，在弹出的“设置单元格格式”对话框中选择“数字”选项卡，在“分类”中选择“百分比”，“小数位数”选择“2”。最终效果如图 6-18 所示。

C4 = B4/$B$9

	A	B	C	D
1	应收账款账龄分析表			
2				
3	账龄	应收款金额	百分率	
4	未到期	¥64, 500. 00	52. 18%	
5	0~60天	¥500. 00		
6	61~120天	¥30, 000. 00		
7	121~365天	¥18, 000. 00		
8	366天以上	¥10, 600. 00		
9	合计	¥123, 600. 00		

图 6-17　计算结果

	A	B	C
1	应收账款账龄分析表		
2			
3	账龄	应收款金额	百分率
4	未到期	¥64, 500. 00	52. 18%
5	0~60天	¥500. 00	0. 40%
6	61~120天	¥30, 000. 00	24. 27%
7	121~365天	¥18, 000. 00	14. 56%
8	366天以上	¥10, 600. 00	8. 58%
9	合计	¥123, 600. 00	100. 00%

图 6-18　不同账龄应收款百分率

活动 6.1.5　坏账准备的计提

一、知识要点

坏账准备的核算方法一般有两种：直接转销法和备抵法。我国《企业会计准则》规定，企业应采用备抵法核算坏账准备。备抵法是指按期估计坏账损失、形成坏账准备的方法。

二、岗位任务

假设某企业 2022 年 12 月 10 日“坏账准备”科目余额为贷方金额 1 032. 5 元。账龄为“未到期”的应收账款的“估计损失率”为 0. 5%，账龄为“0～60 天”的应收账款的“估计损失率”为 2%，账龄为“61～120 天”的应收账款的“估计损失率”为 5%，账龄为“121～365 天”的应收账款的“估计损失率”为 10%，账龄为“366 天以上”的应收账款的“估计损失率”为 20%。要求：使用账龄分析法对坏账损失进行估计，如图 6-19 所示。

坏账准备计提表

账龄	应收款金额	估计损失率	估计损失金额
未到期	¥64, 500. 00	0. 50%	¥322. 50
0~60天	¥500. 00	2. 00%	¥10. 00
61~120天	¥30, 000. 00	5. 00%	¥1, 500. 00
121~365天	¥18, 000. 00	10. 00%	¥1, 800. 00
366天以上	¥10, 600. 00	20. 00%	¥2, 120. 00
合计	¥123, 600. 00	37. 50%	¥5, 752. 50

图 6-19　坏账准备计提表

三、操作步骤

操作步骤如下：

（1）在工作簿中插入新的工作表，将其重命名为"坏账准备计提表"。

（2）选中单元格区域 A1：D1，单击工具栏中的"合并后居中"按钮，在单元格输入"坏账准备计提表"并放大字体。

（3）在单元格 A2、B2、C2、D2 分别填入"账龄""应收款金额""估计损失率""估计损失金额"。应收账款的账龄及应收账款金额根据"应收账款账龄分析表"（见图 6-19）相应内容，点击"复制"，在相应处点击"粘贴选项"里的"保留源格式粘贴"，如图 6-20 所示。

图 6-20 应收款账龄及金额数据

（4）在单元格区域 C3：C7 中分别录入估计损失比率"0.5%""2%""5%""10%""20%"，选中此区域单元格格式，单击鼠标右键，选择"设置单元格格式"，在弹出的"设置单元格格式"对话框中选择"数字"选项卡，在"分类"中选择"百分比"，"小数位数"选择"2"。

（5）单击单元格 D3，在公式编辑栏内输入公式"＝B3 ＊ C3"（估计损失金额＝应收款金额×估计损失率），按回车健后即显示结果。利用 Excel 的自动填充功能来计算不同账龄应收账款的估计损失金额。

（6）选择单元格 C8，设置公式"＝SUM(C3:C7)"，利用自动填充功能，将该公式复制到单元格 D8，最终效果如图 6-21 所示。

图 6-21 不同应收款的估计损失金额

（7）如图 6-21 所示，该企业计算出的 2023 年 7 月 5 日"坏账准备"账户的账面金额应为 5 752.5 元，该企业要根据前期"坏账准备"科目的账面余额来计算本期应入账金额。原有"坏账准备"账户的贷方余额为 1 032.5 元，所以本期调整分录的金额为 5 752.5－1 032.5＝4 720（元）。企业应编制如下调整分录：

借：信用减值损失　　　　　　　　　　　　　　　　　　　　　　　　　　4 720
　　贷：坏账准备　　　　　　　　　　　　　　　　　　　　　　　　　　　4 720

活动 6.1.6　应收票据账期金额分析图的创建

一、知识要点

在对应收款进行了详细的分析之后，为了能够更直观、清楚地了解应收款账期金额的分析情况，还需要创建一个应收款账期金额分析图以图表的形式展现账期金额情况。

二、岗位任务

根据应收款项表（图 6-8）的数据，生成一张应收款账期金额分析图，如图 6-22 所示。

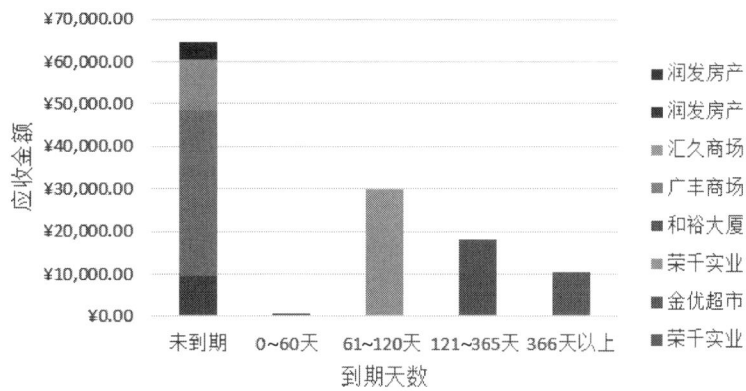

图 6-22　应收款账期金额分析

三、操作步骤

操作步骤如下：

（1）在工作簿中新增一张工作表，并将其命名为"应收款账期金额分析图"，如图 6-23 所示。

| 往来客户表 | 应收款项表 | 应收账款账龄分析表 | 坏账准备计提表 | 应收款账期金额分析图 |

图 6-23　工作表命名

（2）单击功能区的"插入"→"图表"→"二维柱形图"→"堆积柱形图"图标，生成空白图表区，如图 6-24 所示。

图 6-24　插入堆积柱形图

（3）鼠标右击空白图表区，单击"选择数据"命令，系统弹出"选择数据源"对话框，单击对话框的"图表数据区域"输入栏的箭头（"⬆"），选中"应收款项表"中需要分析的单元格区域 B2：B10 和单元格区域 K2：O10（可按住"Ctrl"键选择不连续区域），选择区域完毕后单击"选择数据源"对话框中的"切换行/列"，如图 6-25 所示。

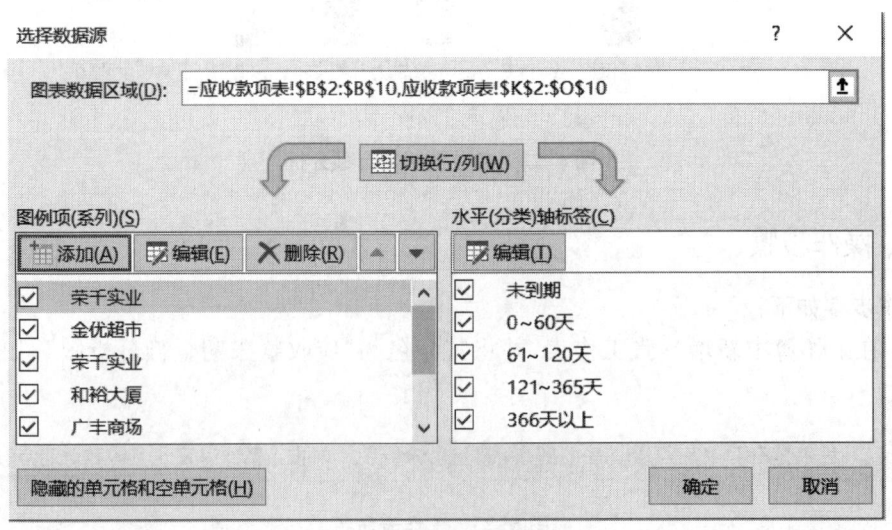

图 6-25　设置应收款图表数据源

（4）单击"确定"按钮，生成图形，如图 6-26 所示。

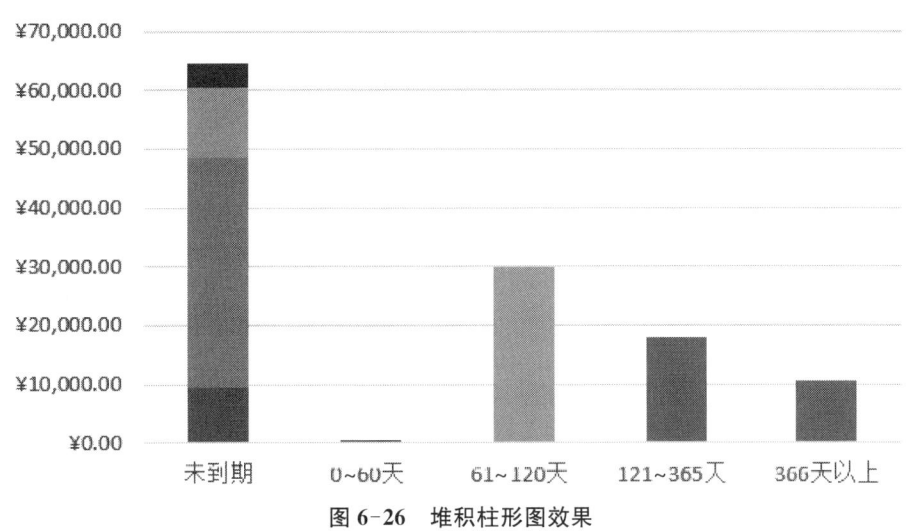

图 6-26 堆积柱形图效果

(5)用鼠标左键单击图表,"图表标题"输入"应收款账期金额分析图",再次单击图表区旁的"+"号按钮,勾选"坐标轴标题"和"图例",如图 6-27 所示。

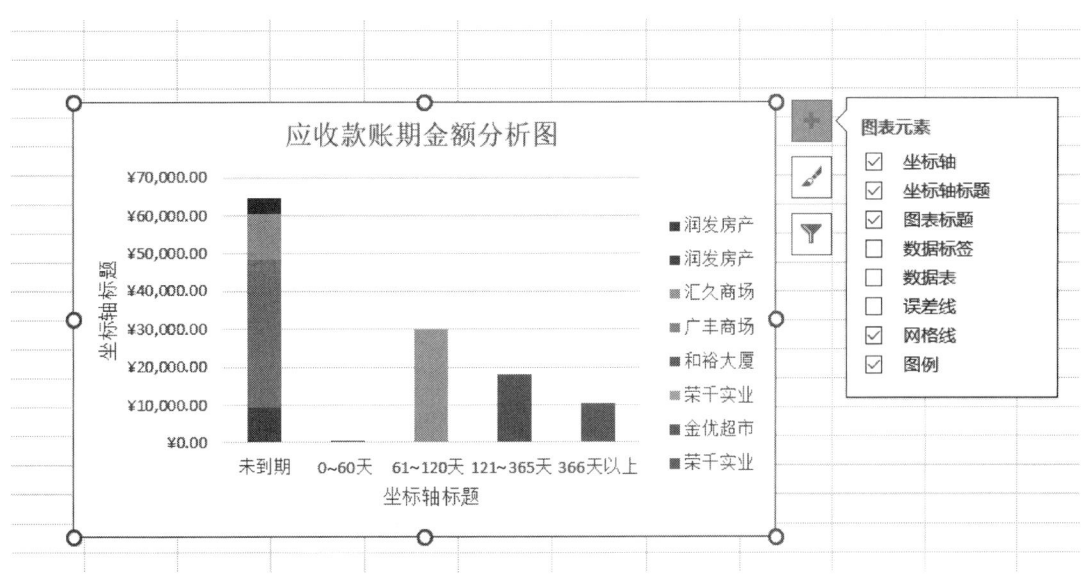

图 6-27 图表元素设置

(6)将横、纵坐标轴的标题分别修改为"到期天数"和"应收金额"即完成最后设置,此时不仅能轻松看出不同账期对应的总金额数,还能知道不同公司对应的账期、金额,如图 6-28 所示。(同一家公司若存在有不同账期,则图例将不止出现一次。)

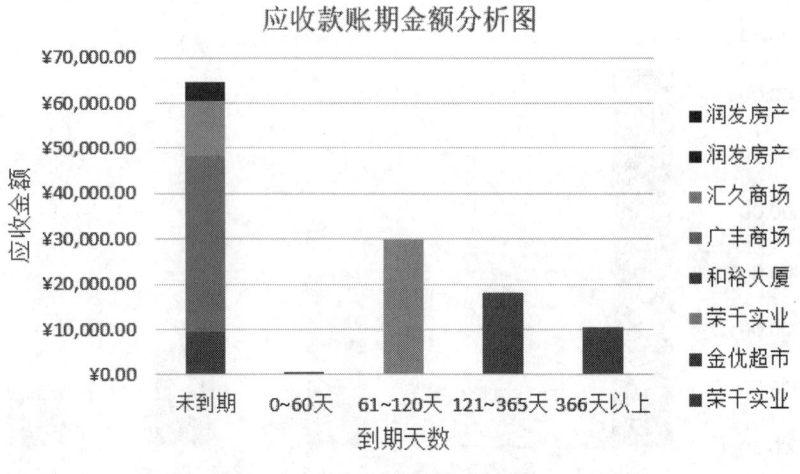

图 6-28　完成后效果图

任务 6.2　应付款项的管理

活动 6.2.1　供应商往来表的创建

一、知识要点

应付账款是指企业因购买材料、商品或接受劳务等应当支付给货物提供者或劳务提供者的款项。它是在商品交易中买方先收货后付款时发生的一种信用形式。

二、岗位任务

根据表 6-2，在 Excel 中建立一张供应商往来表，如图 6-29 所示。

表 6-2　　　　　　　　　供应商信息表

供应商代码	供应商名称	地址	联系人	联系电话	银行信息
U01	隆达实业	重庆市渝中区民生路 181 号	王生安	15766610555	建设银行重庆渝中支行 4367812204430521
U02	进弘大厦	天津市河西区南京路 18 号	岳列洋	18382559000	工商银行天津河西支行 9558850067396623
U03	润万大厦	南京市栖霞区玄武大道 888 号	易江维	13246111119	农业银行南京栖霞支行 6228320677214588
U04	信和百货	大连市中山区友好广场 6 号	安平	15767369423	建设银行大连中山支行 4367338214499137

（续表）

供应商代码	供应商名称	地址	联系人	联系电话	银行信息
U05	华科电脑	北京市朝阳区管庄乡瑞祥路 18 号	陈　俊	18081774588	交通银行北京西直门支行 5218855637012215
U06	裕荣实业	北京市阜成路 40 号	梁蓉丽	13908198979	中国银行北京平谷支行 6216370224920199

供应商往来表					
供应商代码	供应商名称	地址	联系人	联系电话	银行信息
U01	隆达实业	重庆市渝中区民生路181号	王生安	15766610555	建设银行重庆渝中支行 4367812204430521
U02	进弘大厦	天津市河西区南京路18号	岳列洋	18382559000	工商银行天津河西支行 9558850067396623
U03	润万大厦	南京市栖霞区玄武大道888号	易江维	13246111119	农业银行南京栖霞支行 6228320677214588
U04	信和百货	大连市中山区友好广场6号	安平	15767369423	建设银行大连中山支行 4367338214499137
U05	华科电脑	北京市朝阳区管庄乡瑞祥路18号	陈俊	18081774588	交通银行北京西直门支行 5218855637012215
U06	裕荣实业	北京市阜成路40号	梁蓉丽	13908198979	中国银行北京平谷支行 6216370224920199

图 6-29　供应商往来表

三、操作步骤

操作步骤如下：

（1）在同一个工作簿中新建一张表，命名为“供应商往来表”。

（2）在“供应商往来表”中，选择单元格区域 A1:F1，单击“合并后居中”按钮，输入表的标题“供应商往来表”，调整其字体大小。

（3）根据表 6-2 中的信息，在单元格区域 A2:F2 分别输入“供应商代码”“供应商名称”“地址”“联系人”“联系电话”“银行信息”。A:F 列对齐方式选择“居中”“垂直居中”，完成后如图 6-30 所示。

	A	B	C	D	E	F
1	供应商往来表					
2	供应商代码	供应商名称	地址	联系人	联系电话	银行信息
3						
4						
5						
6						
7						
8						
9						
10						
11						

图 6-30　供应商往来表头编制

（4）根据表 6-2 中的信息，补全"供应商代码""供应商名称""地址""联系人""联系电话""银行信息"表头下的相关信息，由于"地址"和"银行信息"内容较长，选中 C 与 F 列，在"开始"选项卡的"对齐方式"中选择"自动换行"，可选中需要调整的行高或列宽，按住键盘"Shift"键，实现统一调整到合适的行高或列宽，如图 6-31 所示。

	A	B	C	D	E	F
1			供应商往来表			
2	供应商代码	供应商名称	地址	联系人	联系电话	银行信息
3	U01	隆达实业	重庆市渝中区民生路181号	王生安	15766610555	建设银行重庆渝中支行 4367812204430521
4	U02	进弘大厦	天津市河西区南京路18号	岳列洋	18382559000	工商银行天津河西支行 9558850067396623
5	U03	润万大厦	南京市栖霞区玄武大道888号	易江维	13246111119	农业银行南京栖霞支行 6228320677214588
6	U04	信和百货	大连市中山区友好广场6号	安平	15767369423	建设银行大连中山支行 4367338214499137
7	U05	华科电脑	北京市朝阳区管庄乡瑞祥路18号	陈俊	18081774588	交通银行北京西直门支行 5218855637012215
8	U06	裕荣实业	北京市阜成路40号	梁蓉丽	13908198979	中国银行北京平谷支行 6216370224920199

图 6-31　制作供应商往来表

活动 6.2.2　应付款项表的创建

一、知识要点

应付款项表包括供应商代码、供应商名称、应付金额、付款期限、到期日等项目。

二、岗位任务

某企业发生的应付款业务如下：

（1）向华科电脑赊购一批商品，含税价款为 7 000 元，货款尚未支付，付款期限为 100 天，开票日期为 2022 年 1 月 6 日，发票号为 M3040。

（2）向进弘大厦赊购一批商品，含税价款为 70 000 元，已付货款 3 000 元，付款期限为 50 天，开票日期为 2022 年 8 月 17 日，发票号为 A9113。

（3）向华科电脑赊购一批商品，含税价款为 60 000 元，已付货款 20 000 元，付款期限为 120 天，开票日期为 2022 年 12 月 25 日，发票号为 P3462。

（4）向信和百货赊购一批商品，含税价款为 4 000 元，货款尚未支付，付款期限为 90 天，开票日期为 2023 年 2 月 5 日，发票号为 J5528。

（5）向隆达实业赊购一批商品，含税价款为 15 000 元，已付货款 2 000 元，付款期限为 60 天，开票日期为 2023 年 3 月 19 日，发票号为 D4717。

（6）向隆达实业赊购一批商品，含税价款为 12 000 元，已付货款 4 000 元，付款期限为 120 天，开票日期为 2023 年 5 月 30 日，发票号为 T6910。

(7) 向润万大厦赊购一批商品,含税价款为 6 500 元,已付货款 3 000 元,付款期限为 30 天,开票日期为 2023 年 6 月 1 日,发票号为 L5421。

(8) 向进弘大厦赊购一批商品,含税价款为 20 000 元,已付货款 10 000 元,付款期限为 120 天,开票日期为 2023 年 7 月 2 日,发票号为 J2616。

要求:建立一张应付款项表,设置好相关公式后,"供应商名称""未付金额""到期日"栏数据会自动显示,如图 6-32 所示。

供应商代码	供应商名称	发票号码	应付金额	已付金额	未付金额	开票日期	付款期限	到期日
U05	华科电脑	M3040	¥7,000.00	¥0.00	¥7,000.00	2022/1/6	100	2022/4/16
U02	进弘大厦	A9113	¥70,000.00	¥3,000.00	¥67,000.00	2022/8/17	50	2022/10/6
U05	华科电脑	P3462	¥60,000.00	¥20,000.00	¥40,000.00	2022/12/25	120	2023/4/24
U04	信和百货	J5528	¥4,000.00	¥0.00	¥4,000.00	2023/2/5	90	2023/5/6
U01	隆达实业	D4717	¥15,000.00	¥2,000.00	¥13,000.00	2023/3/19	60	2023/5/18
U01	隆达实业	T6910	¥12,000.00	¥4,000.00	¥8,000.00	2023/5/30	120	2023/9/27
U03	润万大厦	L5421	¥6,500.00	¥3,000.00	¥3,500.00	2023/6/1	30	2023/7/1
U02	进弘大厦	J2616	¥20,000.00	¥10,000.00	¥10,000.00	2023/7/2	120	2023/10/30

图 6-32 应付款项表

三、操作步骤

操作步骤如下:

(1) 在同一个工作簿中新建一张工作表,将其命名为"应付款项表"。

(2) 在"应付款项表"中,选择单元格区域 A1:I1,单击"合并后居中"按钮,输入表的标题"应付款项表",设置其字号。

(3) 在单元格区域 A2:I2 分别输入表头"供应商代码""供应商名称""发票号码""应付金额""已付金额""未付金额""开票日期""付款期限""到期日"。

(4) 选中 D:F 列,单击鼠标右键选择"设置单元格格式",在弹出的"设置单元格格式"对话框中选择"数字"选项卡,在"分类"中选择"货币"格式,按住键盘"Ctrl"键,选中 G 和 I 列,同理选择"日期"格式。

(5) 根据"供应商往来表"和岗位任务中的应付款业务已知信息,填写"供应商代码""发票号码""应付金额""已付金额""开票日期""付款期限"栏目,其余栏目通过设置公式实现自动化。

(6) 单击单元格 B3,应用"VLOOKUP"函数,提取"供应商往来表"中供应商名称。设置参数"Lookup_value"为"A3","Table_array"为"供应商往来表! A:F","Col_index_num"为"2","Range_lookup"为"0",如图 6-33 所示,即"B3=VL00KUP(A3,供应商往来表! A:F,2,0)"。

(7) 利用自动填充功能将 B 列剩下单元格填写完毕。

(8) 单击单元格 F3,在公式编辑栏输入"=D3−E3"(未付金额=应付金额−已付金额),按回车键,则在单元格 F3 计算出未付金额。

(9) 利用自动填充功能,将 F 列其他供应商的未付金额计算出来,如图 6-34 所示。

(10) 单击单元格 I3,在公式编辑栏输入公式"=G3+H3"(到期日期=开票日期+付款期限),按回车键,则单元格 I3 便会显示到期日。

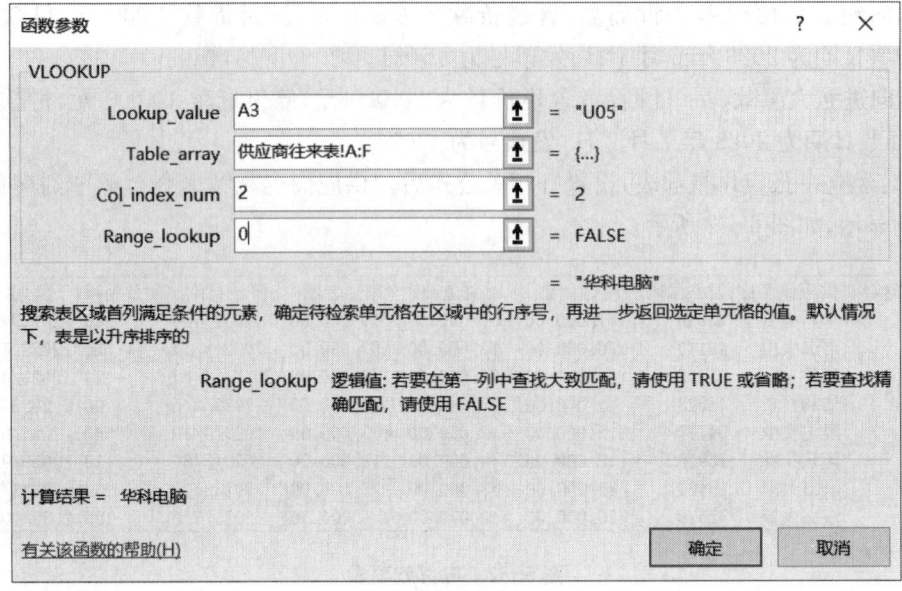

图 6-33 VLOOUP 函数

图 6-34 计算未付金额

(11) 利用自动填充功能,将 I 列所有供应商应付款到期日计算出来,如图 6-35 所示。

图 6-35 计算到期日

活动 6.2.3　应付账款账龄的设置

一、知识要点

应付账款账龄分析是依据企业每一笔应付账款的账龄划分账龄组来进行的。当企业拖欠不同供应商的多笔应付账款中存在多种账龄时，所拖欠的应付而未付的账款就可能会被划分为不同的账龄组。

二、岗位任务

在应付款项表里增加应付账款账龄分析功能，效果如图 6-36 所示。

应付款项表

供应商代码	供应商名称	发票号码	应付金额	已付金额	未付金额	开票日期	付款期限	到期日	是否到期	未到期	0-30天	31-60天	61-90天	90天以上
U05	华科电脑	M3040	¥7,000.00	¥0.00	¥7,000.00	2022/1/6	100	2022/4/16	是	--	--	--	--	¥7,000.00
U02	进弘大厦	A9113	¥70,000.00	¥3,000.00	¥67,000.00	2022/8/17	50	2022/10/6	是	--	--	--	--	¥67,000.00
U05	华科电脑	P3462	¥60,000.00	¥20,000.00	¥40,000.00	2022/12/25	120	2023/4/24	是	--	--	--	--	¥40,000.00
U04	信和百货	J5528	¥4,000.00	¥0.00	¥4,000.00	2023/2/5	90	2023/5/6	是	--	--	--	¥4,000.00	--
U01	隆达实业	D4717	¥15,000.00	¥2,000.00	¥13,000.00	2023/3/19	60	2023/5/18	是	--	--	¥13,000.00	--	--
U01	隆达实业	T6910	¥12,000.00	¥4,000.00	¥8,000.00	2023/5/30	120	2023/9/27	否	¥8,000.00	--	--	--	--
U03	润万大厦	L5421	¥6,500.00	¥3,000.00	¥3,500.00	2023/6/1	30	2023/7/1	是	--	¥3,500.00	--	--	--
U02	进弘大厦	J2616	¥20,000.00	¥10,000.00	¥10,000.00	2023/7/2	120	2023/10/30	否	¥10,000.00	--	--	--	--
			应付账款合计：							¥18,000.00	¥3,500.00	¥17,000.00	¥40,000.00	¥74,000.00

今天日期：2023/7/5

图 6-36　应付账款账龄分析

三、操作步骤

操作步骤如下：

（1）在"应付款项表"中增加设置账龄区间的表头，即分别在单元格 J2、K2、L2、M2、N2、O2 输入"是否到期""未到期""0～30 天""31～60 天""61～90 天""90 天以上"等栏，并选中单元格区域 A1:O1 重新对"应付款项表"进行"合并后居中"操作，如图 6-37 所示。

	A	B	C	D	E	F	G	H	I	J	K	L	M	N	O
1							应付款项表								
2	供应商代码	供应商名称	发票号码	应付金额	已付金额	未付金额	开票日期	付款期限	到期日	是否到期	未到期	0-30天	31-60天	61-90天	90天以上
3	U05	华科电脑	M3040	¥7,000.00	¥0.00	¥7,000.00	2022/1/6	100	2022/4/16						
4	U02	进弘大厦	A9113	¥70,000.00	¥3,000.00	¥67,000.00	2022/8/17	50	2022/10/6						
5	U05	华科电脑	P3462	¥60,000.00	¥20,000.00	¥40,000.00	2022/12/25	120	2023/4/24						
6	U04	信和百货	J5528	¥4,000.00	¥0.00	¥4,000.00	2023/2/5	90	2023/5/6						
7	U01	隆达实业	D4717	¥15,000.00	¥2,000.00	¥13,000.00	2023/3/19	60	2023/5/18						
8	U01	隆达实业	T6910	¥12,000.00	¥4,000.00	¥8,000.00	2023/5/30	120	2023/9/27						
9	U03	润万大厦	L5421	¥6,500.00	¥3,000.00	¥3,500.00	2023/6/1	30	2023/7/1						
10	U02	进弘大厦	J2616	¥20,000.00	¥10,000.00	¥10,000.00	2023/7/2	120	2023/10/30						

图 6-37　设置账龄区间

（2）选中单元格区域 A11:J11，单击工具栏的"合并后居中"按钮（"合并后居中"图标），输入"应付款合计："。

(3）单击单元格 I12，输入"今天日期："。假设当前日期为 2023/7/5，将其输入到单元格 J12 并设置相应格式，如图 6-38 所示。

图 6-38 输入当前日期

（4）判断应付款项是否到期。利用 IF 函数，判定对各个供应商的应付款项是否到期。如果到期日小于当前日期，则说明应付款项已经到期；如果到期日大于当前日期，则说明该应付款项还未到期。单击单元格 J3，在公式编辑栏中输入"＝IF(I3＜＄J＄12,"是","否")"，按回车键后显示应付款项是否到期。

（5）使用 Excel 的自动填充功能填充 J 列，判断对各个供应商的应付款项是否到期，如图 6-39 所示。

图 6-39 判断应付款是否到期

（6）选中 K:O 列，设置其单元格格式为"货币"。

（7）单击单元格 K3，在公式编辑栏内输入公式"＝IF(＄J＄12－I3＜0,F3,"－－")"。

（8）单击单元格 L3，在公式编辑栏内输入公式"＝IF(AND(＄J＄12－I3＞0,＄J＄12－I3＜＝30),F3,"－－")"。

（9）单击单元格 M3，在公式编辑栏内输入公式"＝IF(AND(＄J＄12－I3＞30,＄J＄12－I3＜＝60),F3,"－－")"。

（10）单击单元格 N3，在公式编辑栏内输入公式"＝IF(AND(＄J＄12－I3＞60,＄J＄12－I3＜＝90),F3,"－－")"。

（11）单击单元格 O3，在公式编辑栏内输入公式"＝IF(＄J＄12－I3＞90,F3,"－－")"。

IF 函数的含义在于，若满足账龄判断条件，则返回值为该笔应付账款的金额；若不满足条件，则返回值为"－－"。

(12) 继续使用 IF 函数将其他应付账款分别进行账龄的分类,将设置好公式的当列单元格利用 Excel 的自动填充功能往下进行拖拉,完成后结果如图 6-40 所示。

图 6-40　应付款账龄分类

(13) 单击单元格 K11,在公式编辑栏输入公式"＝SUM(K3：K10)",按回车键,在单元格 K11 即显示为未到期的应付账款金额相加之和。

(14) 单击单元格 K11,利用自动填充功能往右进行拖拉,将公式填充到单元格 L11、M11、N11、O11,使对应不同账龄区间的应付账款相加,得出相应数额,如图 6-41 所示。

图 6-41　不同账龄应付款合计

活动 6.2.4　应付账款账龄分析表的创建

一、知识要点

应付账款账龄分析主要用来分析不同账龄的应付款未付金额在总应付款未付金额中所占的比例。因此,应付款账龄分析表内的"百分率"栏为不同账龄区内的应付款未付金额占应付款未付金额合计的比例。

二、岗位任务

在工作簿中,建立一张"应付账款账龄分析表",如图 6-42 所示。

三、操作步骤

操作步骤如下:

(1) 在同一个工作簿里，插入一张新的工作表，将其重命名为“应付账款账龄分析表”。选择单元格区域 A1:C1，单击工具栏的“合并后居中”按钮，输入“应付账款账龄分析表”并放大字体。分别在单元格 A3、B3、C3 中输入“账龄”“应付款金额”“百分率”。

(2) 选择“应付款项表”工作表中的单元格区域 K2:O2，单击鼠标右键进行复制。

(3) 单击“应付账款账龄分析表”工作表中单元格 A4，单击鼠标右键，选择“选择性粘贴”，在弹出的对话框中，“粘贴”选择“数值”，“运算”选择“无”，并在“转置”前的方框内打钩，这样就将账龄区域垂直复制到单元格区域 A4:A8，如图 6-43 所示。

应付账款账龄分析表		
账龄	应付款金额	百分率
未到期金额	¥18,000.00	11.80%
0~30天	¥3,500.00	2.30%
31~60天	¥17,000.00	11.15%
61~90天	¥40,000.00	26.23%
90天以上	¥74,000.00	48.52%
合计	¥152,500.00	100.00%

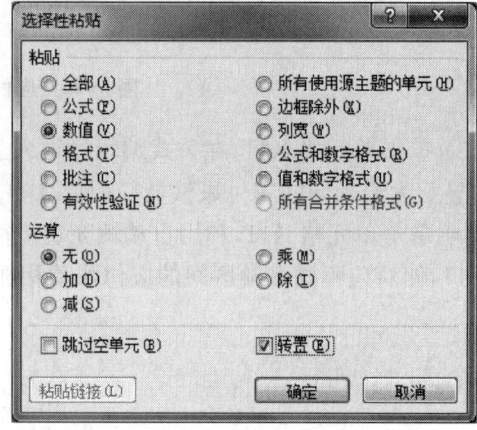

图 6-42 应付账款账龄分析表

图 6-43 选择性粘贴

(4) 输入应付账款金额，方法同步骤(2)(3)。单击单元格 A9，输入“合计”，在单元格 B9 的公式编辑栏中输入公式“=SUM(B4:B8)”，按回车键。

(5) 选中单元格 B4:B9，单击鼠标右键，单击“设置单元格格式”，将单元格格式调整为“货币”，“小数位数”为“2”，如图 6-44 所示。

	A	B	C
1	应付账款账龄分析表		
2			
3	账龄	应付款金额	百分率
4	未到期金额	¥18,000.00	
5	0~30天	¥3,500.00	
6	31~60天	¥17,000.00	
7	61~90天	¥40,000.00	
8	90天以上	¥74,000.00	
9	合计	¥152,500.00	

图 6-44 应付款合计

C4 =B4/$B$9

	A	B	C	D
1	应付账款账龄分析表			
2				
3	账龄	应付款金额	百分率	
4	未到期金额	¥18,000.00	11.80%	
5	0~30天	¥3,500.00		
6	31~60天	¥17,000.00		
7	61~90天	¥40,000.00		
8	90天以上	¥74,000.00		
9	合计	¥152,500.00		
10				

图 6-45 计算结果

(6) 应付账款账龄分析主要是分析不同账龄的应付款在总应付款中所占的比例，因此，应付账款账龄分析表内的“百分率”一栏为不同账龄区内的应付账款占应付账款合计的比例。单击单元格 C4，在公式编辑栏内输入公式“= B4/ $ B $ 9”，按回车键后即显示结果，如图 6-45 所示。

（7）利用 Excel 的自动填充功能，将单元格区域 C5:C9 填充，计算出相应账龄应付款百分比。

（8）选中单元格区域 C4:C9，单击鼠标右键，选择"设置单元格格式"，在弹出的"设置单元格格式"对话框中选择"数字"选项卡，在"分类"中选择"百分比"，"小数位数"选择"2"，最终效果如图 6-46 所示。

图 6-46　不同账龄应付款百分占比

活动 6.2.5　应付款账期金额分析图的创建

一、知识要点

在对应付款进行了详细的分析之后，为了能够更直观、清楚地了解应付款账期金额的分析情况，我们还需要创建一个应付款账期金额分析图，以图表的形式来展现账期金额情况。

二、岗位任务

根据应付款项表（图 6-36）的数据，生成一张应付款账期金额分析图，如图 6-47 所示。

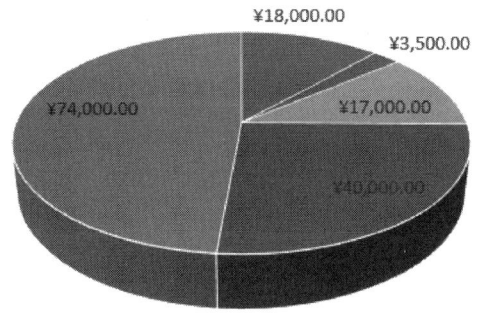

图 6-47　应付款账期金额分析图

三、操作步骤

操作步骤如下：

（1）在工作簿中新增一张工作表，并将其命名为"应付款账期金额分析图"，如图6-48所示。

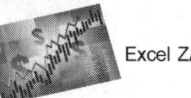

图 6-48　工作表命名

（2）单击功能区的"插入"→"图表"→"三维饼图"图标，生成空白图表区，如图6-49所示。

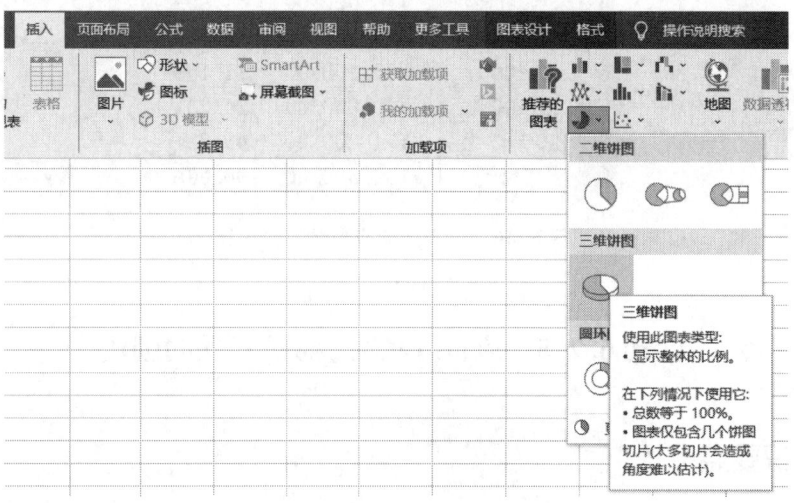

图 6-49　插入三维饼图

（3）用鼠标右键单击空白图表区，单击"选择数据"命令，系统弹出"选择数据源"对话框，单击对话框的"图表数据区域"输入栏的箭头，选中"应付款项表"中需要分析的单元格区域 K2:O2 和 K11:O11（可按住"Ctrl"选择不连续区域），完成后如图6-50所示。

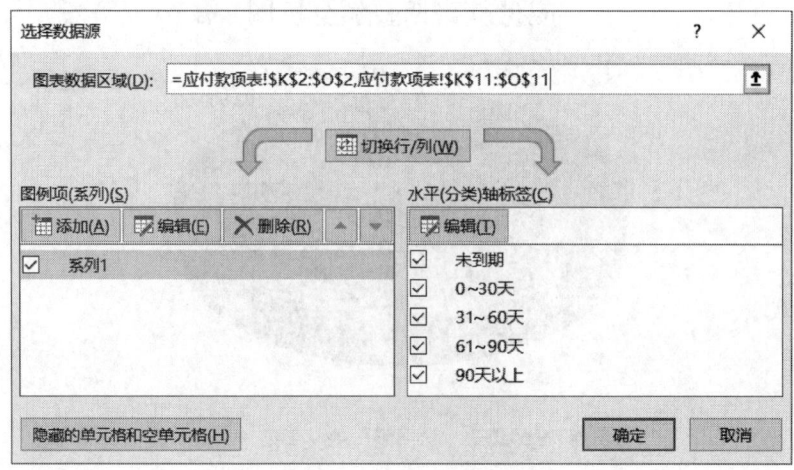

图 6-50　设置应付款图表数据源

（4）单击"确定"按钮，生成图形，如图 6-51 所示。

（5）用鼠标左键单击图表，在"图表标题"输入"应付款账期金额分析图"，再次单击图表区旁的"＋"号按钮，勾选"数据标签"，完成后如图 6-52 所示。

（6）此时就能轻松看出不同账期对应的总金额数及相应占比，最终效果如图 6-53 所示。

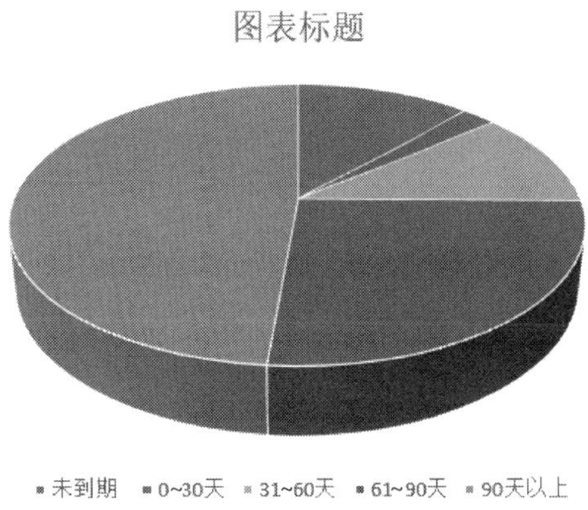

图 6-51　三维饼图效果图

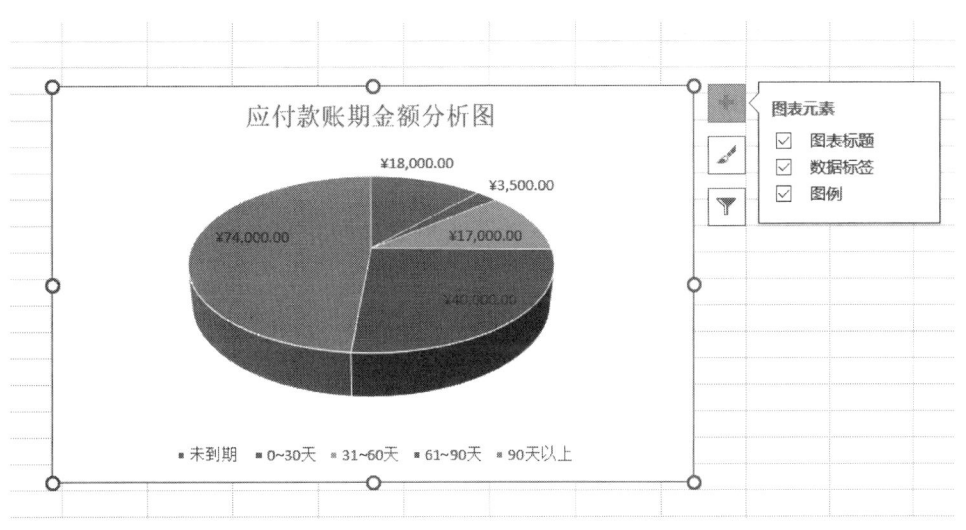

图 6-52　图表元素设置

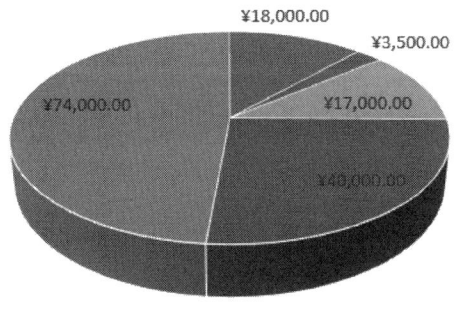

图 6-53　完成后效果图

模 块 测 试

参考答案

假设今天日期是 2023 年 6 月 15 日，根据图 6-54 的内容在 Excel 中进行录入。

应付款项表								
供应商代码	供应商名称	发票号码	应付金额	已付金额	未付金额	开票日期	付款期限	到期日
M01	广夏大厦	L9655	¥8,000.00	¥0.00		2023/1/1	50	
M02	福康超市	P3194	¥40,000.00	¥3,000.00		2023/5/17	90	
M03	创优实业	J8500	¥30,000.00	¥20,000.00		2022/2/14	90	
M04	美欣百货	A4023	¥16,000.00	¥2,000.00		2022/12/5	120	
M05	醇香酒业	R8110	¥11,000.00	¥0.00		2023/4/12	60	
M06	惠民百货	S1683	¥3,000.00	¥500.00		2023/2/5	120	
M07	华润大厦	F6739	¥18,700.00	¥4,000.00		2022/11/26	30	
M08	百利超市	M8511	¥80,000.00	¥70,000.00		2023/2/9	120	
						今天日期:		2023/6/15

图 6-54 应付款项表

要求："未付金额"和"到期日"为通过设置公式自动显示。

参考文献

1. 伊娜.Excel 在会计中的应用[M].北京:高等教育出版社,2014.
2. 赵宏强.Excel 在财务会计中的应用[M].北京:高等教育出版社,2016.
3. 喻竹,孙一玲,孔祥威,李洁.Excel 在会计中的应用(Excel 2013 版)[M].北京:高等教育出版社,2016.
4. 孙一玲,李煦,刘鹏,李婉琼.Excel 在财务中的应用[M].上海:立信会计出版社,2020.